AF425843

* 9 7 8 9 9 4 8 8 1 1 4 1 1 *

# العناصر الدّراميّة
# في بناء القصيدة الجاهليّة

د. رائد رشيد الحاج حسن


# العناصر الدّراميّة
# في بناء القصيدة الجاهليّة


إصدارات دائرة الثقافة، حكومة الشارقة 2022 م

الناشر: دائرة الثقافة ـ حكومة الشارقة ـ الإمارات العربية المتحدة

الهاتف: +971 6 5123333

البرّاق: +971 6 5123303

الموقع الإليكتروني: www.sdc.gov.ae

البريد الإليكتروني: sdc@sdc.gov.ae



———————

811.1

ح . ر . ع

حسن، رائد رشيد الحاج

العناصر الدرامية في بناء القصيدة الجاهلية / رائد رشيد الحاج حسن.ـ الشارقة، الإمارات العربية المتحدة : دائرة الثقافة، 2022.

356 ص؛ 21X14 سم.

يشتمل على إرجاعات ببليوجرافية.

1 ـ الشعر العربي ـ تاريخ ونقد ـ العصر الجاهلي

2 ـ الشخصبة في الشعر العربي

3 ـ الأماكن في الشعر العربي

4 ـ التوقيت في الشعر العربي

5 ـ السرد الأدبي (أدب عربي)

6 ـ الحبكة الروائية

أ ـ العنوان

# المقدِّمة

لا يزال الأدب الجاهلي – ولا سيّما الشعر منه – موضع اهتمام الباحثين والنقاد على الرغم من كثرة الدراسات والأبحاث التي كتبت حوله، وتؤدي المناهج النقديّة الجديدة دوراً كبيراً في إغناء هذه الدراسات وزيادتها، فهذا الشعر منهلٌ خصبٌ للدراسة والتحليل، ولا يمكن لأحدٍ أن يدعي أن باب البحث فيه قد أغلق.

ينطلق هذا البحث من فكرة أنّ الأجناس الأدبيّة متداخلةٌ فيما بينها، فالقصيدة الجاهليّة ليست شعراً غنائيّاً بكاملها، إذ تتداخل فيها عناصر أخرى يكون الشعر من بينها، ولعلّه يكون طاغياً عليها، ذلك أنّه من أهمّ مكوّناتها، لكنّ هذا لا يمنع ظهور عناصر أخرى وثائقيّة وسرديّة، وغالباً ما تظهر الأجناس الأدبيّة وتختلط ضمن القصيدة الواحدة، فالشاعر الجاهليّ كثيراً ما يتكئ على الحكاية أو القصّة، وإن لم تحتوِ على عناصر القصّ كلها، فهو ينتقل من الوصف إلى الحوار إلى رواية الحدث، وكأنّنا أمام إنتاج أدبيّ يقارب النصّ المعاصر. غير أن كثيراً من الدراسات النقديّة التي اتخذت من الشعر الجاهليّ موضوعاً لها نظرت إليه على أنّه شعرٌ غنائيٌّ يعبّر عن ذات مبدعه، وموقفه من العالم، وهذا صحيح، لأنّه من المعلوم أنّ موقف الشعر العربيّ القديم

من العالم غنائيٌّ، إذ يتمّ التعبير فيه عن الظواهر والأشياء من خلال أثرها الانفعاليّ في الذات الفرديّة التي هي محور النتاج الشعريّ، ولهذا فإنّ متلقّي هذا الشعر لا يتلقّى العالم، بل يتلقّى الذات التي ترى العالم، وتتأثّر به.

ولكنّ هذه المقولة ليست نهائيّةً، ولعلّ من أعقد الخلافات التي نشأت في تاريخ الشعر العربيّ تلك التي تتعلّق بطبيعة بنائه الفنّيّ، أهو غنائيٌّ، أم ينزع أحياناً ليحتوي شيئاً من تقنيات السرد الدراميّ؟ والإجابة عن هذا السؤال تحتاج إلى دراسات كثيرة وفق مناهج متعدّدة كي نصل إلى إجابة صحيحة. ويحاول هذا البحث أن يقدم إجابةً عنه من خلال ملاحظة البناء الدرامي في القصيدة الجاهليّة، وربّما جاز لنا أن نقول: إنّ الدراميّة مكوّنٌ أساسيٌّ من مكوّنات هذه القصيدة، فالدراما تعني – في بساطةٍ وإيجازٍ – الصراع في أيّ شكلٍ من أشكاله، كما يراها الدكتور عزّ الدين إسماعيل، والدراما ليست مقتصرةً على الأدب المسرحيّ وحده، وإنّما هي تتحقّق في كلّ أثرٍ أدبيٍّ، شعراً كان أم نثراً.

ولعلّ أحد أسباب خلود الشعر الجاهليّ يرجع إلى أنّه ينسج الدراميّ والغنائيّ معاً، أي يلمّهما ويدغمهما معاً في تركيبةٍ عضويّةٍ واحدةٍ، ففي حين تقوم الغنائيّة بإشباع انفعالاتنا الوجدانيّة، فإنّ الدراميّة تشبع فينا ذلك الصراع الداخليّ الذي ينطوي على التأزّم الناجم عن التناقضات في العلاقات بين مكوّنات المجتمع الجاهليّ.

ويسهم الانتقال الدراميّ الدائم للقصيدة الجاهليّة من برهةٍ إلى أخرى بدورٍ نفسيٍّ مهمٍّ، فحواه أنّ القصيدة المطوّلة حين تنوّع فاعلياتها تبعد

الملل عن وعي القارئ، وبهذا التنوّع الذي تتّسم به المواقف الدراميّة تسهم القصيدة في الاستجابة لصراعاتنا الداخليّة المتنوّعة.

وقد أصبح ممكناً أن نعامل أقساماً من القصيدة الجاهليّة على أنّها قصّةٌ مهما بلغت من الغنائيّة، فهي بشكلٍ ما تحكي قصّة، ودراسةُ نسق الحكاية واقتصادها تبيّن لنا أنّ القصيدة هي حكايةٌ تعرض عرضاً محدّداً ومنظّم الإيقاعات.

ويهدف هذا البحث إلى دراسة العناصر الدراميّة في القصيدة الجاهليّة المتمثلة في الشخصيّات والمكان والزمان والحوار والحدث والحبكة والصراع، ولكنّي لا أدّعي ظهور هذه العناصر في القصيدة، كما لو كانت الحال في قصّةٍ نثريّة أو رواية، ولا يؤخذ ذلك على القصيدة الجاهليّة، لأنّ الشاعر لا يتناول القصّة من جميع أطرافها، فهو يلمّح إليها تلميحاً، أو يومئ إليها إيماء.

وينبغي الإشارة إلى أنّ تعدّد الأصوات والشخصيّات ووجود الحوار ليس دليلاً بالضرورة على امتلاك القصيدة لناصية البناء الدراميّ، غير أن كلّ قصيدةٍ دراميّةٍ يجدر بها أن تمتلك مقوّمات البناء الدراميّ التي تكشف عن الصراع، وبحجم هذا الكشف وحدوده يتحدّد ثقل الموقف الدراميّ وقيمته وحجمه داخل القصيدة، وقد ركزت في دراستي على القصائد التي تتّضح فيها العناصر الدراميّة، وهي غالباً عند المشهورين من الشعراء؛ نظراً لتطوُّر تجربتهم الشعريَّة أكثر من غيرهم من شعراء العصر الجاهليّ.

ينتظم هذا البحث في تمهيدٍ وثلاثة فصولٍ، بالإضافة إلى مقدّمةٍ وخاتمةٍ وقائمةٍ بالمصادر والمراجع في نهايته، وقد وضّحتُ في

التمهيد المقصود بالدراما كفنٍّ أدبيٍّ منذ أن نظّر لها أرسطو، ثم عرضت لمجموعةٍ من آراء النقاد القدامى والمحدثين، التي تدعم وجهة نظري فيما ذهبت إليه.

وفي الفصل الأوّل، درست الشخصيّة الدراميّة ببُعدَيها الجسديّ والنفسيّ، ثمّ عرضت لنماذج من الشخصيّات الإيجابيّة في القصيدة الجاهليّة كشخصيّة العاشق والمحبوبة والفارس والكريم، ثمّ عرضت لنموذج الشخصيّة المتسلِّطة، وفصّلت القول في شخصيّة الملك، وأنهيت الفصل الأوّل بدراسة نموذج الشخصيّة المتمرّدة، فتحدّثت عن شخصيّة الفرد في مواجهة الجماعة وتمرّده عليها.

وخصّصت الفصل الثاني لدراسة علاقة المكان بالحدث في القصيدة الجاهليّة، وعرضت لأماكن الإقامة الاختياريّة التي تستحيل أطلالاً خربةً بعد أن يعفّي عليها الزمن، ورأيت أنّه من غير المجدي النظر إليها على أنها ركامٌ من الأحجار يمكن تطويقها بالوصف الموضوعيّ والانتهاء من أمرها بالتركيز على مظهرها الخارجيّ وصفاتها الملموسة مباشرةً؛ لأنّ هذه الرؤية ستنتهي على الأرجح إلى الإجهاز على الدلالة الكامنة فيها، وتفرّغها من كلّ محتوى، فدرست فضاءَي الأطلال والرَّبع، وبيّنت دورهما في القصّة الدراميّة، ثم درست أماكن الإقامة الإجباريّة، فدرست فضاء الأُسْر، وفصَّلت القول في أماكن الاغتراب، ثمّ أشرت إلى أنّ طبيعة شبه الجزيرة العربيّة شبه الصحراوية فرضت على العرب الانتقال كثياً بحثاً عن مواطن الكلأ وأماكن الرعي، وهو ما قادني إلى دراسة أماكن الانتقال العموميّة، والتركيز على مشهد الرحلة، فدرست رحلة الجماعة

ورحلة الفرد. وبعد ذلك استعرضت فضاء الحانة التي دأب الشعراء على زيارتها، كمثال على أماكن الانتقال الخصوصيّة.

وانصرفت في الفصل الثالث إلى دراسة علاقة الزمن بالحدث في القصيدة الجاهليّة، ومن المعروف أنّ الزمن في العمل الدراميّ هو زمنٌ داخليٌّ حركته هي حركة الشخصيّات، ويتمدّد هذا الزمن مع السرد، وفي موقف الحوار يتوقّف الزمن بسبب توقّف الحدث. وعرضت في هذا الفصل للزمن في القصّة الشعريّة، ثم درست تِقْنِيةَ السرد الاسترجاعيّ التي تمثّل حكايةً جديدةً داخل الحكاية الأصليّة، وبزمنٍ مختلفٍ سابقٍ على زمن الحكاية الأساسيّة، ثم درست تِقْنِية الحذف أو الفجوة، وهي تِقْنِيةٌ تفيد في اقتصاد السرد وتسريع حركته، فهي تِقْنِيةٌ تفضي بوجود فجوةٍ طويلةٍ أو قصيرةٍ في زمن القصّة الشعريّة، وعدم التطرّق لما جرى فيها من وقائع وأحداث، وهي تبدو وسيلةً نموذجيّةً لتسريع السرد عن طريق إلغاء الزمن غير المؤثّر في القصّة، والقفز بالأحداث إلى الأمام بأقلّ إشارةٍ أو من غيرها، وبيّنت أنّ الوقفة الوصفيّة تُمَطِّط الزمن السرديّ، وتجعله يراوح مكانه بانتظار فراغ الوصف من مهمّته التي قد تكون جماليّةً تزيينيّةً، أو توضيحيّة تفسيريّة.

وأخيراً، فإنّني أرجو أن أكون بهذه البحث، قد حقّقت بعضاً ممّا كنت أصبو إليه في ميدان الشعر الجاهليّ، فمهما اختلفت الآراء في مجال الدراسات الإنسانيّة، فلن يصبح الخلاف مصادرةً لرأي ما، ولكنّه وجهة نظرٍ تهدف إلى إضافة لبنةٍ في صرح الثقافة الأدبيّة، وآمل أن يشكّل إضافةً إلى المكتبة العربيّة، ويفيد منه طلبة العلم والباحثون.

وآخر دعوانا أن الحمد لله ربّ العالمين.

# مدخل نظريّ: في الدراميّة

تُعدّ الدراما من أقدم الفنون الأدبيّة التي عرفها الإنسان على مرّ العصور، وقد كانت بدايتها في اليونان. وإذا رجعنا إلى معجم المصطلحات الدراميّة والمسرحيّة نستوضحه عن معنى هذه الكلمة، وهي كلمة يونانيّة الأصل (drun)، ومعناها الحرفي: «يفعل، أو معناها: عمل يقام به»، ثم انتقلت هذه الكلمة إلى اللغة اللاتينيّة (drama)، ومنها إلى معظم اللغات الأوروبيّة الحديثة. ولأن الكلمة شائعة في محيطنا المسرحي، فكان من الممكن أن نقول: عمل دراميّ، حركة دراميّة، كاتب دراميّ، ناقد، عرض، معالجة، صراع، فنّ، مهرجان، أدب، تاريخ، فرقة...، إذا كان كل ذلك يتعلّق بالنص[1]. وهذا يتفق مع ما ذهب إليه الباحث محمد محيي الدين مينو في تعريفه الدراما بأنّها: «تعني في اللغة اليونانيّة الحركة، لأنّها تُحيل القضيّة الفكريّة، أو المشكلة الاجتماعيّة، أو المسألة الإنسانيّة فوق خشبة المسرح إلى حركةٍ تمثّل صراعاً بين قوى متنافرة. وحديثاً اتّسع مفهوم الدراما، وأخذ يشمل مختلف الفنون بعد أن تحوّلت النزعة الدراميّة إلى روح تسري في أرجائها»[2]، ومع أن معناها اليوناني

هو (الفعل) إلا أن استعمالها كعنوان لنوعٍ معيّنٍ من الفنّ جعلها إحدى الكلمات التي يصعب تفسيرها أو شرحها في كلمات أو جمل.

ويُعدّ أرسطو أوّلَ من نظَّر للدراما في كتابه (فنّ الشعر)، وهو من أهمّ الكتب التي أولت هذا الفنّ اهتماماً. وهو ينظر إلى الفنّ على أساس أنّه نشاط متجانس، على الرغم من تعدّد أشكاله بحسب تعدّد وسائطه التي يعتمدها، فهو يدرس المأساة ضمن دائرة الدراما، ويدرس الدراما ضمن دائرة الأدب، ويدرس الأدب ضمن دائرة الفن الكبرى. فالفنّ في نظر أرسطو محاكاة للطبيعة وللناس قبل أي شيء آخر، أي هو إعادة خلق للطبيعة، وإبداعها من جديد حسب قوانين الضرورة والاحتمال.

يستهلّ أرسطو الفصل الأول من كتابه بديباجة موجزة يلخّص فيها منهج كتابه وهدفه، ومن هذه الديباجة نفهم أن أرسطو ينوي التحدّث عن صنعة الشعر (الأدب بصورة عامّة) ومتى يكون هذا الشعر جيّداً، وكذلك عن أقسام هذا الشعر، ثم ينتقل بعد ذلك إلى تأكيد أن الفنّ ينطوي على محاكاةٍ (أي خلق وإبداع)، وأنّ دائرة الفن تشمل في تصوّر أرسطو الأدب متمثّلاً بشعر الملاحم (الأدب القصصيّ)، وشعر التراجيديا، وكذلك الكوميديا (الأدب الدراميّ)، والشعر الديثرامبيّ (الشعر الوجدانيّ أو الغنائيّ).

ويعرِّف أرسطو التراجيديا بأنها «محاكاة فعل نبيل تامّ، لها طول معلوم مزوّدٌ بألوان من التزيين، وتختلف وفقاً لاختلاف الأجزاء، وهذه المحاكاة تتم بوساطة أشخاصٍ يفعلون لا بوساطة الحكاية، وتثير

الرحمة والخوف فتؤدي بالمجتمع إلى التطهير من هذه الانفعالات»[3].

على أن بحثنا عن العناصر الدراميّة في بناء القصيدة الجاهليّة يختلف عن مفهوم الدراما كما يراها أرسطو، فنحن ننظر إلى العناصر الدراميّة على أساس أنها تنطوي على الصراع والحدث والشخصيّات والزمان والمكان، كما يصوّرها الشاعر في القصيدة، لا على أساس ملاحظة فعل هذه الشخصيّات، ويرى الدكتور محمود محمد عيسى أنّ الصراع عند الشاعر الجاهليّ صراعٌ تجريديٌّ قائمٌ بين الحياة والموت، بين الماضي والحاضر، بين أيّام الشباب والشيخوخة، ويتمّ ذلك من جانب واحد هو أحد طرفي الصراع، «وقد يكون السبب في تجريديّة الصراع أن التمزُّق يتحرّك داخل اللاوعي الذاتيّ، والانغلاق على النفس، واستثارتها بما فيها من خواطر غالباً ما تكون متّسقة ومنسجمة في اتّجاه واحد من حيث الفرح والحزن، والذاتيّة في حدِّ ذاتها ليست عيباً، وإنّما العيب أن تظل ذاتيَّةً من دون أن تستقطب ذواتاً أخرى»[4]، بينما يرى الدكتور عماد حسيب أشكالاً أخرى للصراع في الشعر العربيّ القديم «وتتنوّع القوى المتصارعة بين قوى إنسانيّة، حيث يتصارع إنسانٌ مع آخر، أو قوى طبيعيّة، حيث تتصارع الذات مع قوى غيبيّة، مثل صراع الذات مع القدر، أو مع قوى داخليّة، حيث تتصارع الذات مع نفسها، أو مع قوى زمنيّة، حيث تتصارع الذات مع آلية الزمن في ثباتها وتحركها، في ماضيها وحاضرها، وهذا من شأنه أن يخلق تفاعلاً دراميّاً عالياً يساعد على نموّ الحدث وتصاعده، كما أنّه يؤثّر على آليّة الحركة، ويحدّد مدى واقعيّتها وانسجامها مع الحدث»[5].

ويقترب فهمنا للدراما من فهم الدكتور عزّ الدّين إسماعيل لها، إذ يقول: «الدراما في أبسط تعريفٍ لها هي الصراع في أيّ شكل من أشكاله، والتفكير الدراميّ هو ذلك اللون من التفكير الذي لا يسير في اتجاه واحد، وإنما يأخذ دائماً في الاعتبار أن كلّ فكرة تقابلها فكرة، وأن كلّ ظاهر يستخفي وراءه باطن، وأن التناقضات وإن كانت سلبيّة في ذاتها فإنّ تبادل الحركة بينها يخلق الشيء الموجب، ومن ثمّ كانت الحياة نفسها مزيجاً من المتناقضات»[6]. ويضيف الدكتور عزّ الدّين إسماعيل قائلاً: «الإنسان في حالتي الصراع، ورصد المتناقضات، يستطيع إذا ما أُوتي من القدرة التعبيريّة أن يقدّم لنا إنتاجاً درامياً من الطراز الأوّل، وأن يقيم بناء فلسفياً يفسّر لنا الحياة تفسيراً خاصّاً ناتجاً عن ممارسةٍ مباشرةٍ للحياة وتمثُّلٍ لها»[7]. وهو يدرج ظاهرة السرد في الشعر ضمن أساليب (التعبير الدراميّ) الذي لا يتردَّد في اعتباره «أعلى صورةٍ من صور التعبير الدراميّ»[8]، حتى صارت «أروعُ القصائد الحديثة هي أوّلاً وقبل كلّ شيء قصائد ذات طابعٍ دراميّ»[9].

إنّ المناهج النقديّة الجديدة تؤكّد تقلّص الحدود التي تفصل بين الأجناس الأدبيّة والفنّيّة، فلم تبقَ الحدود ثابتة، فالتوقّعات الشكليّة والنماذج البنيويّة المتكررة انزاحت، ولا نقول إنها اختفت، فممارسة الكتابة بحسب الأنواع غدت أقلّ من قبل، فظهرت مفاهيم جديدة لا توصي الكتّاب بقواعد معيّنة، بل تفترض أنه من المستطاع مزج الأنواع التقليديّة وإنتاج نوع جديد، فالنّصّ أصبح عند هؤلاء النقاد لا ينزع إلى التجنيس، فحدوده تداخلت، واختلطت من دون تعسّف،

وربما بانسجام واضح، حتى غدا مزيجاً معقّداً يجمع مقولات متباعدة، وينزع إلى محوِ الحدود الفاصلة بين المسرح والأشكال السرديّة والشعر، وهو ما يدلّ على أننا قد دخلنا في مرحلةٍ تدعو إلى إعادة التأمل في مفهوم نقاء النوع، وذلك كي لا يكون الجنس مستعبداً الكاتب أو القارئ على السواء. وهذا ما جعل النقّاد يبحثون عن تَقْنِيَات السرد في الشعر، وعن الشعريّة في السرد، وعن الدراما في الشعر والرسم والموسيقا، فلا يكاد شعرٌ يخلو من سردٍ، وهو ما ينطبق على الشعر العربيّ: قديمه وحديثه، مثلما ينطبق على أشعار الأمم الأخرى، فالشعر نمطٌ مخصوصٌ من استعمال الكلام، ولا يتعارض مبدئيّاً مع احتضان أيِّ نمط من الخطاب. وفي المقابل نجد أن السرد قابلٌ للاندماج في أشكال التعبير الفنّيّة اللغويّة منها وغير اللغويّة، مثلما هو قابلٌ للاندماج في أشكال التعبير غير الفنّيّة. ولذلك فإنّ حضور السرد في الشعر أمرٌ مفروغٌ منه، ثابتٌ من الوجهة المبدئيّة، وقد أكّدت هذه النتيجةَ الممارسةُ النقديّة، إذ حظيت ظاهرة الشعر السرديّ باهتمام النقّاد العرب القدامى والمحدثين معاً[10].

والدراسة التي نحن بصددها تركن إلى مثل هذه التوجّهات، فهي تحاول كشف رؤية النقد الحديث للعناصر الدراميّة في بناء القصيدة الجاهليّة من دون استجلاب ما هو خارج عنها، ولا تعسّفٍ في التحليل، وهذا يعني أن نقرّ بالقدرات الدراميّة التي يمتلكها الشاعر الجاهليّ الذي غلبت الغنائيّة أو الذاتيّة على إبداعه، إذا كنا مؤمنين بنظريّة عدم الفصل بين الأنواع الأدبيّة. وقد وضّح الدكتور شوقي ضيف مفهوم الشعر الذاتيّ بأنّه ذلك الشعر الذي يقوم على تصوير خلجات

النفس ورغباتها وعواطفها وانفعالاتها، فهو ليس شعراً لمجتمعٍ، ولا شعراً غيريّاً، وإنّما هو حديث نفسٍ تترجم عن دخائلها، ووساوسها، وآلامها، وأحلامها، كما تترجم عن الكون وطلاسمه وألغازه، وما يحمل بين جوانحه من حقائق وأسرار [11]. ويؤكد الدكتور سعد الدين كليب ظهور ما يمكن تسميته «بالوعي الغنائيّ الدراميّ، وهو وعي غنائيّ؛ لأنّه ينطلق من الذات الفرديّة في وعي العالم، وهو دراميّ لأنّه يجسّد العالم من خلال الصراع الذي هو جوهر الدراما، بشكلٍ يبدو فيه الصراع شبه موضوعي» [12]

ولا شكّ في أن الوصول إلى الدراميّة عبر الشعر الغنائيّ أو الذاتيّ لا يتمّ فجأة، بل من خلال محاولات بسيطة تتدرج في مستوى الخطاب السرديّ لتصل إلى مرحلة النضج، حيث قدم الشعراء الجاهليّون نمطاً شعريّاً فريداً في بيئةٍ صعبة، ولعبوا دوراً تاريخيّاً وحضاريّاً، كان ذلك الشعر يتعدّاه ويتجاوزه بتطوّر واضح حتى استقام قصيدة ومعلّقة ذات بناء محكم. ويبدو أن الشعر الجاهليّ استطاع بالغنائيّة وحدها أن يعبّر عن وجدان الإنسان العربيّ، وأن يقدّم صورة جليّة للبيئة الجاهليّة، وكانت القصيدة تسير إلى أنواع أكثر تعقيداً بتتبّع ما طرأ عليها من تغيير، وبطبيعة الشعر الغنائيّ الذي يصلح بدايةً أوليّة للدراما، «فالشعر يبدأ غنائيّاً مطلقاً، ثم غنائيّاً مقيّداً بحدث، ثم يميل إلى الحكاية والحبكة والسرد والروح القصصيّ والملحميّ، ثم يقترب من الدراما عفويّاً، فتتولّد فيه جذور تُعدّ النواة الدراميّة الأولى» [13].

وتوضّح الدكتورة حياة شرارة طريقة ظهور الشعر الدراميّ بقولها: «وإذا كان الشعر الملحميّ والغنائيّ يمثّلان قطبين متضادّين، فإن الشعر

الدراميّ يقوم على اندماج هذين الطرفين في مزيج ثالثٍ حيٍّ»[14].

ونحن نرى أنَّ الشاعر الجاهليّ كاد يبدع الملحمة، ذلك أنّنا نجد فيه مظاهر دراميّة مختلفة، بدت في كثير من قصائده، إلّا أن تعبير الشعر المباشر عن الحياة والظروف الثابتة والطارئة، واقترانه بموضوعات محدّدة، حجب هذا الإبداع، فالشعر قبل الإسلام ضرورة فرديّة أو قبليّة أو اجتماعيّة تتمثّل في أشياء كثيرة: فنّية وغير فنّية، منها: الفخر بالأحساب والأنساب، والدفاع عن القبيلة، والمدح وما يتبعه من طقوس الناس وأخبارهم، والحروب، والرحلة الدائمة، وقد أدّى ذلك كلّه إلى تحديد الأغراض الشعريّة بالهجاء والرثاء والغزل والمديح وغيره، فلم يكن هناك إحساس لدى الجاهليّين بقصور في الأداة الشعريّة ما دامت الغنائيّة تعبّر عن الواقع[15]. إلا أن الشعراء الجاهليّين الذين كانوا يبحثون عن الجديد والمعاصر حاولوا الوصول إلى ما وراء الغنائيّة في الإبداع الشعريّ، لأنّ الدراما لا تظهر فجأة بلا توطئة ولا تمهيد ولا تطوّر في العمليّة الشعريّة بتأثير الدور الحضاريّ والتاريخيّ.

وللعرب قبل الإسلام تاريخٌ طويل وأحداث وحروب وحروب يمكن أن تُعدّ مادّةً دراميّةً ضخمةً، بما تقدم من صراع وتعقيد وتشابك، إلا أنّها لم تُستغلَّ في ذلك العصر، ولا في أي عصرٍ تالٍ، فقد صوّر الشعر الجاهليّ حياة القبائل العربيّة التي كانت تجري في ظروف الصراع المستمرّ من أجل الوجود تصويراً صادقاً ودقيقاً، ذلك الصراع الذي كان بين القبيلة والطبيعة من ناحية، وبين القبيلة وغيرها من القبائل العربيّة من ناحية أخرى، إذ ارتبط هذا الشعر بنمط حياة الراعي

البدويّ المتنقّل في شبه الجزيرة العربيّة بحثاً عن موارد العيش. وهذا يعني أنّ الحياة الدراميّة كانت النمط السائد في تلك المرحلة، ونتاجهم الأدبي – ولا سيما الشعريّ منه – كان يصطبغ بالصبغة الدراميّة، انطلاقاً من أن العمليّة الإبداعيّة تستمدّ مادّتها الأساسيّة من الواقع، ثم لا يلبث الخيال أن يمارس دوره في القصيدة الشعريّة، لكن هذا لا ينفي وجود أماكن استقرّ بها العرب وطوّروها بالتدريج، كما يرى الدكتور فاروق اسليم «لم تستقرّ القبائل العربيّة دفعةً واحدةً، ففي الجاهليّة قبائل عرفت الاستقرار، ولم تتطلّع إلى التوسُّع المكانيّ كقريش وثقيف والأوس والخزرج، وقبائل عرفت الاستقرار الجزئيّ، إذ كانت تنتقل من منزلٍ إلى آخر ضمن مجال طبيعيٍّ تملكه»[16].

ويبدو تاريخ الجاهليّة مزدحماً بتلك الأحداث القصصيّة التي مثّلتها قصّة الفيل، أو قصّة حرب البسوس، أو حرب داحس والغبراء، أو حرب ذي قار، أو يوم الفجار، أو غيرها من الأيّام الطوال التي دارت رحاها على أرض الجزيرة العربيّة، والتي امتدّت المعرفة بها لتشمل معارف أخرى تخصّ الأمم المجاورة. ومع ذلك لا يمكن لنا أن نّدعي أن القصيدة الجاهليّة تحتوي على العناصر الدراميّة المتكاملة التي تحظى بها الرواية في هذا العصر، فعالم الرواية أبعد ما يكون عن تفكير الشاعر الجاهليّ، فالدراميّة حرّكت وجدان هذا الشاعر، ووجّهت فكره، ولم يكن بعيداً عنها، وهو ينظم قصيدته، بل ربّما قصد إليها قصداً في بعض الموضوعات والمواقف، وربما جاءت عفويّة في كثيرٍ منها.

ونتبيّن من الدراسات التي اهتمّت باستقصاء الظاهرة السرديّة في

الشعر العربيّ القديم، أنّ للسرد بتجلِّياته المختلفة حضوراً مهمّاً في هذه المدوَّنة، فلقد خصّت الدكتورة عزيزة مريدن في كتابها (القصة الشعريَّة في العصر الحديث) القصَّة في الشعر القديم بباب مستقلٍّ[17]، أحصت فيه نماذج كثيرة من القصائد التي «لم تؤلَّف بالأسلوب القصصيّ الحديث»[18] لكنّها لا تخلو من ملامح القصّة وسماتها العامّة، وذلك لما تتضمَّنه من سردٍ لحوادث، أو قصٍّ لأخبار، أو عرضٍ لتجارب شخصيّة واقعيّة.

وقد اعتنى الدكتور جلال الخيّاط في كتابه (الأصول الدراميَّة في الشعر العربي) برصد المنحى القصصي في عدد من النماذج الشعريَّة القديمة[19]. ومنَ الدارسين منْ تناول الظاهرة السرديّة في الشعر العربيّ القديم في ارتباطها بموضوعٍ أو غرض محدّدين، كما فعل الدكتور أحمد محمّد النجار في كتابه (تطوّر الشعر القصصيّ في وصف الأوابد من العصر الجاهليّ إلى العصر الأمويّ).

ومن خلال النماذج الشعريّة المعتمدة في تلك الدراسات يتبيّن لنا أنّ توظيف السرد في الشعر كان – إلا في استثناءات قليلة – مرتبطاً بالأغراض الكبرى والمواضيع الأساسيَّة المطروقة في الشعر العربيّ القديم، فالسرد قد يُستدعى في سياق الفخر والإشادة بقيم الفروسيّة والشجاعة والبطولة، مثلما هو الشأن في معلّقة عنترة العبسيّ، وقد يرتبط بغرض الغزل وما يتّصل به من مغامرات عاطفيّة على غرار معلّقة امرئ القيس، ورائيّة المنخّل اليشكريّ. وقد يتعلّق الاستطراد السرديّ بغير ذلك من السياقات مثل وصف الصيد في الطرديّات، وتصوير بعض ما يدور في مجالس اللهو والغناء.

إنّ ارتباط استدعاء السرد في القصيدة العربيّة القديمة بمنظومة الأغراض الشعريّة أمرٌ أثبته الباحثون في الظاهرة السرديّة في الشعر العربيّ القديم. وهو ما جعلنا نذهب إلى أنّ القصّة لم تكن غاية في ذاتها في هذا الشعر. فابن رشيق يلفت إلى الظاهرة السرديّة في سياق كلامه عن عيبٍ من عيوب الشعر هو (التضمين)، فقد ورد في العمدة قوله: «ومنَ الناس منْ يستحسن الشعر مبنيّاً بعضه على بعض، وأنا أستحسن أن يكون كلّ بيت قائماً بنفسه، لا يحتاج إلى ما قبله ولا إلى ما بعده، وما سوى ذلك فهو عندي تقصيرٌ إلّا في مواضع معروفةٍ مثل الحكايات وما شاكلها، فإنّ بناء اللفظ على اللفظ أجود هنالك من جهة السرد»[20].

ومعنى هذا الكلام أنّ ابن رشيق يشترط لجودة الشعر الاستقلال التركيبيّ والدلاليّ للبيت، وهو تصوُّرٌ مبدئيٌّ مبنيٌّ على الاستقلال العروضيّ للبيت الشعري عند العرب. وقد اقترن الاستقلال العروضي في تصوُّرهم بالاستقلال التركيبيّ والدلاليّ حتّى يتحقّق التوازي بين ما هو صوتيّ وبين ما هو معنويّ في بناء البيت الشعريّ[21]؛ لذا عُدَّ التضمين ــ عند بعض النُّقّاد القدماء ــ عيباً من عيوب ائتلاف الوزن والمعنى. إلا أنَّ ابن رشيق يستثني الشعر المبنيّ على الحكاية من هذا الاشتراط، ويَعدّ التعانق التركيبيّ الدلاليّ بين الأبيات في هذا الضرب من الشعر جائزاً، وذلك بناءً على ملاءمته لسمة الاسترسال في السرد.

إنَّ موقف ابن رشيق يدلّ على إدراكٍ واضحٍ لمظهرٍ من مظاهر التفاعل بين الخطابين السرديّ والشعريّ، فتجويز التضمين المبنيّ

على الحكاية يدلّ على تفهُّم لاستجابة النظم لخاصيَّة السرد المتتابع.

وإذا جاوزنا السياقات التي عُرضت فيها الظاهرة السرديّة في الشعر عَرْضاً لم نَعْدَم في كتب التراث النقدي اعتناءً بها لذاتها، فابن طباطبا يعرض في كتابه (عيار الشعر) بعض وجوه التعامل بين ما هو شعريٌّ وبين ما هو سرديٌّ، إذ رأى أنّ «على الشاعر إذا اضطُرَّ إلى اقتصاص خبرٍ في شعرِه دبَّره تدبيراً يسلس له معه القول، ويطّرد فيه المعنى، فيُبنى شعرَهُ على وزنٍ يحتمل أن يُحشى بما يحتاج إلى اقتصاصه بزيادة من الكلام يُخْلَطُ به، أو نقصٍ يُحْذَفُ منه، وتكون الزيادة والنقصانُ يسيرَيْنِ غير مُخْدَجَيْنِ لما يُستعان فيه بهما، وتكون الألفاظُ المزيدة غير خارجةٍ عن جنس ما يقتضيه، بل تكون مؤيّدةً له، وزائدة في رونقه وحسنه»[(22)].

ومدار هذا الخبر حاجة الشاعر إلى التلطّف في تدبير الخبر إذا اضطُرَّ إليه في شعره تدبيراً يفضي إلى انصهار السرد في الخطاب الشعري، فلا يُحسُّ المتقبِّل نشازاً بينهما. ويقوم هذا التدبير على التوفيق بين منطق النظم ومنطق السرد. ويكون ذلك بأمورٍ ثلاثةٍ، أوَّلها: بناء الشعر على وزنٍ قابلٍ لاستيعاب السرد، ولعلّه يعني بذلك اتساع مدى البحر بما يؤهله لاحتضان السرد. وثانيهما: صيانة الخبر من الخلل، فلا زيادة ولا نقصان إلا ما كان يسيراً غير مُخلٍّ ببنيته. وثالثها: مراعاة الانسجام بين لغة القصيدة ومحتواها السرديّ، فلا تكون الألفاظ خارجةً عن جنس ما يقتضيه الخبر، بل تكون مؤيّدة له، وزائدة في جماله وعذوبته.

وقد انتقى ابن طباطبا نموذجاً شعريّاً حقَّق في اعتباره هذه الشروط،

فأورد أبيات الأعشى التي قصَّ فيها خبر السموأل في رائيَّته، ثم علَّق عليها قائلاً: «فانظر إلى استواء هذا الكلام، وسهولة مخرجه، وتمام معانيه، وصدق الحكاية فيه، ووقوع كلّ كلمةٍ موقعها الذي أريدت له من غير حشدٍ مجتلب، ولا خللٍ شائن»[23].

نخلص ممّا تقدم إلى أنّ استخدام السرد في الشعر قديمٌ قِدَمَ الشعر نفسه، ولذلك لا يمكننا الجزم بأن الشعر الجاهليّ غنائيٌّ خالصٌ، كما أنّه ليس دراميّاً خالصاً، فالدراما صراعٌ وسرد، وذلك نقيض النزوع الغنائيّ الذي أطلقه النقّاد على الشعر الجاهليّ عموماً، فالسرد يسهم في كسر حدّة الغنائيّة التي تفرض نفسها في الكتابة الشعريّة، لكنّ صعوبة استخدامها تكمن في تحقيق الموازنة بين المحافظة على شعريّة النصّ الشعريّ، وبين توافره على عناصر السرد الأساسيّة الواجب توافرها فيه؛ فالشاعر يشكّل النصّ الشعريّ بأدواته العاطفيّة والمجازيّة والإيقاعيّة، وحين يستخدم تِقْنِيَةَ السرد في الشعر فإنه بذلك يخدم دراميّة القصيدة.

وقد حظيت الظاهرة الدراميّة في الشعر العربيّ قديمِه وحديثِه، بعددٍ من الدراسات التي صدرت حديثاً، ومنها «التوظيف الدراميّ في الشعر الحرّ» للدكتور محمود محمد عيسى، وتحدّث في تمهيده للكتاب عن الدراميّة في الشعر القديم، وهناك دراسة أخرى بعنوان «النزعة الدراميّة في الشعر العربيّ المعاصر»[24] للباحث السيّد محمّد عليّ السيّد، وقد انصبّ اهتمام الباحث فيها على الشعر العربيّ المعاصر من دون الإشارة إلى الشعر العربيّ القديم، أمّا الدراسات التي تناولت الشعر العربيّ القديم فأهمّها دراسة للدكتور محمّد صدّيق

الغيث بعنوان «البناء الدراميّ في شعر لبيد بن ربيعة العامريّ» [25]، ويتّضح من عنوانها أنّها اقتصرت على شعر لبيد فقط، وكذلك اتّخذ الدكتور أمجد لطفي العجّان من شعر امرئ القيس نموذجاً لدراسته الموسومة بعنوان «البناء الدراميّ في الشعر الجاهليّ» [26]، وهناك دراسة حديثة للدكتور فريد شوقي سَرْسَك بعنوان «الملاحم الدراميّة في شعر أيّام العرب» [27]، وصدر للدكتور عماد حسيب بحثه «البناء الدراميّ في الشعر العربيّ القديم»، وفيه درس البناء الدراميّ عند شعراء العصور الجاهليّ وصدر الإسلام والأمويّ والعباسيّ.

# أولاً: تقديم الشخصيّة

## أ) البُعد الجسديّ (الخارجيّ):

تُعدّ الشخصيّات من أهمّ العناصر الدراميّة في النصّ الأدبيّ، وتظهر أهميّتها من كونها مرتبطةً بالأحداث، وكلّ شيءٍ في العمل الأدبيّ يصدر مباشرةً عنها، «لذلك فإنّ العمل الأدبيّ الجيّد لا يُقاس بما يعرض من أفكارٍ وموضوعاتٍ فحسب، إنّما يُقاس بمدى متانة الشخصيّة التي تحمل هذه الأفكار وقوّتها في التأثير، فالشخصيّات لا الأفكار هي التي تعطي العمل الجيّد قيمته»[28].

وتقدّم الشخصيّات بعضها من خلال الحوار الذي يسهم في تطوير الأحداث، وبحسب درجة الصراع بين هذه الشخصيّات يتجه النص الأدبي إلى الدراميّة، ويلعب الحوار دوراً مهمّاً في إبراز ذلك «فالنصُّ الدراميُّ يختلف ويتميّز عن الأنواع الأخرى بغلبة عنصر الحوار على العناصر الأخرى، فالحوار هو المسؤول عن تقديم الشخصيّات والتعريف بها، وبيان الصراع الذي يدور بينها، وما يترتّب على ذلك من سير الأحداث إلى نهايتها»[29].

وقد منحت الكلاسيكيّةُ الجديدة في عصر النهضة الشخصيّةَ أهميّةً كبيرةً، فكانت عناية النقاد في دراسة الدراما منصبّةً على الشخصيّة بالدرجة الأولى، فهم يؤكّدون الصفات المشتركة بين كلّ مجموعة معياراً، وإن كان على الكاتب المسرحيّ أن يحصر اهتمامه فيما هو دائمٌ وما هو عامٌّ في الطبيعة البشريّة[30]. وظلّت هذه الأهمية مركّزةً على الشخصيّة في المسرحيّة، وكلّ الأعمال السرديّة ولا سيّما الرواية، حتى صار الروائيّ الحقيقيّ في القرن التاسع عشر هو ذلك الذي يخلق الشخصيّات، وحتى بداية القرن العشرين ظلّ لدور الشخصيّة الجانبُ الأهمُّ في كتابة الرواية بحسب هنري جيمس، كما يخبرنا هوتمن في قوله: «إنَّ اهتمام كُتَّاب القصّة يجب ألا يتركَّز على الرقعة التي يرسم عليها، وإنَّما على الشخصيّة»[31]. ومثله ميشال بوتور، الذي يرى أنّ البطل ملازمٌ لأبسط الحوادث، شأنه شأن المؤلّف والقارئ[32].

ولا شكّ في أنّ دراسة العناصر الدراميّة في القصيدة الجاهليّة تقودنا إلى الحديث أوّلاً عن تقديم الشخصيّة وهي تتفاعل مع الشخصيّات الأخرى، سواء أكانت شخصيّاتٍ رئيسةً أم ثانويّةً، ثابتةً أم ناميةً، فنحاول دراستها وتحليلها، لأن البطل في الفن الدراميّ يتفاعل مع الأحداث ويكون جزءاً أساسيّاً في تحريكها، سواء في حواره مع الشخصيّات الأخرى أو في صراعه معها، مهما تكن طبيعة هذا الصراع، ومهما يكن الموقف الذي يحدث فيه. وهذا ما سنتبيّنه عند دراستنا نصوص الشعر الجاهليّ، لكنّنا هنا سنحاول عرض صورة البُعد الجسديّ لشخصيّة البطل التي قُدِّمت في هذا الشعر، وسنرى كيف لعبت البيئة دوراً في تحديد معالمها.

كان العرب يعيشون في عالمٍ مضطربٍ قاسٍ تحفُّ به أجواء العداوة من كل جانب في أغلب الأحيان، وتغلب عليه روح العصبيّة القبليّة، فنتج عن هذا تأصيل عادتي الغزو والثأر، ومنحهما صفة الضرورة لاستمرار الحياة، فالغزو والثأر كانا في الظروف التاريخيّة والاقتصاديّة والاجتماعيّة الخاصة بالمجتمع الجاهليّ مبدأين ضروريين من أجل حفظ القبيلة من الفناء، وكانا في الوقت نفسه السبب في حضور الموت حضوراً طاغياً ودائماً في حياتها، وهذا يفترض بالقبيلة أن تأخذ بكل أسباب القوّة لتحفظ أمنها واحترامها بين القبائل. ولا شكّ في أنّ مقياس قوّة القبيلة يُقدَّر بعدد رجالها القادرين على حمل السلاح والقتال، ومبلغ قوتهم الجسديّة، وإتقانهم فنون الحرب، واستخدام آلاتها، وإقبالهم عليها. وبذلك ظهرت صورة الفارس البطل الذي يقترن دائماً بالقوّة، فهذا الفارس يتمتّع بقوّة عظيمة وصلابة عود تمكّنه من خوض المعارك والصبر على أهوالها، وتوجيه الضربات القويّة والقاتلة إلى صدور الأعداء كثيري العدد دائماً، والاستيلاء على قطعان ماشيتهم وسبي نسائهم، وتُمكّنه أيضاً من الدفاع عن قبيلتّه، ودحر الغزاة وقتلهم، وكم كانت نشوة الحرب تبلغ بالفارس مبلغها حين يناديه الأبطال ليبرز إليهم يقاتل معهم وعنهم! وكأن المعركة تخصّه وحده دون سائر مقاتلي القبيلة. وفي ذلك يقول عنترة بن شداد، وقد بلغت به نشوة القتال أوجها:

يَدْعون: عَنْتَـرَ، والرِّمـاحُ كَأَنَّهـا

أَشْـطانُ بِئْـرٍ فـي لَبَـانِ الأَدْهَـمِ <sup>(33)</sup>

ويقول:

ولقَدْ شَفى نَفْسي وأبْرَأَ سُقْمَها

قيلُ الفَوارسِ: وَيْكَ عَنْتَرَ أَقْدِمِ <sup>(34)</sup>

فالمعركة – في الغالب – معركة أفراد، «والفرد في يده النصر كما في يده الهزيمة، وغالباً ما ينتظر الجيشان نتيجة هذا الصراع الفرديّ، ثم يحمل كل جيشٍ على الآخر. ولما كان في هذه المبارزات الفرديّة مصير المعركة نجد القبائل تدفع بأشهر فرسانها في أوّل القتال حتى تضمن الغلبة»<sup>(35)</sup>. ويرى الدكتور فؤاد المرعي أنَّ «قوة هذا الفارس لا تتحقَّق بضخامة الجسم وعظم الأعضاء، فضخامة الجسم صفةٌ تتعارض ونمط حياة القبيلة المتنقّلة، كما أنّها تتعارض وأسلوب قتال الفرسان في الكرّ والفرّ؛ لأن قوة الفارس تنبع من مصادرَ معنويةٍ، أمّا جسده فناحلٌ لكثرة ما يخوض من المعارك دفاعاً عن القبيلة، أو انتصاراً لها في غزوها مضارب الأعداء»<sup>(36)</sup>، ويبيّن لنا الشاعر أنَّ أسباب نحوله تعود إلى ذلك الصراع الذي كان يخوضه ضد الأعداء في ساحات الوغى:

إمّا تَرَيْني قَدْ نَحَلْتُ، ومَنْ يَكُنْ

غَرَضاً لأطْرافِ الأَسِنَّةِ يَنْحَلِ <sup>(37)</sup>

ولم تكن هذه حال عنترة فحسب، وإنّما كانت أيضاً حال عمرو بن معدي كرب الزبيدي الذي بؤكّد هذه الفكرة بقوله:

أَعـــاذِلُ إِنَّـمـا أَفْـنَـى شبابي
إجابتِــيَ الصَّريـخَ إلى المُنـادِي

مَـعَ الأَبْطـالِ حَتّى سُلَّ جِسمي
وأَقْـرَحَ عاتِقي حَمْلُ النِّجَادِ[38]

ويؤكد الدكتور فؤاد المرعي أن صورة الفارس العربيّ في العصر الجاهليّ تختلف عن صورة الفارس في الشعر الملحميّ اليونانيّ، فقد كان الفارس اليونانيّ يتمتع بصفات البطولة كلّها، ولا سيّما صورة البطل القويّ الكامل ذي البنية الجسديّة التامّة، الذي لا يفقد حتى في العذاب توازنه الهارموني وقوته الجميلة. فبطل العصر اليونانيّ القديم يؤكّد نفسه في العالم كائناً قويّاً كاملاً مظفّراً، أما صورة البطل التي تتجلّى في الشعر الملحميّ الغنائيّ العربيّ فكلّها تناقضات دراميّة. ومهما كانت الأشكال التي تجسّدت بها دراميّة صورة الفارس في الشعر العربيّ القديم غريبةً ومثيرة للتساؤل، فإنّها تعبّر عن تناقضات الواقع والحقيقة[39].

فهذه عبلة تبدي عجبها من جسم عنترة الناحل على الرغم من خوضه معارك كثيرةً وخروجه منتصراً منها، ويصوِّر عنترة ذلك الموقف الدراميّ، متخذاً من الحوار وسيلةً لوصف شعورها نحوه، ومؤكّداً جدارته بحبها، وتعلّقه بها:

عَجِبَتْ عُبَيْلَةُ مِنْ فَتىً مُتَبَذِّلِ
عـاري الأَشـاجِعِ شـاحِبٍ كالمُنْصُلِ

شَعِثِ المَفارِقِ مُنْهَج سِرْبالُهُ

لـم يدَّهـنْ حَـوْلاً ولَـم يتَرجَّـلِ


لا يَكْتَسـي إلّا الحَديـدَ إذا اكتَسى

وكـذاكَ كُلُّ مُغـاوِرٍ مُستبْسِـلِ


قَـدْ طـالَ مـا لبِـسَ الحديـدَ فإنَّمـا

صَـدَأُ الحَديـدِ بجلدِهِ لَـمْ يُغسَـلِ


فتضاحَكَـتْ عَجَبـاً وقالَـتْ قَوْلَـةً

لا خَيـرَ فيكَ كأنَّهـا لَـمْ تَحْفِـلِ


فعجِبْـتُ مِنْها كيفَ زَلَّـتْ عَيْنُها

عَـنْ ماجِدٍ طَلْـقِ اليديـنِ شَـمَرْدَلِ


لا تَصرمينـي يـا عُبَيْـلُ وراجعـي

فِـيَّ البَصيـرةَ نظـرَةَ المُتَأمِّـلِ[40]

قدَّم الشاعر – بطل هذا المشهد – شخصيَّته وفقاً لما تراه الشخصيّة
الثانية، إذ تملَّكت شاعرنا الدهشة، وعجب من أمر صاحبته حين زلَّت
عينها، فازدرته لمّا رأت شحوبه، وتغيُّرَ منظره، وشَعَثَ رأسه، ونفاذ
رائحته (الصفات الجسديّة لشخصيّة البطل)، فصدَمته بقولها: «لا
خير فيك»، ولكنَّه يردُّ عليها ألا تعجل بالصرم، بل يطلب إليها أن
تراجع نفسها، وتنظر إليه بعين البصيرة، حتّى تقف على حقيقته،
فعند ذلك تعرف قدره، وتدرك شأنه، وأنَّه المستبسل الرامي بنفسه

في المهالك، وقد طال لبسه الحديد لطول مباشرة القتال، حتّى لصق صدأ الحديد ببدنه، وهذا ما جعل الشاعر يعاني صراعاً داخليّاً بين قُبح منظره في عين عبلة، وبين قوّته وفروسيّته في عينه هو، ذلك أنه يرى في نفسه فارساً مغواراً لا يُشقُّ له غبار، فيدعوها ألا تقطع وصله، وكأنّه يستغلُّ دهشتها المتطرِّفة، وتعجُّبها لهيئته، ليوقفها على حقيقة أمره، وجلِّ اهتمامه، وهو مقارعة الأبطال، ومنازلة الأقران، وهو ما يجد فيه ذاته، فلا يشغله ثوبه ولا مظهره بقدر ما يشغله حسُّه الحربيّ، والتأهُّب الدائم لمصاولة الفرسان الأقوياء، ومن هنا كانت دعوته لها ألا تنظر إليه ببصرها، بل تراجع بصيرتها نظرة المتأمّل الذي يتطلّع إلى ما وراء ظواهر الأشياء، ليصل إلى حقيقتها.

ولا يجد الدكتور سيّد حنفي اختلافاً كبيراً في التكوين الجسميّ وملامح الخلقة بين الجاهليّ القديم في صحرائه وبين البدويّ في جزيرته، فكلاهما جافُّ العود، صلب التكوين، يميل إلى السمرة الشديدة بسبب حرارة الشمس وشظف العيش، وقد يكون هناك اختلاف طفيف بين الفارس السيّد والفارس العبد أو الصعلوك من ناحية المظهر، أو الجسم كظهور آثار النعمة والعيش الرغيد على السيّد وعدم ظهورها على الصعلوك والعبد. وإذا تأمّل إنسانٌ وجه البدويّ فسيجده أسود العينين مقوّس الأنف، شفتاه أقرب إلى الغلظة، وشعره أقرب إلى التجعد، وهو يميل إلى الطول، لذلك مدح العرب الرجل طويل النجاد، أي طويل حمائل السيف، ويعنون بذلك مدح ظاهرة الطول في العربيّ[41].

مما سبق تتبيّن لنا طريقة من طرائق الشعراء في تقديم شخصيّاتهم،

وهي البُعد الجسديّ للشخصيّة من خلال وصفها وصفاً خارجيّاً، ولكنهم لم يقفوا عند البُعد الخارجي للشخصيّة فحسب، وإنَّما قدّموا لشخصياتهم من خلال البُعد النفسيّ أيضاً.

## ب) البُعد النفسيّ (الدّاخليّ):

لم يقف الشاعر عند الوصف الخارجيّ لشخصيّاته، وإنَّما غار إلى دواخلها ليصوّر نفسيّاتها، ويجول في أعماقها، وإذا حاولنا أن نبحث في الصفات النفسيّة لشخصيّة البطل، وجدناها تختلف باختلاف المواقف الدراميّة التي يصوّرها الشاعر، ففي مواقف البطولة والفروسيّة سنرى أن شجاعة البطل تفوق شجاعة الآخرين، وكرمه يفوق كرمهم، وهو يحبّ قبيلته ويستميت في الدفاع عنها، ويعمل على رفع الظلم عن المظلومين، وبعد ذلك تراه في الحانات يشرب الخمر، ويلهو بالنساء، وهو يفتخر بما يقدّمه من مالٍ لقاء السعادة التي يجنيها، ويَعدّ ذلك معياراً من معايير الرجولة، وعلامة من علامات السيادة والكرم. ونستطيع أن نتبيَّن ذلك من خلال نصٍّ أدبيٍّ لعنترة بن شداد في قوله:

إن تُغدِفـي دونـي القِنـاعَ فإنَّنـي
طـبٌّ بأَخْـذِ الفـارسِ المُستلْئِم

أَثْنِي عَلـيَّ بمـا علمْتِ فإنَّني
سَـمْحٌ مخَالَقتـي إذا لَـمْ أُظْلَـمِ

فـإذا ظُلِمـتُ فـإنَّ ظُلمـيَ باسِـلٌ

مُـرٌّ مذاقَتُـهُ كطَعْـمِ العَلقَـمِ

ولقـد شَـرِبْتُ مِـن المُدامَـةِ بَعْدَما

رَكَـدَ الهواجِـرُ بالمَشـوفِ المُعلَـمِ

وإذا شَـرِبْتُ فإنَّـني مستهلِكٌ

مالـي وعِرْضـي وافـرٌ لَـمْ يُكْلَـمِ

وإذا صَحَـوْتُ فمـا أُقَصِّـرُ عَـنْ نَدىً

وكَمـا عَلِمْـتِ شَـمائلي وتكرُّمي (42)

يوجّه الشاعر أمراً إلى الشخصيّة الثانويّة في هذا المشهد أن تمدحه بصفاته الداخليّة التي يمتاز بها عن غيره، فهو حليمٌ سمح الخلق، إلّا إذا وقع ظلمٌ عليه فعندئذٍ يحاول أن يردَّ الظلم عنه بكلّ ما أوتي من قوّةٍ، لأنّه لا معنى للحياة في ظلّ الظلم كما يرى عنترة، وهذا يظهر الصراع الدراميّ في نفسه بين الصفات السلبيّة التي يزدريها كالظلم، وبين القيم الإيجابيّة التي يتحلّى بها كالسماحة وحفظ العرض والكرم.

وكان عنترة يعيش حالة صراعٍ دائمةً مع الموت، فيجعل من الحتوف التي تواجهه شخصيّةً رئيسةً في مواجهته، ويدور بينهما حوارٌ يسرِّعُ وتيرة الأحداث، فيقول:

بَكَرَتْ تُخَوِّفُني الحُتـوفَ كأنَّـني

أَصْبَحْتُ عن غَـرَضِ الحتوفِ بمَعْزِلِ

فَأَجَبْتُها: إِنَّ المَنِيَّةَ مَنْهَلٌ

لا بُدَّ أَنْ أُسْقَى بِكَأْسِ المَنْهَلِ


فَاقْنَيْ حَياءَكِ – لا أَبا لَكِ – واعْلَمي

أَنِّي امْرُؤٌ سَأَموتُ إِنْ لَمْ أُقْتَلِ


إِنَّ المَنِيَّةَ لَوْ تُمَثَّلُ مُثِّلَتْ

مِثْلِي إِذا نَزَلوا بِضَنْكِ المَنْزِلِ


والخَيْلُ ساهِمَةُ الوجوهِ كَأَنَّمَا

تُسْقَى فَوارِسُها نَقيعَ الحَنْظَلِ


وإذا حُمِلْتُ عَلى الكَريهةِ لَمْ أَقُلْ

بَعْدَ الكَريهةِ: لَيْتَني لَمْ أَفْعَلِ [43]


فالشاعر هنا يُقدِم على الموت غير خائفٍ ولا وجلٍ، وهو مدركٌ أنّ الموت سيصيبه كما أصاب غيره، وفروسيّته تأبى عليه أن يموت إلّا في ميدان القتال، بل إنّ هذه الفروسيّة لو تجسّدت وكانت مثالاً لكانت عنترة نفسه، فكيف يهرب منها؟! فالموت لا فرار منه، إنّه الموت الذي يطارد الجاهليّ في حلّه وترحاله، ويلاحقه غازياً أو ضحيّة غزو، آخذاً بثأرٍ أو مأخوذاً به، فالشاعر كان يعيش صراعاً بين الحياة والموت، وكانت الغلبة للشاعر الذي تحدّى الموت بشجاعته وإقدامه، فهو مؤمن أنه لا مهرب من الموت، ولذلك أثر الشجاعة على غيرها.

ومن اللافت للنظر أنّ الموت الذي أكثر الشعر الجاهليّ من تصويره ليس الموت بسبب الهرم والمرض، بل الموت الذي يصرع الإنسان وهو في أوج قوّته وشبابه؛ لأنّ ذلك كان منطق الحياة التي كان البدويّ الجاهليّ يحياها. وهذا ما جعل الوعي الجاهليّ يقرّ بالموت وقعاً ثابتاً لا مفرَّ منه، وهذا ما يؤكّده طرفة بن العبد الذي يصور الإنسان مربوطاً إلى الموت يجذبه متى شاء فيقول:

أَلا أَيُّهَـذا الزَّاجِـري أَحْضُـرَ الوَغـى

وأَنْ أَشْـهَدَ اللذَّاتِ هَـلْ أَنْتَ مُخلِدي؟

فَـإنْ كُنْـتَ لا تَسْـطِيعُ دَفْـعَ منيَّتـي

فَدَعْنـي أُبادِرْهـا بِما مَلَكَـتْ يدي (44)

فذلك الشخص الذي يزجره عن خوض ساحات المعارك لا يستطيعُ أن يدفع عنه الموت، ولذلك يطلب من أن يتركه ليواجه مصيره بنفسه.

وقد كان البذل والعطاء، وإغاثة الملهوف، واستجارة المستجير، عملاً من أعمال البطولة في العصر الجاهليّ، فيه من الفروسيّة ما لا يقلّ عن معاني الاستبسال في القتال والذود عن الحياض، وهذا عروة بن الورد العبسيّ الذي تمرَّد على قومه من أجل الوقوف إلى جانب الفقراء؛ ولهذا كان يُعدّ بحقٍّ زعيماً للصعاليك، وأباً لهم؛ لأنّه كان يغير على الأغنياء، فيسلب أموالهم، ثمّ يوزّعها على الفقراء والمحتاجين والمساكين والضعفاء من الصعاليك، يقول:

37

إنِّـي امْـرُؤٌ عافِـي إنائِـيَ شِـرْكَةٌ

وأَنْـتَ امْـرُؤٌ عافِي إنائِـكَ واحِدُ

أَتَهْـزَأُ مِنِّـي أَنْ سَـمِنْتَ وأَنْ تَـرى

بِجِسْـمِيَ مَـسَّ الحَـقِّ والحَـقُّ جاهِدُ

أُقَسِّـمُ جِسْـمِي في جُسُـومٍ كَثيـرةٍ

وأَحْسُـو قَراحَ الماءِ والمـاءُ بارِدُ (45)

يعبِّر عروة عن معنًى إنسانيٍّ عظيمٍ، إذ تعرّض له صاحبه –
وهو الشخصيّة الثانويّة في هذا المشهد – يهزأ منه ويعيبه بأنّه هزيلٌ
شاحب اللون، فأجابه إجابةً شافيةً، إذ قال له: إنّني يَشركني كثيرون
من الضعفاء والفقراء والمساكين وذوي الحاجات في طعامي، أمّا
أنت فلا يشركك أحد، ولذلك سمنت. أمّا أنا فأصبحت كما ترى من
الهزال والشحوب، وما هذا الشحوب إلّا أثرٌ من آثار نهوضي بحقوق
هؤلاء المحتاجين، فلست أنا الخليقُ بالهزء والسخرية، وإنما الخليق
بذلك أنت، لأنّك بخيل لا يشركك في طعامك أحدٌ. ويكمل عروة هذه
الصورة الإنسانيّة النبيلة لنفسه بقوله: إنه يقسّم طعامه بينه وبين
الفقراء، أو بمعنى آخر أدقّ: يقسّم جسمه في أجسامهم، بل كثيراً
ما يؤثرهم على نفسه بكلّ طعامه مع شدة جوعه وحاجته، مكتفياً
بشرب الماء البارد مع أنّ البرد والشتاء يعصف بزمهريره. وهنا
نرى الإيثار، وذلك البذلُ للفقراء والعون للمحتاجين من أعظم أعمال
البطولة والفروسيّة.

وها هو الحادرة في مفضّليّته يخاطب محبوبته سميّة، ويخبرها عن

صفاته النفسيَّة المتمثِّلة في شرفه وشرف قبيلته ومكانتهما، إنّه يعرض عليها تلك الصفات التي تعبّر عن خلق العربيِّ وقيمه في مواجهة الحياة:

أَسُـمَيَّ ويحَكِ هـلْ سَـمِعْتِ بغَدْرةٍ

رُفِـعَ اللِّـواءُ لَنـا بهـا في مَجْمَعِ؟

إنّـا نَعِـفُّ فـلا نُريـبُ حَليفَنـا

ونكُـفُّ شُـحَّ نفُوسِنا في المَطْمَعِ

ونَقِـي بآمِـنِ مالِنـا أَحْسـابَنا

ونَجُرُّ في الهَيْجـا الرِّمـاحَ ونَدَّعي

ونَخـوضُ غَمْـرَةَ كلِّ يـوم كَريهـةٍ

تُـردي النُّفوسَ وغُنْمُها للأَشْـجَعِ (46)

فهم إلى جانب الوفاء وعدم الخُلْفِ بالحِلْفِ والجوار، يجودون بأموالهم لحماية أحسابهم وأنسابهم، وفي الحروب نجد أيّامهم سلسلة من البطولات والانتصارات.

وهذا ربيعة بن مقروم الضبّيّ يعدِّد الفضائل الحميدة التي كانت مدعاة افتخار الشاعر بقومه لتحلّيهم بها، وكلّ ما اتّخذوه مثلاً رفيعاً لهم في حياتهم وسلوكهم، كما لا ينسى الشاعر في خضمِّ افتخاره القبليّ أن يُظهر لنا شدّة تمسّكه بها وحرصه عليها، وهو بذلك يؤكِّد استلهامه هذه القيم من واقع انتمائه القبليّ، فقد أجاب سائلته على ما يتحلَّى به من مكارم الأخلاق هو وقومه، يقول:

وَإِنْ تَسْـأَلِيني فَإِنِّـي امْـرُؤٌ

أُهِـينُ اللَّئِيمَ وَأَحْـبو الكَريما

وَأَبْنـي المَعالِـيَ بالمَكْرُمـاتِ

وَأُرْضـي الخَلِيلَ وَأُروي النَّديما

وَأَجْـزي القُـرُوضَ وَفـاءً بِهـا

بِبُوْسَـى بَئيسى ونُعْمَـى نَعيمـا

وَقومـي فَـإِنْ أنـتَ كَـذَّبْتَنـي

بِقوليَ فَـاسْـأَلْ بِقَوْمي عليمـا

يُهينـونَ فـي الحَـقِّ أَمْوالَهُـم

إذا اللَّـزَبـاتُ الْتَحَيْـنَ المُسيمـا

طِـوالَ الرِّمـاحِ غَـداةَ الصَّبـاحِ

ذَوو نَجْدَةٍ يَمْنَعونَ الحَريما[47]

لم يكن الشاعر ينتظر أن توجه له الشخصيّة المقابلة السؤال، وإنما استبق ذلك بعرض السؤال والإجابة، وكأنّه يريد أن يسجِّل انتصاراً أو يبرز صفاته النفسيّة الحميدة أمام محبوبته.

وفي الغزل نجد الأعشى يصوِّر نفسه، وقد أتعبه الحبّ، وأثقلته الهموم؛ لأنّ المحبوبة ذهبت بقلبه، وهذا أشعل جذوة الصراع في داخله، وازدادت حدَّته بسبب تمنُّع المحبوبة، وصعوبة الوصول إليها أو الاقتراب منها:

نـــامَ الخَلِـــيُّ وبِــتُّ اللّيـــلَ مُرْتَفِقـا

أَرْعـــى النُّجـــومَ عَميداً مُثْبَـــتاً أَرِقا

أَسْـــهو لِهمِّـــي ودائـــي فَهْيَ تُسْـــهِرُني

بانَـــتْ بقَلْبـــي وأَمْسى عِنْدَها غَلِقـا

يــا لَيْتَها وَجدَتْ بـــي ما وَجدْتُ بها

وكـــانَ حُـــبٌّ ووَجْـــدٌ دامَ فاتَّفَقـا

لا شـــيءَ ينفَعُنـــي مِـــنْ دونِ رؤيتِها

هلْ يَشْـــتَفي وامِقٌ ما لَـــمْ يُصِبْ رَهَقا

صـــادَتْ فـــؤادي بعَيْنَيْ مُغْـــزِلٍ خَذَلَتْ

تَرْعـــى أَغَنَّ غَضيضـــاً طَرْفُهُ خَرِقا[48]

فالشاعر الذي أرّقته الهموم، وهجره النوم لم يجد من الحبّ مهرباً، في الوقت الذي كانت في محبوبته مرتاحة البال تنام ملء جفونها، فقد خسر الشاعر في هذا الصراع، وعاش ساعات من السهد والأرق؛ لأنّه لا سبيل إلى لقاء المحبوبة.

كانت تلك أبرز الصفات النّفسيّة التي تحلّت بها الشخصيّات في القصائد الدراميّة المختلفة، ولا أدَّعي أنّني استوفيتها كاملةً، لأنّ هذه الصفات قد تختلف من قصيدة دراميّةٍ إلى أخرى، ولعلّنا نقف على المزيد منها في الصفحات القادمة من هذا البحث.

# ثانياً: الشخصيّة الإيجابيّة

## أ) العاشق والمحبوبة:

لعبت المرأة دوراً كبيراً في الحياة العربيّة في العصر الجاهليّ، ولا تكاد تخلو قصيدةٌ من الإشارة إليها أو ذكرها بصورة من الصور، وكذلك نجدُ أنَّ الشاعر الجاهليَّ ذكر المرأة في مواضع مختلفة من القصيدة الواحدة، فنراها في بداية القصائد تحتلّ المكان الأسمى والغالب، فيما يُسمَّى بالنَّسيب، وفي المقدّمة الطلليّة التي تبدأ بها كثير من القصائد الجاهليّة وفي غيرها من المواضع، ولم تكن المرأة مجرَّد متعةٍ، بل كانت هناك علاقاتٌ نفسيّةٌ وشعوريّةٌ تنعكس على تصرفات الشاعر الجاهليّ أكثر مما كان يتصوَّر، ولذا شعر بنوعٍ من اللجوء إلى المرأة، شعر بالحاجة إليها كمكمّلةٍ له في حياته ووجوده، وليس كمتعةٍ جنسيّةٍ فحسب. يقول أدونيس: «ينطلق الحبُّ عند الجاهليّ من الجسد، ثم تأتي النتائج النفسيّة والذهنيّة، وتوفّر اللذة الجنسيّة غبطة الاكتمال والتملُّك، ويجد الجاهليُّ فيها جنَّته الأرضيّة. المرأةُ بالنسبة له الواحة والماء والجمال كلُّه، رمزُ الخصب والطمأنينة، وما يعلو ويتسامى»[49].

وقد تغنّى الشعراء كثيراً بمحبوباتهم، وصوّروا لنا مغامراتهم وهم يحاولون الوصول إليها بأسلوب قصصيٍّ جميل لا تخلو منه الروح الدراميّة، وفيها تتحدّد دائرة البطولة لدى الشاعر المغامر الذي يجد رجولته في رصيد المغامرات التي تصوّرها نزعته القصصيّة على النحو الذي يطلع به علينا الأعشى في معلّقته بعد أن قدّم سرداً مفصّلاً يحكي فيه جوانب من شخصيّة محبوبته، وأنماطاً من مقاييس الجمال التي رآها من خلالها، وكأنّه بذلك يبرز حالته النفسيّة التي صوّرها في المقدّمة:

وَدِّعْ هُرَيْـرَةَ إِنَّ الرَّكْبَ مُرتَحِـلُ

وَهَــلْ تُـطـيـقُ وَداعـــاً أَيُّـهـا الـرَّجُـلُ

غـرَّاءُ فَرْعـاءُ مَصقـولٌ عَوارِضُها

تَمْشِـي الهُوَيْنى كَما يَمْشِي الوَجِي الوَحِلُ[50]

إذ يستمرّ في هذا اللون السرديّ حول مشيتها، وطبيعة حليها، وجمال خَلْقها وخُلُقها، وضمور خصرها، وثقل أردافها، وامتلاء جسدها، ورونق شبابها، وطيب عطرها، فإذا ما انتهى من هذا السرد خصّ نفسه بلغة القصّ وحديث الغزل والمغامرة، فبدا عامداً إلى لغةٍ حواريّةٍ ومشاهد حركيّة تبدأ من صدود هريرة إلى كلامها:

صَـدَّتْ هُرَيـرَةُ عنَّـا مـا تكلِّمُنـا

جَهْـلاً بــأُمِّ خُلَيْـدٍ حَبْـلَ مَنْ تَصِلُ؟

أَأَنْ رَأَتْ رَجُـلاً أَعْشَـى أَضَرَّ بـه

رَيْـبُ المَنونِ ودَهْـرٌ مُفْنِـدٌ خَبِلُ؟[51]

44

ثم يقدّم لنا الأعشى عرضاً قصصياً طريفاً تتعدّد فيه الشخصيّات، وتتعدّد المشاهد الموزّعة بين أبطاله، وتتشابك الأحداث بصورة محيّرة، لينسج بناءً قصصياً مُحكماً من خلال حبّه هريرة عن غير عمد، ورأى كلّ ما صوّره في هذا النسيج القصصيّ المعقّد ضرباً من الجنون والعبث:

عُلِّقْتُها عَرَضاً وعُلِّقَتْ رجُلاً غَيري

وعُلِّقَ أُخْرى غَيْرَها الرَّجُلُ

وعُلِّقَتْهُ فَتـاةٌ مـا يُحاوِلُها

مِنْ أَهْلِها مَيِّتٌ يَهْذي بِها وَهِلُ

وعُلِّقَتْني أُخَيْرَى ما تُلائِمُني

فاجْتَمَعَ الحُبُّ حُبٌّ كلُّهُ تَبِلُ

فكُلُّنا مُغرَمٌ يَهْذي بِصاحِبِهِ

نـاءٍ ودانٍ ومَحْبُولٌ ومُحْتَبِلُ

قالَتْ هُرَيْرَةُ لَمَّا جِئْتُ زائرَها:

وَيْلـي عَلَيْكَ، ووَيْلي مِنْكَ يا رَجُلُ! [52]

جاءت معرفة الشاعر هريرةَ وتعلّقه بها عرضاً (علّقتها عرضاً)، لكنَّها تعلّقت برجلٍ آخر، أحبَّ أخرى غيرها، والفتاة التي يحبّها تحبّ رجلاً آخر غيره، وهي يحبُّها ابن عمِّها، وفي الوقت نفسه هناك امرأةٌ غير هريرة تحبّ الأعشى، ولكنّه غير مكترثٍ لها أو مهتمٍّ لأمرها؛

45

لأنّها لا تلائمه حسب قوله. ويظهر الأعشى بليغاً في اختيار ألفاظه في هذا المشهد، فقد بيَّن لنا أنَّ كلَّ شخصٍ عاشقٍ في هذه القصّة يهذي بصاحبه، وصاحبه لا يدري به، فالعلاقات الاجتماعيّة داخل هذا المجتمع – مجتمع الحانة – غير أخلاقيّة وغير طبيعيّة؛ لأنّه لم يَعُدْ للعقل أيُّ دورٍ يقوم به، فحالة السُّكْرِ أذهبت عقولهم. وهذه الحالة عابرة، بمعنى أنّها ليست دائمة، إذ إنَّ ظروف تحقُّقها مرتبطةٌ بهذا المكان ليس إلّا، وهريرة تدرك أنّها تعيش في حالةٍ ستنتهي قريباً، وكأنّها تقوم بتمثيل دورٍ لمرحلةٍ معيَّنةٍ، وحينما ينتهي هذا الدور سيعود كلّ شيءٍ إلى حاله، وهي بذلك لا تقوم إلّا بما هو مطلوبٌ منها يوميّاً؛ فهي تعمل في هذه الحانة. فالأعشى يرسم صورةً لهذه العلاقات التي تُسمَّى حبّاً، وهو حبٌّ غير مستقيم وغير صادق. وعندما جاء الأعشى ليزور هريرة في خدرها، كانت ردّة فعلها ببعض التعابير التي تجعله يغادر دون أن تحرجه، ودون أن تجعله ينال شيئاً، عندما قالت له: (ويلي عليك وويلي منك يا رجل).

ويحاول بعد ذلك أن يزاوج بين المشهدين الغزليّ والخمريّ، ويبقى الأعشى محوراً لهما، فيخرج من مشهدٍ إلى آخر، وبينهما يعمد إلى سردٍ يحكي فيه شخصه، ويصوّر قدراته البطوليّة في صورة البطل الكسير:

وقَدْ أَقودُ الصّبى يَوْماً فَيَتْبَعُني

وقَدْ يُصاحِبُني ذو الشِّرَّةِ الغَزِلُ

وقَدْ غَدَوْتُ إلى الحانوتِ يَتْبَعُني

شاوٍ مِثَلَّ شَلولٌ شُلْشُلٌ شَوِلُ

فـي فِتْيـةٍ كَسُـيوفِ الهِنْدِ قَـدْ علموا

أَنْ لَيْسَ يَدْفَعُ عَنْ ذي الحِيْلَةِ الحِيَلُ [53]

في إطار تلك المشاهد الغزليّة يلتقي الشعراء من كل طبقات المجتمع الجاهليّ، سواء على المستوى الفنيّ، أم على المستوى الاجتماعيّ، وهو ما يجعل من تلك المشاهد قاسماً مشتركاً يسود بينهم ويجمع بين تصوّراتهم إزاء عالمِ المرأة موضوعِ الغزل.

وإذا انتقلنا إلى امرئ القيس نراه يبحث عن ذاته، ويحاول أن يثبت قدرتها وطاقتها، من خلال مشاهده الغزليّة التي يتجاوز فيها الأحراس قصداً إلى خباء المحبوبة ربّة الخدر، التي يطول معها حواره في ظلال رحلتها معه عبر الصحراء، وكأنّه الفارس الذي لا يهزمه شيء، فلا هو يُهزَمُ أمام تجربة الغزل، ولا أمام الرقباء والوشاة والحرّاس، ولا حتّى أمام متاعب الصحراء ومخاوفها، فإذا هو يتجاوز الصورة الانهزاميّة للبطل حين يجد شفاءه في (عبرة مهراقة) أمام رسمٍ دارس، ليصل إلى يوم (دارة جُلْجُل) حيث بدا الفارس الأول في ميدان الغزل أمام مجموعة من بطلات قصته، فكان في حواره معهنّ ماجناً لاهياً شديد الإعجاب بنفسه والثقة بقدرته على المغامرة:

أَلا رُبَّ يَـوْمٍ لَـكَ مِنْهُـنَّ صالِـحٍ

ولا سـيّما يَـوْمٌ بِـدارةِ جُلْجُـل

ويَـوْمَ عَقَـرْتُ لِلْعَـذارى مَطِيَّتـي

فَيـا عَجَبـاً مِـنْ رَحْلِهـا المُتَحَمَّـل

فَظَـلَّ العَـذارى يَرتَمِيـنَ بِلَحْمِها

وَشَـحْمٍ كَهُـدّابِ الدِّمَقْـسِ المُفتَّلِ (54)

ولكنَه لم يشأ أن يتوقّف عند زحام غزله، وضجيج عَذاراه، وذَبْح مطيّته، بل أراد أن ينتقل بهذا التدرّج إلى تخصيص الموقف من خلال حواره مع غيرها، وقد اقتحم خدرها، إلى إقناعه لها بأن تستسلم للموقف الذي وضعها فيه، والذي حاولت أن تنكره في البداية:

ويَـوْمَ دَخَلْتُ الخِـدْرَ خِـدْرَ عُنَيْـزَةٍ

فَقالَـتْ: لَـكَ الوَيْـلاتُ إنَّـكَ مُرْجِـلـي

تَقـولُ وقَـدْ مـالَ الغَبيطُ بِنـا مَعـاً:

عَقَـرْتَ بَعيري يا امْـرَأَ القَيْـسِ فَانْزِلِ

فَقُلْـتُ لهـا: سِـيري وأَرْخِـي زِمامَهُ

ولا تُبعِدينـي عَـنْ جَنـاكِ المُعَـلَّلِ (55)

يتحدّث امرؤ القيس عن مغامرة نسائيّةٍ بين طرفين، يمثِّل الشاعر فيهما الطرف الموجب، وتمثِّل (عنيزة) الطرف السالب، ومن هنا كانت الحركة في جانبه أفعالاً، وفي جانبها كلاماً، ويحدِّد لهذه المغامرة فضاءها الزمانيّ (يوم)، وفضاءها المكانيّ (الخدر)، ويبرز اندفاعه باتجاه المحبوبة بقوله: (دخلت)؛ إذ يتّخذ هنا موقفاً إيجابيّاً، بينما تبرز سلبيّتها بتهديدها بالنزول من الهودج والسير راجلةً دون أن تتبع قولها بالفعل.

ثمَّ تأتي إيجابيّته من جديد ممثّلة في (إمالة الغبيط)، في مقابل

سلبيَّتَها، إذ طالبته بالنزول (عقرت بعيري يا امرأ القيس فانزل)، ولكنّها لا تلبث أن تتوقف عن متابعة الكلام، وكأنّها استسلمت لهذه المغامرة، وتقبَّلتها، واستجابت لكلِّ مطالب هذا المغامر.

ثم يبدأ مشهد الصراع بين امرئ القيس وفاطمة من خلال حوارهما، وهو مشهدٌ دراميٌّ على نقيض المشهد السابق الذي اتّسم بالمرح، وفيه يعاتب امرؤ القيس فاطمة بحزن ومرارة حيث يقول لها:

أَفاطِمُ مَهْلاً بَعْضَ هذا التَّدَلُّلِ
وإِنْ كُنْتِ قَدْ أَزْمَعْتِ صَرْمي فَأَجْمِلي

أَغَرَّكِ مِنّي أَنَّ حُبَّكِ قاتِلي
وأَنَّكِ مَهْما تَأْمُري القَلْبَ يَفْعَلِ

وإِنْ كُنْتُ قَدْ ساءَتْكِ مِنّي خَليقَةٌ
فَسُلِّي ثِيابي مِنْ ثِيابِكِ تَنْسُلِ

ومــا ذَرَفَتْ عَيْنـاكِ إِلّا لِتَضربي
بِسَهْمَيْكِ في أَعْشارِ قَلْبٍ مُقَتَّلِ [56]

إنّنا نرى أنَّ هناك من النساء من لا تستجيب لامرئ القيس، فهذه فاطمة التي أذلّت قلبه كاد حبّها يقتله، فيستجير منها، ويطلب أن تتمهّل في دلالها، وأن تتجمّل في هجرها، ويخاطبها بشكلٍ مباشر: إن كنت أزمعت على قطع ما بيننا من صلةٍ فليكن هذا بأسلوبٍ رقيقٍ غير قاسٍ. والاستفهام في (أغرَّكِ) للإنكار، فهو يريد أن يقول لها: لا

ينبغي أن تغتّري بما ترين من حبّي وخضوعي لك، ولا تنخدعي بهذا، فأنا لا أثبت على عاطفة. فهو ينكر عليها أن تفهم موقفه منها على أنّه حبٌّ عاطفيٌّ ملازم، وإن كان في طبيعته ما يسوؤها فلتنبذ هذه الصلة، تماماً كما تخلع ثيابها فتنخلع. وهذا يعني أنّه لا تربطه بهذه المرأة رابطة حبٍّ، والحبُّ عنده ليس له ثباتٌ أو سلطان دائمٌ، بل هو مرتبطٌ بالصلة الحسّيّة، ويرى أنّ الدموع التي تسكبها ليست إلا وسيلةً لتنال من قلبه أكثر من غيرها، فهي ليست دموع الحب والوجد، وإنّما هي وسيلة مصطنعة للفوز في المنافسة على قلبه، ولكنَّه يشير بكلمة (مقتل) إلى أنَّه تعوَّد هذا. وهذا يعني كثرة صلته بالنساء، ويعني أيضاً أنَّ ما يصدر عنهنَّ لا يؤثِّر فيه لتعوُّده عليه، وهذا يتفق مع السياق كلّه في حديثه عن صلته بالنساء.

وعندئذٍ لا يتورّع امرؤ القيس عن أن يتحوّل إلى لوحةٍ بطوليّة أخرى يظل هو – بالطبع – محورها، وإن كان البطلُ الثانويُّ يتغيّر من حين إلى آخر مقابل ثباته الدائم، فإذا ما انتقل إلى بيضة الخدر بدا مغامراً من طرازٍ عنيدٍ يتجاوز كثيراً عناده السابق مع عنيزة إلى عنادٍ بطوليّ تحدَّى من خلاله القوم جميعاً، فيميل الحدث من خلال التفاصيل إلى نهجٍ قصصيّ تحكمه حركة البطل وتطوُّر الأحداث، وتشيع فيه لغة الحوار، وتقطعه أحياناً رغبته في السرد والتصوير لينتهي الموقف لصالحه في نهاية عرض الحدث:

وبَيْضـةِ خِـدْرٍ لا يُـرامُ خِباؤُهـا
تَمَتَّعْتُ مِـنْ لَهْـوٍ بهـا غَيْـرَ مُعْجَلِ

تَجـاوَزْتُ أَحْراساً إِلَيْهـا ومَعْشَـراً

عَلَـيَّ حِراصـاً لَـو يُسِـرّونَ مَقْتَلـي

إذا مـا الثُّريّـا في السَّـماءِ تَعَـرَّضَت

تَعَـرُّضَ أَثْنـاءِ الوِشاحِ المُفَصَّـلِ

فَجِئْـتُ وقَدْ نَضَّتْ لِنَـوْمٍ ثِيابَهـا

لَـدى السِّـتْرِ إلّا لِبْسَـةَ المُتَفَضِّـلِ

فقالَـتْ: يَمينَ اللهِ مـا لَـكَ حيلـةٌ

ومـا إنْ أَرى عَنْـكَ العَمايـةَ تَنْجَلـي

خَرَجْـتُ بهـا أَمْشـي تَجُـرُّ وَراءَنـا

عَلـى أَثَرَيْنـا ذَيْـلَ مِرْطٍ مُرَحَّـلِ

فلَمّـا أَجَزْنـا ساحَـةَ الحَـيِّ وانْتَحَى

بِنـا بَطْـنُ حِقْـفٍ ذي رُكامٍ عَقَنْقَـلِ

هَصَـرْتُ بِفَـوْدَي رَأْسِـها فَتَمايَلَـت

عليَّ هَضيمَ الكَشْحِ ريّا المُخَلْخَلِ<sup>(57)</sup>

فهو يستمرّ في عرضه القصصيّ بسرد معالم الجمال في محبوبته
بعد أن بنى الصورة على هذا الطراز الفنّي في تصوير حصانة خدر
صاحبته التي تمتَّع بها في غيرِ عجلةٍ من أمره، فلم يكن يأبه بأولئك
الحرّاس الذين يقومون على حماية خدرها، مهما كان إصرارهم على

الإيقاع به فهو يتجاوز كل الصعوبات من حرّاس أو متاعب الطريق ليأتي إليها متسلّلاً حذراً. وقد بالغ امرؤ القيس في ذلك، فاختار صيغ الجمع التي تكثّف المعوقات (أحراس، أهوال معشر، حراصاً، يسرُّون)، وهي مبالغة تميل بعمليّة الاعتراف إلى جانب المفاخرة، إذ قابل الشاعر بين منعة المرأة وصعوبة الوصول إليها، وقدرته الخاصّة في الوصول إليها، والتمتّع بها.

وتأخذ شخصيّة امرئ القيس في تقديم الحوار أبعاداً قصصيّة واضحة، تظهر من خلالها قدرته الإبداعيّة، كما يبرز تمكُّنه الشعريّ، وتتضح جوانب الصورة التي أراد لها أن تكون بارزة المعالم، فها هو ذا اختصَّ امرأة، فنهض يسمو إليها برفقٍ ومهلٍ لئلا يشعر بمكانه أحد، بعدما نام أهلها، ولكنّ هذه المرأة التي جرّدها تَضْجَرُ من وصله هذا، وتخشى الفضيحة والسَّبي، ولكنه يردّ عليها مستخدماً أسلوب الحوار والسرد القصصي، فيقسم بالله ألا يبرح هذا المكان ولو قطّعوا رأسه وأوصاله، فامرؤ القيس في هذا الحوار يريد التحدّث عن مغامرته، والإشارة إلى صراحته في هذا السلوك.

وإذا حاولنا أن نرصد الفضاء الزمانيّ وجدناه يتحدّد في الليل، وقد حرص أن يعطي تجربته لوناً خاصّاً، حيث أطفأ نور الثريّا بعض الإطفاء. ويأتي البيت الرابع بتحديد الفضاء المكاني الذي يتحقّق فيه مجيئه. ويكتفي الشاعر بذلك ليتحوّل إلى المرأة، حيث كانت ترتدي ثوب النوم استعداداً للهجوع، فتقابله بسعادة وسرور، وتدير معه ذلك الحوار الطويل الذي يتبادله معها مجسّداً به الخوف من الفضيحة، والرغبة في لقائه، كاشفاً عن الطبيعة الدراميّة لهذا الحوار الذي لا

يوقفه إلا رغبته في سرد معالم من جمالها: مهفهفة بيضاء...، لينتهي إلى حقّه المؤكّد في هواها، وكأنّه يبرّر الأحداث المتوالية، وينتهي من حلّ العقدة بإصراره على المغامرة في سبيل ذلك الهوى الذي خصّها به دون سواها:

تَسَـلَّتْ عَمايـاتُ الرِّجالِ عَنِ الصِّبا

ولَيْـسَ فُؤادي عَنْ هَوَاكِ بمُنْسَلِ (58)

ويمكننا القول: إنّ قبول المرأة وتفاعلها قد ظهر بخلعها ثيابها، وتعميتِها على الرقباء، وفي استسلامها أمام جرأة الشاعر واندفاعه إلى المغامرة. وتبرز إيجابيّة الطرفين عندما يتحرك الشاعر إلى حيث الحريّة والأمان، والمرأة تهيئ له ذلك بالتحرك معه أولاً، ثم التعفية على أثريهما ثانياً، وإن بدت إيجابيّة المرأة أكثر في عمليّة التعفية بتوالي المفردات التي تضفي أهميّة خاصة على المنطقة التي وراءهما (تجر – وراء – أثرينا – ذيل)، وتكتمل القصّة بتداخل حركة الشاعر والمرأة، وينعكس ذلك على الطبيعة التي أصبحت امتداداً مكانيّاً لهذه القصة، وقد بدا ذلك في بعض اختيارات الشاعر مفرداته مثل (عقَنْقَل) التي تشير إلى التشابك والتضام، وهو ما ظهر في البيت الثامن في هذا المشهد.

ثمّ تظلّ الصورة راسخة في ذهن الشاعر، وكأنّ المغامرة انطبعت في ذاكرته بكل أبعادها، وبكل عناصرها القصصيّة التي تلحّ عليه، فيحكي منها أطرافاً وجوانب أخرى في لاميّته المشهورة منذ تتبعه لموقع ديار المحبوبة إلى حواره معها:

53

ومِثْلُكِ بَيْضاءُ العَوارِضِ طَفْلَةٍ
لَعوبٌ تنسِّيني إذا قُمْتُ سِرْبالي

كَحِقْفِ النَّقا يَمْشِـي الوَليدانِ فَوْقَهُ
بما احتَسَبا مِـنْ لِيْنِ مَسٍّ وتَسْـهالِ

لطيفةِ طـيِّ الكَشْـحِ غيرِ مُفاضَةٍ
إذا انفَتَلَتْ مُرْتَجَّـةٍ غيرِ مِتْفالِ

إذا مـا الضَّجيعُ ابتزَّها مِنْ ثيابها
تَميـلُ عليـه هَوْنَـةً غيـرَ مِجبالِ

تنوَّرْتُها مِـنْ أَذرعـاتٍ وأهلُها
بيَثْـرِبَ أَدْنـى دارهـا نَـظَرٌ عـالِ

نَظَـرْتُ إلَيْهـا والنَّجـومُ كَأَنَّهَا
مَصابيـحُ رُهْبانٍ تُشَبُّ لقُفّالِ

سَمَوْتُ إليها بَعدَما نـامَ أهلُها
سُـمُوَّ حَبابِ الماءِ حالاً على حالِ

فقالَتْ: سَـباكَ اللهُ، إنَّكَ فاضِحـي
أَلَسْتَ تَرى السُّمّارَ والناسَ أَحْوالي؟

فقُلْـتُ: يَمينَ اللهِ أبـرَحُ قاعِداً
ولَـوْ قَطَعوا رأسي لَدَيْكِ وأوْصالي

حَلَفْتُ لهـا بـاللهِ حِلْفَـةَ فـاجرٍ:
لَنامـوا فمـا إنْ مِنْ حَديثٍ ولا صَالِ

فلَمّـا تَنـازَعْنـا الحَديـثَ وأَسْمَحَتْ
هَصَرْتُ بغُصْنٍ ذي شَمـاريخَ مَيّالِ

وصِرنـا إلـى الحُسْنـى ورَقَّ كلامُنـا
ورُضْتُ فذَلَّتْ صَعْبـةً أيَّ إذلالِ

فأَصْبَحْـتُ مَعْشـوقاً وأَصْبـحَ بَعْلُهـا
عَلَيْـهِ القَتَـامُ سَيِّئَ الظَّنـِّ والبـالِ

يَغِطُّ غَطيـطَ البَكْـرِ شُـدَّ خِناقُـهُ
لِيَقْتُلَنـي، والمَـرْءُ لَيْـسَ بقَتّـالِ

أَيَقْتُلُنـي والمَشْـرِفِيُّ مُضاجِعِي
ومَسْنونَةٌ زُرْقٌ كأَنْيَـابِ أَغْـوالِ (59)

يعرض الشاعر من بداية الأبيات الصفات الخارجيّة للمرأة التي
اتخذها بطلة لقصته، فيحدّد بعض الملامح الجسديّة لها من بياض
صفحتي الخدّ، ورقّة الخصر، وتماسك الجسد، وطيب الرائحة.
ويرصد البُعد الزمنيّ لمغامرته، فيجريها ليلاً، كما هو الحال في كثيرٍ
من مغامراته النسائيّة، ويحدد البُعد المكانيّ فيجعله داخل مسكنها.

وخلال هذين البعدين يدير حواراً معها يكشف عن المخاطر التي

تحيط به لو تمت زيارته لها، حيث ما زال الناس حولها ساهرين، وهو ما يؤدي إلى افتضاح أمرهما، فلا يكون منه إلا الإصرار على مغامرته على الرغم من الخطر الذي يتهدّده، لا سيّما أن الظروف بدأت تتغير لصالحهما معاً، فنام المتيقظ، وسكن المتحرّك، وبعد مطاولةٍ لانت المرأة، واستجابت له، ونال منها ما أراد.

وقد ساعد الحوار في تطوير الصراع الدراميّ في القصيدة، وهو حوارٌ يعكس خوف المرأة من الفضيحة لا من الزيارة ذاتها. وقد انعكس الصراع في رد الشاعر على تخوّف المرأة من خلال إصراره على عدم التراجع. ويرصد الشاعر في هذه المغامرة شخصيّة الزوج، ويكشف هذا الرصد عن صورته الداخليّة والخارجيّة، فقد بدت عليه مظاهر الشكوك والغيرة والإحساس بوجود علاقة ما بين زوجته وامرئ القيس، فهيّأ نفسه للانتقام لشرفه، ناسياً أن غريمه له من الشجاعة والسلاح ما يجعله منيعاً عليه. واللافت هنا أنّ امرأ القيس لا يرضى عن غيرة الزوج، ويعدّها أمراً غير طبيعيٍّ، ولا يرى في مغامراته جرماً يستحقّ هذا الموقف من الزوج، ومع هذا فإنّه يحاول أن يبثّ في قلب المرأة بعض الطمأنينة، إذ إنَّ زوجَها رجلُ كلامٍ لا أفعال.

ولا يخفى حرصه على ثبات صورة البطل الغَزِلِ الذي يردِّدُ ملامحها من خلال مغامراته، وكأنّه يريد تأكيد ما يقوله بما يكفي لتصديقه، فيعرض في القصيدة الواحدة عدداً من المغامرات لا مغامرة واحدة، وذلك على اختلاف منهجه في توزيعها بين العموم والخصوص، إذ رأيناه في المعلّقة ينتقل من عموم التجارب إلى خصوصيّة مغامراته

مع عنيزة، أو أم الرّباب، وهو ما يصنع عكسه في اللاميّة حين ينتهي من تفاصيل المغامرة إلى محاولة تأكيد المشهد بما يدعمه من عموم التجارب التي تتعلق ببطولته، وكأنّه يصرُّ على عدم إسدال الستار على تجربة واحدة، أو محبوبة بعينها، فيقول قبل النهاية:

وبَيْتِ عَذارى يَوْمَ دَجْنٍ وَلجْتُهُ

يُطِفْنَ بجَمّاءِ المَرافِقِ مِكْسَالِ

سِباطِ البنَـانِ والعَرانينِ والقَنا

لِطـافِ الخُصورِ في تمـامٍ وإكْمَالِ

نَواعِمَ يُتْبِعنَ الهـوى سُبْلَ الرَّدَى

يَقُلْنَ لأهـلِ الحِلْمِ: ضُـلّاً بتَضْلالِ[60]

وتبدو هذه الصورة التكراريّة وسيلة شعراء الغزل إلى إثبات ذواتهم البطوليّة في عالم الغزل والتجارب الغراميّة، فلم يكن امرؤ القيس إلّا نموذجاً شهدنا له نظائر عند الشعراء الجاهليّين، ومنهم الأعشى الذي ذكرنا له قبل ذلك ضروباً من المغامرة في معلقته، نجد لها نظائر في غيرها من قصائده، ويظل فيها مشغولاً بتكرار الصورة وعرض الأحداث، منذ إرساله الرسول إلى محبوبته ليستطلع أخبارها، إلى تصوُّر بيتها كبيت واحدة من بنات الهوى، وصاحبات القباب الحمر، إلى استرساله بعد ذلك تفصيلاً في وصف مغامراته الماجنة مع الفتاة:

فَبَعَثْتُ جِنّيّاً لَنـا        يأتـي برَجْعِ جَوابِها

57

| | |
|---|---|
| سَ فَزَارَها وخَلا بِها | فَمَشى ولَمْ يَخْشَ الأَنيـ |
| ثِ فَأَنْكَرَتْ فَنَزا بِها | فَتَنازَعـا سِـرَّ الحَديـ |
| فَطِنٌ لِـما يُعْنَى بِها | عَضْبُ اللِّسانِ مُتَقِّنٌ |
| فَدَنَتْ عُرَى أَسْبابها | صَنَعٌ بِلِيْنِ حَديثها |
| عَدْلاً لَنـا يُرضى بها | قالَتْ: قَضَيْتَ قضيّةً |
| لُ وكَيْفَ ما يُؤْتى لَها | فأَرادَها كَيْفَ الدُّخو |
| ـنَها انْتِلاقُ طِبابها | في قُبَّةٍ حَمْراءَ زَيّـ |
| مـا قـال إذْ أوْصى بِها | ودَنـا تَسَمُّعُهُ إلى |
| غِرٌّ فلا يُسْدى بِها | إنَّ الفَتـاةَ صغيرةٌ |
| ـها أو شَحيجَ غُرابها | إنّي أَخـافُ الصَّرْمَ مِنْـ |
| بُ فبِتُّ دونَ ثِيابها (61) | فَدَخَلْتُ إذْ نـام الرَّقيـ |

وكأَنَّ الشاعرَ الغَزِلَ يجدُ ذاته في كل ما يتعلّق بعالم المرأة، وقد شاء أن يقتسم معها تلك البطولة الغزليّة التي انصرف فيها إلى تصويرها على الرغم من الأهل والحرّاس والرقباء وعالم الوشاة. وقد برزت في هذه القصة شخصيّة الشاعر المغامر إلى جانب شخصيّة رسوله إلى الفتاة، وقد امتلك هذا الرسول من الصفات ما يؤهّله لإقناع الفتاة بقبول زيارة الشاعر على الرغم من الحرّاس والرقباء، وعندما أبدت موافقتها، وأعلنت قبولها بذلك سألها عن طريقة الزيارة، وسبيل

الوصول إليها، وزمان هذه الزيارة، أمّا مكانها فقد حدِّد في القبّة الحمراء. واللافت أن الرسول أوصى الشاعر في الحوار الذي دار بينهما أن يكون رفيقاً بالفتاة، فهي صغيرةٌ قليلة التجربة والدهاء، وليس يُتَوَسَّلُ إلى مثلها بالعنف ولا بالجفاء، ليكمل الأعشى مغامرته وقد راح يصوّر ما حصل بينهما من ودٍّ وغرام.

إنّ أبرز ما يميز شخصيّة العاشق في القصائد السابقة هو روح المغامرة، وانتصاره في نهايتها، وهذه المغامرة كانت تزيد عنصر التوتر في القصيدة مع توالي الأحداث، لتصل إلى العقدة، ثم يظهر الحلّ من خلال انتصار البطل وتحقيقه مبتغاه.

وقد كان معظم اهتمامي منصبّاً على عنصر الشخصيّة في القصائد التي درستها، على الرغم من حضور العناصر الأخرى، ومع ذلك لا يمكنني أن أدّعي أنّ العناصر الدراميّة كلّها تظهر في المستوى نفسه في القصائد المختلفة.


## ب) شخصية الفارس:

عرض الشعر الجاهليّ صورة الفارس البطل عرضاً لافتاً، ولم يكن ذلك نتاج رغبات الشعراء الذاتيّة، وإنّما كانت استجابة لحياة البدو الاجتماعيّة القائمة على التنقّل الدائم في الصحراء القاسية بحرّها الشديد، وبردها القارس، وعواصفها الرمليّة، ووحوشها، وشحّ مياهها، وقلّة مراعيها، وعلى العيش في الخيام في تجمّعات عمادها الأساسيُّ القبيلة التي يلتصق بها الفرد التصاقاً يطغى في

أغلب الأحيان على الشخصيّة ويذيبها في شخصيّة القبيلة، محقّقاً للفرد مقابل ذلك المساواة بسائر أفراد القبيلة، والحماية من الغزوات الكثيرة التي كانت غايتها نهبَ قطعان الماشية، وسبي النساء، أو الاستيلاء على المراعي ومصادر المياه، أو الثأر، وهو الأسلوب الأساسيّ في تنظيم العلاقات بين أفراد القبيلة الواحدة، وكذلك بين القبلية والقبائل الأخرى.

لكنَّ الشعراء الفرسان الذين اعتمدوا القصّة في عرضهم لأحداث المعارك، قد لا يحيطون إحاطة تامّة بكل التفاصيل الدقيقة التي تستتبعها النتائج المتمخِّضة عنها. بيد أنَّ الذي نودُّ قوله هنا هو: إنَّ الشاعر رغم ما يعرض له من أحداثٍ محدَّدة بأسلوب السرد القصصيّ، قد يرسم لنا أبعاد تلك الواقعة بما يوفّر للمتلقي قدراً كبيراً من الإحاطة بها، ويُخيَّل إليه أنَّها تقع أمام ناظريه. ولمَّا كان ديوان أي شاعر جاهليٍّ لا يكاد يخلو من قصيدة حربٍ أو ما له علاقة بها، كان علينا انتقاء أكثر النماذج احتواء للاتجاه القصصيّ، وأقدرها على سرد للأحداث. وسيقع اختيارنا على نماذج من الشعراء الفرسان الذين يُشهد لهم بخوض الوقائع والمعارك مع فرسان قبيلتهم، ما يقيم القناعة لدينا بصدق التجربة، وواقعيّة الأحداث.

ولا شكّ في أنَّ الساحة الحربيّة كانت المجال الأوّل لإثبات الفروسيّة التي اعتدّ بها الشاعر نفسه، فقد كانت الفروسيّة وسيلةَ الضمان الأولى للبقاء بين الأقوياء، وهي وسيلة الردّ أيضاً لإثبات ذاته وتأكيد مكانته بين أبنائها، وهذا ما كان يحاوله عنترة بن شدّاد، فارس بني عبس، هذا الفارس الذي قُرئ استناداً إلى الحكايات والروايات التي دارت من

حول حياته وسيرته، وليس هذا فحسب، وإنّما خلط بعض الدارسين بين عنترة الشاعر، وعنترة الذي في السيرة الشعبيّة التي حوت كثيراً من الأساطير والخرافات، وجعلت حياة عنترة تمتدُّ من الجاهليّة إلى الحروب الصليبيّة، يشهدها ويخوض غمار الحروب فيها[62].

هذا الخلط بين عنترة الفارس الشاعر، وعنترة البطلِ الشعبيّ الذي ظلّت سيرته تُقرأ حتّى نهاية القرن الماضي، جعل بعض الدارسين يسيء فهم النص، ويجعل من عنترة شاعراً متمَرِّداً على القبيلة والمجتمع. وإنّما هو – كما سنرى – كان يسعى في بطولاته وفي شعره إلى الدخول في القبيلة والانتماء إليها، من خلال دفاعه عنها، ومن خلال محاولة التقرّب إلى عبلة التي تمثّل في نظره حالة الجماليّ، وترفد البطوليّ، في سعيٍ إلى ما نسمّيه التماهي في جسدِ عبسٍ، وفي بنائها الاجتماعّي والروحيّ، وهذا ما أكّده محمد سعيد المولوي بقوله: «في شعر عنترة ظاهرتان واضحتان: أولاهما ظاهرة الاعتزاز بالنفس، والتغنّي بالبطولة الشخصيّة، وتصوير المفاخر الفرديّة، وثانيتهما الاعتزاز بالقبيلة، وتصوير مفاخرها، وبيان عظمتها وعظمة فرسانها»[63].

وقد كثرت العناصر الدراميّة في معلقة عنترة، وإن كنّا سنركّز الحديث على عناصر الشخصيّة والصراع والحوار، التي رصدت حقيقة البطولة الفرديّة عنده، فهذه الوسائل التعبيريّة – بالإضافة إلى السرد – تحكم تطوّر العمل الدراميّ، فهذا عنترة يقول:

هـلّا سَـأَلْتِ الخَيْـلَ يـا ابْنـةَ مالـكِ
إنْ كُـنْـتِ جاهِلـةً بمـا لَـمْ تَعْلَمـي

إذْ لا أَزالُ عَلى رِحالةِ سابِحٍ
نَهْدٍ تَعـاوَرَهُ الكُمـاةُ مُكلَّمِ

طوراً يُعرَّضُ للطِّعـانِ، وتـارةً
يَأوي إلـى حَصِدِ القِسِيَّ عَرَمْرَمِ

يُخْبِرْكِ مَنْ شَهِدَ الوقائعَ أنَّني
أغْشـى الوَغـى وأعـفُّ عِنْدَ المَغْنَمِ

ومدجَّجٍ كَرِهَ الكمـاةُ نِزالَـهُ
لا مُمْعِنٍ هَرَباً ولا مُستَسْلِمِ

جادَتْ يَدايَ لَـهُ بعاجِلِ طَعْنَـةٍ
بِمُثَقَّفٍ صَدْقِ القَنـاةِ مُقَـوَّمِ

برَحيبـةِ الفَرْغَيْـنِ يَهْدي جَرْسُها
باللَّيـلِ مُعْتَسَّ السِّباعِ الضُّرَّمِ

فشكَكْتُ بالرُّمْـحِ الأَصَمِّ ثِيابَـهُ
لَيْـسَ الكَريـمُ عَلى القَنـا بِمُحَرَّمِ

وتركْتُـهُ جَـزَرَ السِّباعِ يَنُشْنَهُ
مـا بَيْـنَ قُلَّـةِ رأسِـهِ والمِعْصَـمِ [64]

يقدّم عنترة في هذه الأبيات قوّةً أسطوريّةً خارقة، وهذه القوّة

ليست حقيقيّة لكنّها صادقة، وصدق الفنّ لا يشترط صدق الواقع، وإنّما استطاع من خلال صورة القوّة والحرب التي قدّمها، والتي قلّما نجد لها مثيلاً في شعرنا العربيّ وفي شعر الأمم الأخرى، أن يرفع صورة الفارس عنترة، وصورة الفروسيّة إلى قمّةٍ جعلت منه بطلاً شعبيّاً، ومضرب المثل إلى عصرنا الحاضر، فنحن اليوم إذا أردنا أن نصف رجلاً بالقوّة والشجاعة شبّهناه بعنترة.

هذه الصورة التي قدّمها الشاعر، يُظهر لنا فيها نفسه مقاتلاً جسوراً قويّاً، يجندل الأبطال في ساحات المعارك، ويوحي إلينا بأنّه لم يكن ينام، بل إنّه كان يقاتل ليلَ نهارَ، فهو ينام على ظهر الحصان، ولا يزال على ظهر سابح – وهو الحصان السريع – وهو يطعن بالرمح، ويضرب بالسيف، ويواجه أعتى الفرسان، وهو منتصرٌ دائماً دون عناء، بل إنّ الضربة الأولى كفيلة بحسم المعركة لصالحه.

إنَّ شخصيّة عنترة في هذا المشهد البطوليّ تقابلها شخصيّة ذلك الفارس المدجّج بكلِّ أنواع السلاح، والذي هرب الفرسان الآخرون من منازلته، ومع ذلك، وبما أنّ عنترة يريد أن يثبت ذاته وبطولته أمام محبوبته عبلة، فقد جادت يداه بطعنةٍ سريعةٍ قويّةٍ من رمحه الصلب السويّ، اخترقت جسد هذا الفارس المدجّج بالسلاح، فتركه مخضّباً بدمائه، ورماه للوحوش في الصحراء تأكل جسده.

هذه هي الإجابة التي ستلقاها عبلة إذا ما سألت الفرسان الذين شهدوا المعركة عن بلاء عنترة في القتال، فقد أشهد عنترة على صحّة ادعائه فرسان قومه الذين ظهروا في صورة أبطالٍ ثانويين اكتملت

بهم وبصورة ذلك المقاتل في صفوف الأعداء لوحة النمط البطوليّ
المحوريّ الذي عرض له.

وتتحرّك الأحداث، ويتأكّد مدلول الحوار من واقع الشخصيّة، وإذا
الأحداث تتوالى منذ سَمِعَ الشاعر الفارس دعاء مُرَّة، وكذلك دعاء
عبسٍ في حَمْسٍ الوغى، على ما تحمله صورة الحدث من ضجيج
الحرب، والقفز السريع إلى الميدان بعد هذا التمهيد البطوليّ الطريف
حول جوانب الشخصيّة المحوريّة، وإذا الحديث يسلم إلى ما بعده،
من السماع إلى النداء إلى الاستجابة إلى الكَرِّ إلى التلاحم، إلى الشدِّ
على الخصم، إلى الفوز والانتصار، حيث وصل إلى ابنَيْ ضمضم،
إذ خشي أن يموت قبل أن تدور دائرة الحرب عليهما، فيقول:

يــا شـاةُ مــا قَنَصٍ لمَن حلَّتْ لَـهُ

حَرُمَتْ عَلَيَّ، ولَيْتَها لَـمْ تَحْرُمِ

فبَعَثْتُ جاريتي فقُلْتُ لها: اذْهبي

فَتَحَسَّسي أَخْبارَها لـي واعْلَمـي

قالَـتْ: رأَيْـتُ مِـنَ الأعـادي غِرَّةً

والشّـاةُ مُمْكِنـةٌ لِمَنْ هُـوَ مُرتَمِ

فكَأنَّمـا الْتَفَتَـتْ بجِيدِ جَدَايَـةٍ

رَشَـأٍ مِـنَ الغِـزْلانِ حُرٍّ أَرْثَـمِ

نُبِّئْـتُ عَمْـراً غيـرَ شـاكِرٍ نِعْمَتـي

والكُفْـرُ مَخْبَثَـةٌ لِنَفْـسِ المُنْعِمِ

وَلَقَـدْ حَفِظْـتُ وُصاةَ عَمِّـي بالضُّحى

إِذْ تَقْلِـصُ الشَّـفَتانِ عَنْ وَضَحِ الفَمِ

فـي حَوْمَـةِ المَـوْتِ التي لا تَشْـتَكي

غَمَرَاتِها الأَبْطـالُ غَيْـرَ تَغَمْغُـمِ

إِذْ يَتَّقـونَ بِـيَ الأَسِـنَّةَ لَمْ أَخِـمْ

عَنْها وَلَـوْ أَنِّي تَضايَـقَ مُقْدَمـي

لمَّـا سَمِعْـتُ نِداءَ مُـرَّةَ قَدْ عَـلا

وَابْنَـيْ رَبيعَـةَ في الغُبـارِ الأَقْتَـمِ

وَمُحَلَّـمٍ يَسْـعَوْنَ تحـتَ لِوائِهِـمْ

والمَـوْتُ تَحْـتَ لِـواءِ آلِ مُحَلَّـمِ

أَيْقَنْـتُ أَنْ سَـيَكونُ عِنْـدَ لِقائِهِـمْ

ضَـرْبٌ يَطيـرُ عَنِ الفِراخِ الجُثَّـمِ

يَدْعـونَ: عَنْتَـرَ، والرِّمـاحُ كأنَّها

أَشْـطانُ بِئْـرٍ في لَبـانِ الأَدْهَـمِ

لمَّـا رَأَيْـتُ القَـوْمَ أَقْبَلَ جَمْعُهُـمْ

يَتَذامَـرونَ كَـرَرْتُ غَيْـرَ مُذَمَّـمِ

مـا زِلْـتُ أَرْميهِـمْ بِثُغْرَةِ نَحْرِهِ

وَلَبـانِهِ حَتَّـى تَـسَـرْبَلَ بـالدَّمِ

فَـازْوَرَّ مِـنْ وَقْـعِ القَنَا بِلَبَانِـهِ

وشَكـا إِلـيَّ بِـعَبْـرَةٍ وتَحَمْحُـمِ

لَـو كانَ يَدْري مـا المُحاوَرَةُ اشْـتَكى

ولَـكانَ لَـوْ عَلِـمَ الـكَلامَ مُكَلِّمـي

والخيـلُ تقْتَحِـمُ الخَبـارَ عوابِسـاً

مِـنْ بَيـنِ شَـيْظَمَةٍ وأَجْـرَدَ شَـيْظَمِ

ولقـد شَـفَى نَفْسي وأَبْرَأَ سُقْمَها

قِيْـلُ الفَـوارِسِ: ويْـكَ عَنْتَـرَ أَقْـدِمِ

ذُلُـلٌ جِمالي حيثُ شِئتُ مُشايعي

لُـبِّي وأحفِـزُهُ بِـأَمْـرٍ مُـبْـرَمِ

ولَقَـدْ خَشِيْتُ بِأَنْ أَمـوتَ ولَـمْ تَدُرْ

لِلْحَـرْبِ دائِـرةٌ عَلـى ابنَـيْ ضَمْضَمِ

الشَّـاتِمَيْ عِرْضِي ولَـمْ أَشْـتِمْهُما

والنَّـاذِرَيْـنِ إِذا لَـمْ أَلْقَهُمَـا دَمِـي

إنْ يَفْعَـلا فلَقَـدْ تَرَكْتُ أَباهُما

جَـزَرَ السَّـباعِ وكُلِّ نَسْـرٍ قَشْـعَمِ <sup>(65)</sup>

تظهر في بداية هذا المشهد القصصيّ شخصيّة الجارية التي

أرسلها الشاعر لتستطلع له طريق النعجة ـ المرأة، فهو يريد أن يقتنصها، لكنّها محاطة بأسوار من الحرّاس. وعند عودة الجارية من مهمتها أخبرت سيّدها أنّ الحرّاسَ غافلون عنها، وأنّه بإمكانه الوصول إلى تلك المرأة الجميلة إذا ما قرّر ذلك... ثم تصل الأنباء إلى عنترة بأنّ عَمْراً قد أنكر فضل عنترة عليه وعلى قومه كلّهم، فيعود عنترة ليذكّره بثباته في مواقع القتال، وليس هذا فحسب، وإنّما قومه يجعلونه حاجزاً بينهم وبين الأعداء، فيتصدّى لطعنات الأعداء دون جبن أو خوف، وإذا أراد أن يعبّر عن الضيق والشكوى أعلن أنّه ليس متضايقاً ولا شاكياً، ولكنّهم هم المتضايقون من وجوده مقاتلاً صنديداً، بيدَ أنّ صوت مُرَّة ارتفع هذه المَرَّة، وارتفع معه صوت ابنَيْ ربيعة، وكلّهم يطلبون عنترة إلى ساحة القتال، وقد كان المكان مغبّراً حالكاً، وعند ذلك عرف فارسنا قوّة هذه المعركة التي تنتظره مع آل مُحلَّم، فقد رأى بني قومه يضجّون من هول الحرب، ويحضّون بعضهم بعضاً على القتال، وفي حومة الوغى لم يكن لهم بدٌّ من نداء عنترة، وارتفاعِ الصَّيحات باسمه.

هذا ما كان يريده عنترة من فروسيّته، إذ كان يطلب السيادة والمجد في بني عبس، ولم يكن يطلب المال والغنائم. لقد علا نداؤهم حين كانت الرماح تنهال عليه وعلى صدر حصانه، وكأنّها حبال البئر لكثرتها وتواليها عليهما. وهنا تظهر شخصية الحصان الذي تسربل بالدماء لكثرة الجراح التي أصابته، ومالَ من شدّة وَقْعِ الرماح عليه، وكان عنترة يحسُّ بشكواه وألمه، ولو أنَّ حصانه كان قادراً على الكلام لأعلن شكواه من خلال الحوار مع فارسه، ولكن لا سبيل

إلى إيقاف المعركة، أو التوقّف عن القتال، فقد كان الفرسان يقتحمون أرض المعركة بخيولهم ولم يكن أمامه سوى التصدّي لهم، وتحمّل أعباء هذه الحرب، وقد خفّف من آلام عنترة وشفاه نداء الفرسان له بصورة جماعيّة: «وَيْكَ عَنْتَرَ أَقْدِم»، إنّ هذه العبارة تلخّص كلَّ ما يريده عنترة من قومه، فهو يبحث عن الاعتراف به، وهذا النداء الجماعيّ باسمه أقصى ما يتمنّاه. إنّ من لا يعترف به سيلقى مصيراً مفزعاً، كما جرى لابنَيْ ضَمْضَم اللَّذَيْنِ شتما عرضه، وتوعّداه بالقتل لأنه قتل أباهما في حرب داحس والغبراء، وتركه طعاماً لوحوش الصحراء في الأرض، ولنسور الجوِّ في السماء. لقد كان نداء الأبطال الثانويين في هذا المشهد الدراميّ هو الشفاءَ من مرض السواد وضِعَةِ الأصل في شخصيّة البطل، فلولا اعترافهم بقوّته ومكانته لما استنجدوا به، وبالتالي فإنَّ عنترة يغلّب القوة على الضعف، إذ يستطيع بما أوتي من قوّة أن يحمي القبيلة، وأن يقتل خصومها، وأن يدافع عن حُرُماتها، وبشكل خاصٍّ عن نسائها، والمرأة التي تعنيه بينهنّ هي محبوبته عبلة.

لقد رصد الشاعر إلى جانب شخصيّته الرئيسة عدداً كبيراً من الشخصيّات الثانوية في هذا المشهد البطوليّ، وسجّل حواره معها، واستطعنا أن ندرك من خلال أقوال الشخصيّة الرئيسة وأفعالها صفات عنترة، كما كان لأقوال الشخصيّات الأخرى عنها جانبٌ في تعريفنا بصفات هذا الشاعر الفارس، وقد استطاع عنترة أن يوظِّفَ هذه التَّقْنِيَة في أغلب مشاهده البطوليّة التي ظهرت فيها العناصر الحركيّة بشكل واضح.

وكان عامر بن الطفيل من أبرز فرسان الجاهليّة المشهورين، الذين أحرزوا بطولات نادرة في يوم فَيْفِ الرّيح، وكان لقومه بني عامر بن صعصعة أقوى قبائل العرب يوم على بني الحارث بن كعب النَّجرانيين، وعشائر مَذْحِج، وقد تغنَّى عامر بن الطفيل بهذا اليوم فقال:

لقَـدْ عَلِمَـتْ عُلْيـا هـوازِنَ أنَّني

أنـا الفـارسُ الحامي حقيقـةَ جَعْفَر

وقـدْ عَلِمَ المَزْنُـوقُ أنِّي أكُـرُّه

على جَمْعِهِـمْ كَرَّ المَنيح المَشَـهَّر

إذا ازْوَرَّ مِـنْ وَقْعِ الرّمـاح زَجَرْتُـهُ

وقُلْـتُ لَـهُ: ارْجِـعْ مُقْبِلاً غَيْـرَ مُدْبِر

وأنْبَأْتُـهُ أنَّ الفِـرارَ خَزايـةٌ

على المَرْءِ ما لَـمْ يُبْلِ جَهْداً ويَعذِر

ألَسْتَ تَـرى أرْماحَهـمْ فِـيَّ شُرَّعاً

وأنْتَ حِصـانٌ ماجِدُ العِـرقِ، فاصْبِر

أردتُ لِكَـيْ لا يَعْلَـمَ اللهُ أنَّني

صَبَـرْتُ وأخْشـى مِثْـلَ يَوْمِ المُشَـقَّر

لَعَمْـري وما عَمْـري علَـيَّ بهَيِّـنٍ

لقَدْ شـانَ حُـرَّ الوَجْهِ طَعْنةُ مُسْهِر

فَبِئْسَ الفَتى إِنْ كُنْتُ أَعْوَرَ عاقِراً

جَباناً فَمـا عِنْـدي لَـدى كُلِّ مُحْضِرِ

وقد عَلِمُـوا أَنِّي أَكُرُّ عَلَيْهِـمُ

عَشِيَّةَ فَيْـفِ الرِّيحِ كَرَّ المُدَوَّرِ

ومـا رِمْتُ حتّى بـلَّ نَحْـري وصَدْرَهُ

نَجِيعٌ كَهُدّابِ الدِّمَقْـسِ المُسَيَّرِ

أَقولُ لِنَفْسٍ لا يُجادُ بمِثْلِها:

أَقِلِّي المِراحَ إِنَّني غَيْرُ مُقْصِرِ

فلـو كانَ جَمْعٌ مِثْلُنـا لَـمْ نُبالِهِمْ

ولَكِـنْ أَتَتْنـا أُسْرَةٌ ذاتُ مَفْخَرِ

فَجاؤوا بفُرْسـانِ العَريضـةِ كُلِّهـا

وأَكْلُـبَ طُـرّاً في لِبـاسِ السَّنَوَّرِ <sup>(66)</sup>

يصوِّر الشاعر اقتحامه للحرب تصويراً درامِيّاً، فهو لا يتخلَّى عن حماية قومه مهما كانت قسوة الحرب. وهذا الحوار الذي دار بينه وبين فرسه الذي أراد أن يفرَّ من هول ما تعرض له يثبت شدّتها، ولكنّه كان يردّه إليها كلَّما حاول أن يميلَ عنها أو ينحرف بعيداً عن الميدان، ويدفعه دفعاً شديداً، ويقول له: إنَّ الفرار من المعركة لعارٌ عظيمٌ إذا لم يكن هناك عذرٌ قويٌّ للفرار. ويدعوه للصبر مثله، فهو لا يبالي بتلك السهام التي تنوشه من كلِّ جانب، ويُشهد اللهَ أنَّه صبر

وأبلى بلاءً حسناً، لأنّه يخشى أن يصيب قومَه يومٌ مثل ما أصاب العرب يوم المشقَّر، إذ قُتل في هذا اليوم عددٌ كبيرٌ. وقد أشار إلى تلك الطعنة التي شوّهت وجهه، وفَقَدَ بسببها إحدى عينيه، تلك الطعنة التي جاءته غدراً من مُسْهِرٍ الحارثيِّ، ولكنَّه وإن كان قد فَقَدَ إحدى عينيه، وتشَوَّهَ وجهه، فإنّه مع ذلك لم يفقد شجاعته وقوّة عزيمته، فقد أبلى بلاءً حسناً يوم فَيْفِ الرّيح، وأظهر بطولةً نادرة، ولم يبرح مكانه في ميدان القتال حتى غرقَ نحره وصدر فرسه بالدماء، التي صوَّرها وقد تجمَّدت على الحصان في شبه قنوات بالحرير الشّاميِّ المصبوغ، ورغم أنَ الأعداء قد جمعوا كلَّ أحلافهم التي تملأ الأرض، فإنَّ هذا لم يفتَّ من عضده، ولم يوهن عزيمَته أو يُضعِفْ قوته، وكأنه يريد لهذه الشخصيّة الرئيسة في هذا المشهد الدراميّ أن تبقى محافظةً على صفاتها من بدايته إلى نهايته.

والقصيدة كلُّها صراعٌ دراميٌّ دمويٌّ من أجل حماية القبيلة والذود عن حياضها، إذ تلقانا مواقف البطولة في معظم أبياتها، فالشاعر يخوض المعركة، ويدفع فرسه إليها دفعاً، وقد تسربل بالدماءِ، ويستميت في الدفاع عن قبيلته.

وكانت غالبيّة الشعراء تسير في ركاب القبيلة، وما فيها من صراعٍ عنيفٍ فرضته عليهم ظروف البيئة، وذابوا فيها، وكانوا لسانها الناطق، وعقلها المدبّر، تفانوا في خدمتها، وانبروا للدفاع عنها، وقد صوّروا الحياة القبليّة تصويراً واقعيّاً رائعاً، فهذا دريد بن الصُّمَّة قد نصح أخاه وقومه، لكنهم لم يستجيبوا له، وعَصَوْه، ولكنّه مع ذلك ظلّ معهم، وتظهر في مرثيَّته لأخيه عبد الله الذي قتله بنو

عبس معظم العناصر الدراميّة، وقد صوّر لنا هذا المشهد في قوله:

أَعـاذِلَ إِنَّ الـرُّزْءَ فـي مِثْـلِ خالِدٍ

ولا رُزْءَ فيمـا أَهْلَكَ المـرْءُ عَـنْ يَدِ

وقُلْـتُ لِعِـرّاضٍ وأَصْحابِ عـارِضٍ

ورَهْطِ بَني السَّـوداءِ، والقَوْمُ شُـهَّدي

عَلانِيَّـةً: ظَنُّـوا بأَلْفَـي مُدَجَّجٍ

سَـراتُهُمُ فـي الفارِسِـيِّ المُسَـرَّدِ

أَمَرْتُهُـمْ أَمْري بمُنْعَـرَجِ اللِّـوى

فَلَـمْ يَسْـتَبينوا الرُّشْـدَ إِلّا ضُحى الغَدِ

فَلَمّـا عَصَوْنـي كُنْتُ مِنْهُـم وقَدْ أَرى

غَوايَتَهُـمْ وأَنَّنـي غَيْـرُ مُهْتَـدِ

ومـا أَنـا إِلّا مِن غَزِيَّـةُ، إِنْ غَـوَتْ

غَوَيْـتُ، وإِنْ تَرْشُـدْ غَزِيَّـةُ أَرْشُـدِ

تَنـادَوْا فقالـوا: أَرْدَتِ الخَيْلُ فارِسـاً

فَقُلْـتُ: أَعَبْـدُ اللهِ ذلِكُـمُ الـرَّدي؟

فَجِئْـتُ إِليـهِ والرِّمـاحُ تَنوشُـهُ

كوَقْعِ الصَّياصي في النَّسـيجِ المُمَدَّدِ

وكُنْتُ كَذاتِ البَوِّ رِيعَتْ فأقبلتْ

إلـى جَلَدٍ مـن مِسْكِ سَقْبٍ مقدّدِ

فطاعَنْتُ عَنْهُ الخَيْلَ حتّى تَبَدَّدَتْ

وحتّى عَلانـي حالِكُ اللَّوْنِ أسْـودِ

قتـالَ امرئٍ آسى أخَـاهُ بنفسِـهِ

ويَعْلَـمُ أنّ المرءَ غيرُ مُخَلَّـدِ

فـإنْ يَـكُ عبدُ اللهِ خلَّى مَكانَـهُ

فمـا كانَ وقَّافاً ولا طائشَ اليَـدِ

كَمِيـشُ الإزارِ، خارجٌ نِصْفُ سـاقِهِ

بعيـدٌ مِـنَ الآفـاتِ طـلَّاعُ أنْجُـدِ

تَـراهُ خَميـصَ البَطْنِ والـزّادُ حاضرٌ

عَتيـدٌ ويَغْدو في القَميـصِ المُقَدَّدِ

وإنْ مَسَّـهُ الإقْـواءُ والجَهْـدُ زادَهُ

سَـماحاً وإتلافاً لِمـا كانَ في اليَـدِ

صَبا ما صَبا حتّى عَلا الشَّـيْبُ رأسَـهُ

فلَمّـا عَـلاه قـالَ لِلباطِـلِ: ابْعُـدِ

وطيَّـبَ نَفْسِي أنَّنِي لَـمْ أَقُلْ لَـهُ:

كَذَبْـتَ، ولَمْ أَبْخَلْ بِمـا مَلَكَتْ يَدِي <sup>(67)</sup>

تعدَّدت شخصيّات هذه القصيدة الدراميّة، حيث بدأت الشخصيّة الرئيسة ــ الشاعر نفسه ــ الحوار الخارجيّ مع الزوجة اللائمة، وقد أخذت تلومه بسبب جزعه الشديد على أخيه، ليردَّ عليها الشاعر بأنَّ المصيبة الحقيقيّة تكمن في فقد الرجال، وليس في إتلاف المال.

يبدأ الشاعر بعد هذا الحوار بذكر قصّة مقتل أخيه، فقدّم ترتيباً واضحاً للأحداث، وهو يتحاور مع قومه، أو حتّى حين يناجي نفسه، فيحكي الأحداث في باب الرثاء، ما يسمح له بمثل هذا الترتيب الذي أخذ به شاعرنا، وهو بصدد مرثيّته لأخيه، ليتّخذ منها مجالاً قصصيّاً فصيحاً يتناول من خلاله ما كان من نصيحته وإنذار قومه جميعاً، محذّراً بأن الأعداء قد جهّزوا أنفسهم بألفي فارس مدجّجين بالسلاح، ورغم أنَّ الشاعر نصحهم، لكنّه لم يتخلَّ عنهم عندما رفضوا الاستماع إلى نصيحته بعد فوات الأوان، واشتدادِ القتال. وفي جلبة القتال سمعَ أصوات القوم ترتفع معلنةً أنّ أحد الفرسان سقط صريعاً على يد الأعداء، وأدرك الشاعر أنّ الذي مات هو أخوه، فأقبل عليه، وكانت رماح الأعداء لا تزال تنهال عليه. وقد صوّر الشاعر نفسه كناقةٍ فقدت ولدها، وراح يصوّر بطولته، ويحكي نماذج من فروسيّته حتى حلّ الليل عليه، فتوقّف عن القتال.

ويعود دريد بن الصُّمَّة ليذكرنا بصفات شخصيّة البطل في هذا المشهد، فأخوه عبد الله لم يكن جباناً، وما كانت ضربته لتخطئ هدفها، وهو فارس سريع مقدام، لا يعلن الشكوى إذا ما حلّت به مصيبةٌ، ويحفظ أسرار القوم، وبعد أن يبرز الشاعر الصفات النفسيّة للبطل ينتقل ليحدّد لنا الصفات الجسديّة، فهو أخمص البطن مع كثرة

الزاد المُعَدّ من حوله، ولباسه لا يعدو قميصاً ممزّقاً. وإذا ما نفد رزقه وحلَّ عليه التعب، كان سمحاً كريماً متلافاً للمال، وقد عاش حياة الصبا حتَّى علا الشيب رأسه، وعاد إلى رشده، ولكنَّ ما أراح قلب الشاعر أنّه لم يقل لأخيه مرّة أنّه كذب أو أنّه كان بخيلاً.

وقد يخالجنا الشكُّ في بعض الأحداث الدراميَّة التي يقدمها لنا الشاعر عن وقائع قبيلته وأيَّامها، على أساس أنَّ انحيازه إلى قومه أمرٌ طبيعيٌّ، وهو ما يدعوه في بعض الأحيان إلى شيءٍ من المبالغة والتكلُّف في تصويره القصصيّ للمواقف البطوليّة. على أنّه لا ينبغي أن نظنَّ ذلك عندما يعمد الشاعر إلى سرد الفعل القتاليِّ المنبثق عن طرفي الصراع، وهما الشاعر وقومه في طرف وخصومهم في طرف آخر، ممَّا يقيم القناعة لدينا بأنّ الشاعر كان آمناً صادقاً فيما حكاه لنا من وقائع ذلك الصراع، وهو عنصرٌ مهمٌّ من عناصر التصوير القصصيّ الواقعيِّ.

استكمل الشاعر في قصيدته عناصر البناء الدراميّ من شخصيّات وحدث وزمان ومكان، فالشخصيّات يمثلها الشاعر وزوجته اللائمة وأخوه عبد الله وقومه، والحدث الرئيس هو مقتل عبد الله في هذه المعركة، والمكان (منعطف اللوى) وهو الموضع الذي دارت فيه رحى المعركة، والزمان هو النهار، بالإضافة إلى الحوار الذي أجّج الصراع الدراميّ في القصيدة منذ اللحظة التي طلب فيها الشاعر من زوجته أن تتوقف عن اللوم، إلى دعوته لأخيه وأبناء قومه، ونصحه لهم، ويأسه من استجابتهم له.

وعلى نحو مشابه كان قول عبد الشارق بن عبد العُزّى الجُهَنيّ

في واقعةٍ لهم، سرد تفاصيلها بموضوعيّة، كما يقول عبد القادر البغداديّ: «وللعرب قصائدُ أنصف قائلوها أعداءهم، وصدقوا عنهم، وعن أنفسهم فيما اصطلوه من حَرِّ اللقاء، وفيما وصفوه من أحوالهم في إمحاض الإخاء، قد سمَّوْها المُنْصِفات»[68]. وهذا الجانب من الشعر يمثل روح الفروسيّة والقيم العالية، إذ يشيد لأعداء القبيلة بالفضل كما لها.

يقول الشاعر الجهنيُّ:

| | |
|---|---|
| نُحَيِّيها وإن كَرُمَتْ عَلَيْنـا | ألا حُيِّيـت عَنَّـا يـا رُدَيْنـا |
| على أَصْخاتِنا وقَـدِ احتَوَيْنا | رُدَيْنَـةُ لَوْ رَأَيْتِ غَـداةَ جِئنا |
| فَقالَ: ألا انْعِمُوا بالقَوْلِ عَيْنا | فأَرْسَـلْنا أَبـا عَمـرٍو رَبِيئاً |
| فَلَـمْ نَغْـدُرْ بفارِسِـهِمْ لَدَيْنا | ودَسُّوا فارِسـاً مِنْهُمْ عِشاءَ |
| كمِثْلِ السَّيْفِ نَركَبُ وازِعينا | فَجاؤوا عَارِضـاً بَرْداً وجِئْنا |
| فَقالُوا: أَحْسِنِي ضَرْباً جُهَيْنا | فَنـادَوْا يـا لَبَهْثَـةَ إذْ رَأَوْنـا |
| فَجُلْنا جَوْلَـةً ثُمَّ ارْعَوَيْنا | سَمِعْنا دَعْوةً عَنْ ظَهْرِ غَيْبٍ |
| أنَخْنَـا لِلْـكَلاكِلِ فارْتَمَيْنا | فلَمَّا أن تَواقَفْنا قَلِيلاً |
| مَشَيْنا نَحْوَهُمْ ومَشَوْا إلينا | فلَمَّا لَمْ نَدَعْ قَوْساً وسَهْماً |
| إذا حَجَلُـوا بأسْيافٍ رَدَيْنا | تلألُؤَ مُزْنَـةٍ بَرَقَتْ لأُخرى |
| شَـدَدْنا شَدَّةً فقَتَلْتُ مِنْهُمْ | ثلاثَـةَ فِتيةٍ وقَتَلْتُ قَيْنا |

وَشَـدُّوا شَـدَّةً أُخْرى فَجَرُّوا          بِأَرْجُلِ مِثْلِهِـمْ وَرَمَوْا جُوَيْنا

وَكانَ أَخـي جُوَيْـنٌ ذا حِفاظٍ          وَكانَ القَتـلُ للفِتْيانِ زَيْنا

فَآبـوا بِالرِّمـاحِ مُكَسَّـراتٍ          وَأُبْنا بالسُّـيوفِ قَـدِ انْحَنَيْنا

فَباتـوا بِالصَّعيدِ لَهُـمْ أُحاحٌ          وَلَوْ خِفَّتْ لَنا الكَلْمَى سَرَيْنا(69)

فالشاعر هنا يصف معركةً دارت بين قومه وبين أعدائهم بكل صدقٍ وأمانة، كما جرت بين الفريقين، الأعداء قد أرسلوا جاسوساً لهم عرفه القوم، ولكنّهم لم يغدروا به، وهجم الأعداء بجيشٍ كثيفٍ كأنّه قطعة من سحابٍ ممطر، وقابلوهم بجيشٍ كبيرٍ كأنّه السيل الذي يحطّم كلّ ما يعترض طريقه، والتقى الجيشان، ودارت رحى الحرب، وتصارع الفريقان حتى سقط القتلى من كليهما، أربعةٌ من جيش الأعداء، ومثلهم من قوم الشاعر، فالصراع الدراميُّ في هذه القصيدة بين الفريقين متوازنٌ، والعناصر الدراميّة لم تقف في صفِّ أحد الفريقين ضدَّ الفريق الآخر، فالشخصيّات التي أثّرت في الأحداث من كلا الجانبين مارست الدور نفسه، فقد خرّ أخو الشاعر صريعاً في المعركة، ولم يحاول الشاعر إنكار ذلك – فالقتل في سبيل الحفاظ على الشرف والعرض والمال من أسمى القيم – ؛ لأنّ القتل للفتيان زينٌ، وانكسرت رماح بَهْثَة، وانحنت رماح جهينة قومِ الشاعر، وجاء الظلام وحجز بين الفريقين، دون أن تُكتب الغلبة لأيٍّ منهما.

ومن هنا تبرز قيمة الشعر ليس في كونه نظماً فحسب، بل في أنه ابتداع، كسرد قصّة دراميّة مثلاً، برز فيها عنصر التوتّر واضحاً نتيجة هذا الصراع، وأصابت المتلقّي حالةٌ من الدهشة بسبب ما تقدّمه

هذه القصّة من إنصاف للفريقين. ومن هنا يمكننا القول: إنَّ شعر الحماسة والفروسيَة مجالٌ خصبٌ لإبراز دور العناصر الدراميّة في بناء القصيدة الجاهليّة، وذلك لما فيه من عرضٍ للحوادث التاريخيّة والوقائع الحربيّة، وما يتضمَّن من إشادةٍ بقيم الفروسيّة والشجاعة والبطولة، والأثر الواضح للصراع فيها، وهذه كلُّها مضامين تنزع بالنصّ الشعريّ نحو الدراميّة.

## ج) شخصيّة الكريمِ:

كان للبيئة الصحراويّة بخصائصها المناخيّة والإقليميّة أثرٌ كبيرٌ في توجيه حياة العربيّ وأسلوب فكره، فهذه البيئة بما فيها من جدبٍ وجفافٍ ووعورة حياةٍ فرضت على العربيّ الهجرة والارتحال من مكانٍ إلى آخر بحثاً عن مواطن الكلأ، ومنابت العشب، وآبار المياه ومسايلها، فهو يقيـم في المكان، حتى إذا جفَّ نباتـه، وغاض ماؤه، بدأ الارتحال من جديد إلى مكانٍ آخر من أجل البقاء والحفاظ على الحياة.

وقد أوجدت حياةُ الصحراء القاسية، ذاتُ الوجه العابس، واجباً مقدّساً هو واجب الضيافة والنجدة، وبذل العون، وإغاثة الملهوف، ومجالدة الحياة، ففي هذه الأرض الصحراويّة الممتدّة الواسعة، عندما تضيق بجفافها ووعورتها وجدبها بأحدٍ من هؤلاء البدو، لا يعدم البدويُّ أن يجد العون والجوار وحسن الضيافة عند الجميع، وكان هذا الخلق عامّاً أوجدته الطبيعة، بل كان الإخلال به فضيحةً وعاراً يتنافى مع الخلق العربيّ. ولهذا اشتهر العرب بالكرم، ولم تكن خصلةٌ عندهم

تفوق خصلة الكرم، وغالباً ما نجد التفاخر والتمدُّح بالكرم والكرماء في قصائد المدح والفخر القبليّ والفرديّ، في حين كانوا يذمّون البخل والبخلاء في قصائد الهجاء. ويحاول الدكتور محمد فؤاد نعناع تحديد أسباب الكرم بقوله: «إنَّ الأسباب الأصيلة التي دعت إلى وجود الضيافة والجود لدى القبائل البدويّةِ العربيّةِ القديمة متعلِّقةٌ بالبيئة الخارجيّة والبنية الاجتماعيّة للمجتمع القبليّ، والحالة الاقتصاديّة، لأنّ ظروف مجتمعٍ ما هي التي تحدّد فضائله وعيوبه»[70].

وبلغ من كرمهم أنّهم كانوا يوقدون النار على الكثبان والجبال ليهتدي إليها الضالّون ذوو الحاجة، فإذا وفدوا عليهم أمّنوهم وأكرموهم، حتى لو كانوا من أعدائهم، وكلابُهم لا تنبح الأضيافَ لتعوُّدها على كثرة الغادين والرائحين. وقد صوَّر ذلك عوف بن الأحوص في قوله:

ومُسْتَنْبِحٍ يَخْشى القَوَاءَ ودُونَهُ

مِنَ اللَّيْلِ بابا ظُلْمَةٍ وسُتُورُها

رَفَعْتُ لَهُ ناري فَلمَّا اهْتَدى بها

زَجَرْتُ كِلابي أنْ يَهِرَّ عَقُورُها

فلا تَسْأَليني واسْأَلي عَنْ خَليقَتي

إذا رَدَّ عافي القِدْرِ مَنْ يَسْتَعيرُها

وكانوا قُعُوداً حَوْلَها يَرْقُبُونَها

وكانَتْ فَتاةُ الحيِّ ممَّن يُنيرُها

تَرَيْ أَنَّ قِدْرِي لا تـزالُ كَأَنَّها

لِذي الفَروةِ المَقْرورِ أُمًّ يَزُورُها

مُبَرَّزَةٌ لا يُجعلُ السِّترُ دونَها

إذا أُخْمِدَ النِّيرانُ لاحَ بَشيرُها

إذا الشَّـولُ راحَتْ ثـمَّ لَمْ تَفـدِ لُحْمَها

بأَلْبانِها ذاقَ السِّـنانَ عقيرُها<sup>(71)</sup>

بل إنّ الواحد منهم كان يُسَرُّ ويتهلَّل وجهه إذا جاءه من يطلب إليه حاجة، كأنّما هو الذي أصاب المعروف، وذلك كما في قول زهير بن أبي سلمى في هرم بن سنان المرِّيِّ:

وأَبْيـضَ فيَّاضٍ يَـداه غَمامـةٌ

علـى مُعْتَفيـهِ مـا تُغبُّ فَواضِلُـه

بَكَـرْتُ عَلَيْـهِ غُـدْوةً فَرأَيْتُـهُ

قُعوداً لَدَيـهِ بالصَّريـم عواذِلُـه

تَـراهُ إذا مـا جِئْتَـهُ مُتَهَلِّـلاً

كأَنَّـك تُعطيـهِ الَّذي أَنْـتَ سائِلُهْ<sup>(72)</sup>

إنَّ غريزة التغلّب على الحياة، ومقاومة قسوتها، كانت المحرّك الأساسيّ وراء هذا الكرم، بل إنّنا لا نذهب بعيداً إذا قلنا: إنّها كانت وراء تصرّفاته وسلوكه، والدافعَ الأصيل الذي يختفي وراءه كلّ

مظهرٍ من مظاهر نشاطاته المختلفة، فبذلُ العون للمحتاج، وإغاثة الملهوف، واستجارة المستجير عملٌ من أعمال البطولة المجيدة، إذ إنّها تنتشل هؤلاء من قسوة الحياة، ومن هلاكٍ محقّق. ويصوِّر لنا ذلك أوس بن حجر في رثائه فضالَةَ بن كِلْدَة:

أَبـا دُلَيْجَـةَ مَـنْ يُوصَى بأرملَـةٍ

أَمْ مَـنْ لأَشْـعَثَ ذي طِمْرَيْـنِ طِمْـلالِ

فَرَّجْتَ غَمَّهُمُ وكُنْتَ غَيْثَهُمُ

حتّـى اسْـتَقَرَّ نَواهُـمْ بَعْدَ تَـزْوالِ

أَبـا دُلَيْجَـةَ مَـنْ يكفـي العَشيرةَ إذْ

أَمْسَـوا مِـنَ الأَمْر فـي لَبْـسٍ وبَلْبالِ

أَمْ مَـنْ لأَهْلِ لَـوِيٍّ فـي مُسَكَّعةٍ

فـي أَمْرِهِـمْ خالَطـوا حَقّـاً بإبْطـالِ

ومـا خَليـجٌ مِـنَ المَـرُّوتِ ذو حَـدَبٍ

يَرمي الضريرَ بخُشْبِ الطَّلحِ والضّالِ

يَوْمـاً بأَجْـودَ مِنـهُ حيـنَ تَسْألُـهُ

ولا مُغِبٌّ بِتَـرْجٍ بَيْـنَ أَشْبالِ(73)

فالشاعر يذكر خصائل فضالة الحميدة وأهمها: مدّ يد العون للمحتاجين من الأرامل واليتامى والفقراء، وتجنيبهم ويلات الفقر،

81

وقسوة الحياة، وإعادة الطمأنينة والاستقرار إليهم، وقد صوَّر في هذا الكرم النهر في حال تدفّقه وفيضانه.

ويمكن أن نقول: إنّ صفة الكرم صفةٌ مقدّسةٌ في حياة العربيّ الجاهليّ، تردّد ذكرها بصورة واسعة في الشعر الجاهليّ، وكثر حديث الشعراء عنها، مؤكّدينها في شكل إيجابيٍّ دقيق ومباشر، يقول عمرو بن الأهتم:

ذَرِيـنـي فَـإنَّ البُخْـلَ يـا أُمَّ هَيْثَـمٍ

لِصالـح أَخْـلاقِ الـرِّجـالِ سَـروقُ

ذَرِيـنـي وحُطِّي فـي هـوايَ فَإنَّنـي

عَلـى الحَسَـبِ الزاكي الرَّفيعِ شَـفيقُ

وإنِّـي كريـمٌ ذو عِيـالٍ تُـهِمُّنـي

نَـوائِـبُ يَغْشَى رُزْؤُها وحُقـوقُ <sup>(74)</sup>

ويقول عبد يغوث بن وقاص الحارثيّ ــ وهو شاعرٌ جاهليٌّ أُسر يوم الكلاب الثاني وقتل<sup>(75)</sup> ــ مضيفاً إلى صفة الكرم صفات أخرى تتّصل بالقدرة على اختراق الصحراء والنفاذ إلى أعماقها البعيدة، حيث لا حياة ولا أحياء، ولا يشغله إلا اللهو بين الخمر والغناء:

وقَـدْ كُنْتُ نَحَّـارَ الجَـزُورِ ومُعْمِلَ الـ

ـمَطِيِّ وأَمْضِـي حَيثُ لا حَـيَّ ماضِيا

وَأَنْحَـرُ للشَّـرْبِ الكِـرامِ مَطِيَّتِـي
وأَصْـدَعُ بَيْـنَ القَينتَيْـن رِدائِيـا<sup>(76)</sup>

ويكثر لذلك عرض المشاهد المختلفة التي تتجسّد فيها صفة الكرم هذه بعيداً عن ذلك التوكيد المباشر، ومن هذه المشاهد بذل المال وإهانته، كما في قول ذي الإصبع العدوانيّ الذي فخر على صاحبيه بسعة نفسه وحلمه، وأنّه يكرم النديم، ولا يقرب السوء، وبأنّه وإن عَلَتْ به السنُّ ما هو بالبخيل ولا الجبان، وإنّما يكرم نفسه ببذل ماله:

إِنْ تَزْعُمـا أنَّنـي كَبِـرْتُ فَلَـمْ
أُلْـفَ بخيـلاً نِكْسـاً ولا وَرَعـا

أَجعلُ مالـي دونَ الدَّنـا غَرَضـاً
ومـا وَهـى مِلأُمـور فَانْصَدَعـا<sup>(77)</sup>

وهذا لبيد بن ربيعة يصوّر لنا كرمه في حومة قسوة الحياة، فيقول:

وجَـزورِ أيْسـارٍ دَعَـوْتُ لِحَتْفِها
بِمَغالِـقٍ مُتَشابِـهٍ أَجْسامُها

أَدعـو بِهِـنَّ لِعاقِـرٍ أَوْ مُطفِـلٍ
بُذِلَـتْ لِجِيرانِ الجَميعِ لِحامُها

فالضيـفُ والجـارُ الجَنيـبُ كأنّما
هَبطا تُبـالَةَ مُخْصِباً أَهْضامُها

تَـأْوِي إلـى الأَطْنـابِ كُلُّ رَذِيَّـةٍ

مِـثْـلُ الـبَـلِـيَّـةِ قـالِـصٌ أَهْدامُها

ويُكَلِّـلُـونَ إذا الـرِّيـاحُ تَناوَحَتْ

خُلُجاً تَمُدُّ شوارعاً أيتامُها(78)

فلبيد يرى أنَّ الجيران والأضياف والغرباء وذوي الحاجة من المساكين والضعفاء يأتون إلى داره، حيث يجدون جفاناً كثيرةً ممتدةً ومملوءةً بالمرق والثريد، ومكلّلة بقطع اللحم تقدَّم للفقراء إذا ما تقابلت الرياح وتناوحت، واشتدّ البرد والصقيع، ولقد أفاض الشاعر في التعبير عن كرمه وسعة باله في البذل والإنفاق، وذلك عندما جعل هذه الجِفان لكثرة مرقها أنهاراً يخوض فيها الأيتام والمساكين، ثم ينهلون من خيرها. ولا يفوتنا أن نشير ــ كذلك ــ إلى ما تتضمَنه أبيات الكرم من شهامة صاحبها الذي لا يدّخر وسعاً في اختيار أكرم الذبائح وأنْفسها، ولا يبخل بها، بل يعمد إليها دون غيرها، فينحرها لأضيافه، فهذه الجزور التي يختارها أصحاب المَيْسِرِ دون سائر الإبل ليتراهنوا عليها يدعو هو بالقداح لنحرها للفقراء، كما أنّه ينحر من الإبل العاقر التي لا تلد لأنّها أسمن من غيرها، والمُطْفِلِ التي معها ولدها لأنها أنفَسُ من غيرها. وهكذا نجد لبيداً يرتفع إلى قِمّة الشرف والسيادة، عندما يعرض علينا صورة هذه الوفود الكثيرة التي تزدحم على داره واجدةً ما لم تجده من الخير والرخاء عند غيره، حتى لكأنّهم حين نزلوا بيته قد نزلوا واديا خصيباً لا يمتنع عنه الرزق، ولا ينقطع عنه الرخاء. ولبيدٌ بهذا يكشف عن شخصيةٍ عربيّةٍ أصيلة بكل ما

فيها من معاني السيادة والشرف والنضال من أجل تحقيق حياةٍ أفضل محتملة للخطوب.

إنَّ ظروف البيئة القاسية الجافّة، ذات الوجه العابس العنيد، قد أصَّلت في نفوس غير قليلٍ من العرب حبَّ العطاء والكرم لمواجهة قسوة الحياة، والسعيِ إلى حياةٍ أفضل، لدرجة أن هؤلاء كانوا يؤثرون غيرهم بما في أيديهم رغم حاجتهم الشديدة إليه، ولعلّ حادث الحطيئة مع ضيفه الذي سجَّله في قصيدته المشهورة، أبلغُ دليل على تأصُّل الكرم في نفوس بعضهم، وفيها يقول:

وطاوي ثَلاثٍ عاصِبِ البَطنِ مُرمِلٍ
ببيْداءَ لَمْ يَعْرفْ بها ساكنٌ رَسْما

أَخـي جَفْوةٍ فيه مِن الإنْسِ وَحْشَةٌ
يَرى البُؤْسَ فيها من شَراسَـتِهِ نُعْمى

وأَفْـردَ فـي شِـعْبٍ عَجـوزاً إزاءَهـا
ثَلاثـةُ أَشْـباحٍ تَخالُـهـمُ بَهْمَـا

حُفـاةٌ عُراةٌ مـا اغْتَـذَوْا خُبـزَ مَلَّـةٍ
ولا عَرَفـوا للبُـرِّ مُـذْ خُلِقـوا طَعْما

رَأى شَـبَحاً وَسْـطَ الظَّـلام فراعَهُ
فلمَّا بَـدا ضَيْفـاً تَسَوَّرَ وَاهْتَمَّـا

فـقـالَ ابـنُـه لمَّـا رآهُ بِـحَـيْـرَةٍ:
أيـا أَبَـتِ اذْبَحْنـي ويَسِّـرْ لَـهُ طُعما

ولا تَعْتَـذِرْ بالعُـدْم علَّ الَّذي طـرا
يَظُـنُّ لَنـا مـالاً فَيُوسِـعنا ذَمَّـا

فـرَوَّى قَليـلاً ثُـمَّ أَحْجَمَ بُرْهَةً
وإنْ هـوَ لَـمْ يذبـحْ فتـاهُ فقـدْ هَمَّـا

وقـالَ: هَيـا رَبّـاهُ ضَيْـفٌ ولا قِرىً!
بحقِّـك لا تَحْرِمْـهُ تـا اللَّيْلَـةَ اللَّحْما

فبَيْنـا هُمـا عَنَّـتْ على البُعْدِ عانةٌ
قَـدِ انْتَظَمَتْ مِنْ خَلْفِ مِسْحَلِها نَظْما

عِطاشاً تُريـدُ الماءَ فانسـابَ نَحْوَها
على أَنَّـهُ مِنْهـا إلى دَمِهـا أَظْما

فأَمْهَلَهـا حتّـى تروَّتْ عِطاشُـها
فأَرْسَـلَ فيها مِـنْ كِنانَتِـه سَـهْما

فخَرَّتْ نَحـوصٌ ذاتُ جَحْشٍ سَمينةٌ
قـد اكتَنَزتْ لَحْماً وقَدْ طُبِّقَت شَـحْما

فيـا بِشْـرَهُ إذ جرَّها نحْـوَ قَوْمِـه
ويـا بِشْـرَهُمْ لَمَّـا رأَوْا كَلْمَهـا يَدْمى

فَـبـاتـوا كِـرامـاً قَدْ قَضَوا حَـقَّ ضَـيْفِهِم

فَلَـمْ يَغْرَمــوا غُرْماً وقَدْ غَنِموا غُنْما


وبــاتَ أَبوهُـمْ مِـنْ بَشاشَتِهِ أَبـاً

لِضَيْفِهِــمْ والأُمُّ مِـنْ بِشْرِها أُمَّـا<sup>(79)</sup>

تشير الأبيات إلى أنَّ الأعرابيَّ الجواد وأولادَه لم يذوقوا طعاماً
منذ ثلاث ليالٍ، ولم يعرفوا للخبز المصنوع من القمح طعماً منذ
خروجهم إلى هذه الحياة، وقد عَصَبَ الأب بطنه من الجوع، وهو في
بيداء موحشةٍ ليس بها أنيس. وهو هنا يحدد المكان الذي تجري فيه
أحداث هذه القصة، وقد كان يرى في هذا المكان نعيماً وسعادةً لشدَّة
نفوره من الخلق، ولكنّه الآن وبعد أن رأى شبح الضيف من بعيد كثر
همّه وحزنه، ولم يعد يفكّر في نفسه وأولاده، وكيف يحتال لهم، بل
أخذ يفكّر في ضيفه هذا، ويناجي ربّه علّه يرزقه بما يقري به ضيفه.

وهنا تظهر شخصيّة الابن في حواره مع أبيه، فهذا الابن على
حداثة سنّه، وما به من سَغَبٍ ونَصَبٍ، فاجأ أباه بعرضه الذي قدَّمه،
إذ طلب إلى أبيه أن يذبحه بدلاً من الاعتذار للضيف، خشية أن يظنّ
الضَّيفُ أنَّهم يملكون شيئاً وضنُّوا عليه به، فيحدِّثَ أحياءَ العرب ببخل
هذا الرجل. والحوار الذي يدور بينهما يُكسب الشعر عنصراً درامياً،
فيزداد حيويَّةً ونشاطاً لقدرة الحوار في الشعر على توصيل الإحساس
وربطه بالواقع والأشخاص في لحظاتٍ محدَّدة. ففي القصيدة الدراميَّة
تتقلَّص النزعة الغنائيَّة، والسِّمة الخطابيَّة، فالشاعر لا يحدِّثنا
عن نفسه ومشاعره، بل يقتصر على التحدُّث عن أبطال دراميَّته

وشخوصها دون غيرهم. وللحوار مستوياتٌ وطبقاتٌ يتمكَّن الشاعر من خلالها من كسر طوق الرتابة، وإيقاظ التوتُّر والتجاذب حسب متطلَّبات الموقف، فالاستفهام والتعجُّب والنِّداء تجعل القارئ في حالة يقظةٍ دائمة، وانتباهٍ مستمرّ، وكلّها من الوسائل الدراميَّة في الإثارة، ووسائل لغويَّة تسهم إلى حدٍّ بعيدٍ في تعزيز سيادة النزعة الدراميَّة، وهي أداةٌ أوليَّة لبناء الموقف الحواري<sup>(80)</sup>.

إنّ ما يثير العجب في موقف الحطيئة أنَّه همَّ بذبح ابنه إكراماً لضيفه لولا أن رأى قطيعاً من الأتن الوحشيَّة العطشى قصد مورد الماء، وكأنَّ العقدة الدراميّة بدأت بالحلّ، فقد انتظر قليلاً كي ترتوي هذه الأتن، فهو متلهِّفٌ إلى دمها أكثر من تلهُّفها إلى الماء، ثم أطلق سهمه باتجاهها، وكم كانت فرحته عظيمة عندما أوقع أتاناً ممتلئةً باللحم والشحم! وقد وصل إلى مرحلة متقدّمة في العناية بالضيف، إذ قدَّمه على الأهل والولد، لأنه لا يأتيهم إلا وهو محتاجٌ، قد عضَّه الجوع، واشتدَّ به السَّغَب، وانقطعت به السُّبُل، وأولادهم وأهلوهم يقدِّرون ما هم فيه من ضَنْكٍ وضيق يد، لكنّ هذا الغريب لا يعرف أمرهم على حقيقته، وقد يظنّ بهم بخلاً فيُوسعهم ذمّاً، لأنهم انتهكوا قانون الصحراء، وواجبَ الرفد والضيافة لا من أجل حياةٍ أفضل، بل من أجل البقاء وحفظ الحياة<sup>(81)</sup>.

ويصوِّر لنا عمرو بن الأهتم إكرامه لضيفه، واحتفاءه به، وبذل العطاء له، في مشهدٍ قصصيّ من مشاهد الكرم الغنيّة بالتفاصيل:

ومُسْتَنْبِح بَعْدَ الهُدوءِ دَعوْتُـه
وقَدْ حانَ مِنْ نَجْمِ الشِّتاءِ خُفُوقُ

يُعالِـج عِرْنيناً مِـن اللَّيلِ بـارِداً
تَـلُـفُّ رِيـاحٌ ثَـوْبَـهُ وبُـروقُ

تَألَّـقَ في عَينٍ مِنَ المُـزْنِ وادِقٍ
لَهُ هَيْدَبٌ داني السَّحابِ دَفُوقُ

أَضَفْـتُ فلَمْ أُفْحِشْ عليـهِ ولَمْ أَقُلْ
لأَحْـرِمَـهُ: إنَّ المكانَ مَضِيقُ

فقلـتُ لَهُ: أَهْـلاً وسَـهْلاً ومَرْحَباً
فـهذا صَبـوحٌ راهِـنٌ وصَديقُ

وقُمْتُ إلى البَـرْكِ الهَواجِدِ فاتَّقَتْ
مَقاحِيدُ كُـوْمٍ كالمَجادِلِ رُوقُ

بأَدْمـاءَ مِرباعِ النِّتـاجِ كأَنَّها
إذا عَرَضَتْ دونَ العِشارِ فَنِيقُ

بضَرْبـةِ ساقٍ أو بنَجْـلاءَ ثَرَّةٍ
لها مِـنْ أَمـامِ المَنْكِبَينِ فَتِيقُ

وقـامَ إليهـا الجـازِران فأَوْفَـدا
يُطيرانِ عَنْها الجِلْدَ وَهْيَ تَفُوقُ

فجَرَّ إلَيْنا ضَرْعُها وسَنامُها
وأزهَـرُ يَحْبو لِلْقِيامِ عَتِيقُ

بَقيرٌ جَلا بالسَّيْفِ عَنْهُ غِشاءَهُ

أَخٌ بإِخاءِ الصَّالحينَ رَفيقُ

فَباتَ لنا مِنْها وللضَّيْفِ مَوْهِناً

شِواءٌ سَمينٌ زاهِقٌ وغَبوقُ

وباتَ لَهُ دونَ الصَّبا وَهْـيَ قَرَّةٌ

لِحافٌ ومَصْقولُ الكِساءِ رَقيقُ [82]

تجري أحداث القصَّة التي يعرضها الشاعر في فصل الشتاء، وتبرز فيها شخصيّتان أساسيّتان، هما: شخصيّة الشاعر وشخصيّة الضيف، ومكانها في الصحراء، أما زمانها فشتاء قارس البرد، لأنَّ استقبال الضيف في الشتاء أصعب من استقباله في الفصول الأخرى. و«طالما باهى العرب بكرمهم في أيام الجدب والفقر والخصاصة التي تعمُّ أكثر الناس، وليس أشدَّ من زمن الشتاء في بلادهم حاجةً إلى السخاء ورعاية الفقراء، ولا سيَّما إذا كسا الجليدُ الأرض، واشتدَّ البرد؛ لأنَّ خيرات الأرض لم تنبت بعد» [83]. وإلى هذا الرأي يميل الدكتور نعناع في قوله: «يرمز الشتاء عند العرب إلى أصعب أوقات الحاجة، وبسبب ذلك فإنَّ الضيافة في هذا الوقت من أعظم الصفات، وأفضل الأعمال، لأنَّه يتوجَّب على الناس في الشتاء أن يهتمّوا بأمورهم الخاصة أكثر من اهتمامهم بالآخرين» [84].

ويبدأ الشاعر قصّته بالحديث عن هذا الضيف الذي ضلَّ طريقه، واستنبح الكلابَ كي يهتدي إلى مكان وجود البشر، فهو يصوِّر لنا ليلة

شتويّةً باردةً، ورياحاً قويّةً يقاومها الضيف، ويحاول ردّها بصعوبةٍ عن نفسه، والبرق يلتفُّ من حوله، وهذا يعني أنَّ المطر القادم سيكون شديداً، ويوضّح الشاعر من خلال هذه الإضافات قسوة الشتاء، وحالة الصراع التي يعانيها الضيف في مواجهة الطبيعة، كما وأنَّها تبرز من جانبٍ آخرَ أهميّةَ الضيافةِ في هذا الوقت، فالشاعر مستعدٌّ لها، وقدوم الضيف في الوقت غير المناسب لم يمنع الشاعر من استقباله أو إحسان ضيافته، ولم يقل له: إنَّ المكان ضيّقٌ، مع أنَّ الحقيقة تبدو كذلك، بل إنّه سارع في توجيه عبارات الترحيب إليه، ولم يكتف بذلك إذ توجّه إلى نوقه واختار أسمنها، فذبحها، والعادة أن يُذبح الذكر؛ لأنّ النوق ولّادة، وهذه الناقة التي ذبحها لم يمض على ولادتها وقتٌ طويل. وهذا يدلُّ على شدة كرم الشاعر وحسن ضيافته.

ثم يصف لنا الشاعر عمليّة ذبحها، فقد طعنها الشّاعر بضربة سيف نجلاء. وهنا تظهر شخصيّتان ثانويتان، هما الجازران اللّذان فصلا الجلد عن الناقة، وقطّعا لحمها، ثم يذكر الشاعر أن ما قدّمه للضيف كان اللحم المشويَّ، فأكلا وشربا، وقضى هذا الضيف ليلته عند الشاعر سعيداً بما أصاب من كرمه.

ويختم الشاعر قصّته بالحكمة في قوله:

**وكلُّ كريـمٍ يتَّقـي الـذَّمَّ بالقِرى**

**وللخَيْرِ بَيْنَ الصَّالِحينَ طَريقُ**

**لَعَمْـرُكَ مـا ضاقَـتْ بـلادٌ بأهلِها**

**ولكنَّ أخلاقَ الرّجالِ تَضيقُ** [85]

فالشاعر يضرب مثلاً للآخرين، وهو أنَّ الكريم يتَّقي ذمَّ نفسه، ويكسب سمعةً رفيعةً من خلال كرمه ومروءته ونجدته ومساعدته للناس، والناس جميعهم يستطيعون أن يقدّموا ما في استطاعتهم، ولكنّ مكارمهم وسجاياهم تختلف من شخصٍ إلى آخر، فهناك من يملك الكثير ولا يستطيع أن يقدّم القليل ممّا يملك، وهناك من يملك القليل ويجود به بكلِّ رضاً وطواعية. ولعلَّنا لاحظنا ما ذهب إليه الدكتور نوري حمودي القيسي عندما قال: «تأخذ مقدّمات قصائد الأضياف جانباً واضحاً من الحوار القصصيّ، وهو جانبٌ يتمثَّل بالضيف الذي يُلجئه الضلال عن الطريق ليلاً، وجهد المسير، إلى أن يتكلَّف نباح الكلاب وحكايته، لتجاوبه كلاب الحيِّ فيهتدي إليه بصياحها، ويستعين على ضرِّه وحيرته»<sup></sup> [86].

ولعلَّ البحث في شخصيّة الكريم يقودنا إلى الحديث عن حاتم الطائيّ الذي يُعَدُّ أكرم العرب، لا لأنَّه الوحيد الذي يقدّم الطعام لضيوفه، ولا لأنَّه يتفرَّد وحده بهذه الخصيصة، ولكنَّه استطاع أن يعطي لكلِّ جانبٍ من جوانب الكرم ما يضيء زواياه، ويمنح كلَّ خصائصه ما عجز الآخرون عن إضاءته. وقد استخدم لذلك الشعر استخداماً فنّيّاً سليماً، وبيَّن فيه فلسفته، فعاش البذل في وجوده عطاءً وكرماً وتضحيةً، وأدرك أنَّ ذلك المال الذي كان يقدر على التصرّف به، لا يحقِّق له الذكر الحميد إلّا إذا أطعم فيه وافداً، وأشبع جائعاً. وبهذا أصبح حاتمٌ يمثِّل الركيزة الصادقة لظاهرة الكرم العربيّ، والتزم بها التزاماً غير محدود، وبذل من أجلها ما يحرص الآخرون على جمعه.

وتبرز في شعر حاتم الطائيّ شخصيّة المرأة العاذلة، وهي من

الشخصيّات التي وردت كثيراً في الشعر الجاهليّ، وقد درسها الدكتور فاروق اسليم وحدَّد مواضع الحوار معها في قوله: «وأمّا حوار العاذلة فقد جاء بعضه في مطالع القصائد، وآخر على شكل مقطّعات، وثالث في سياق قصائد قصيرة (عنترة، الشنفرى، عامر بن الطفيل) أو مطوَّلة (لاميّة زهير، عينيّة أبي ذؤيب الهذليّ). لكنَّ هذا التنوُّع في بناء النصّ الشعريّ قابلته وحدة في توجُّه المعنى نحو اللوم على إنفاق المال والجرأة على الموت، ونحو استنكار الشعراء للوم»[87]، وهذه زوجة حاتم تلومه على إنفاقه وبذله وكرمه، في مثل قوله:

وعاذِلَـةٍ هَبَّـتْ بليـلٍ تَلومُنـي
وقَـدْ غـابَ عَيُّـوقُ الثُّرَيّـا فَعـرَّدا

تَلـومُ على إعْطائِـيَ المـالَ ضَـلَّـةً
إذا ضَـنَّ بالمـالِ البخيلُ وصَـرَّدا

تَقـولُ: ألا أمسِـكْ عَلَيْـكَ فإنَّنـي
أرى المـالَ عِنْـدَ المُمْسِـكينَ مُعَبَّدا

ذَرينـي وَمالي إنَّ مالَـكِ وافـرٌ
وكلُّ امـرِئٍ جـارٍ على مـا تَعـوَّدا

أَعـاذِلُ لا آلوكِ إلّا خَليقَتـي
فـلا تَجعلـي فَوْقـي لِسانَكِ مِبْـرَدا

ذرينـي يَكُـنْ مالِـي لِعِرضِـيَ جُنَّـةً
يَقِي المـالُ عِرْضِي قَبْـلَ أَنْ يَتَبَـدَّدا

أَرِينـي جَـواداً مـاتَ هُـزْلاً لَعَلَّنـي
أَرى مـا تَرَيْـنَ أَوْ بَخِيـلاً مُخَلَّـدا

وإلَّا فَكُفِّـي بَعْـضَ لَوْمِـكِ واجْعَلـي
إلـى رَأْيِ مَنْ تَلْحَيْنَ رَأْيَكِ مُسْـنَدا[88]

استخدم الشاعر الفعل (تلومني) في بداية حواره، ويحدّد زمان هذا اللوم، فهو يقع في الليل بعد أن تبدأ النجوم اللامعة بالميلان نحو المغيب، وبعد أن يحجبَ الظلام الرؤية الواضحة، وتلفَّ الأرضَ العريضةَ جحافلُ الليل المعتم، وفي هذه الأثناء تتوثَّب في نفس الشاعر عوامل الدعوة، وكأنّه كان يجد في ظلِّ هذا الصمت الرهيب استجابة واقعة.

وقد برزت في هذا الحوار شخصيّة المرأة التي تلومه على إنفاقه وبذله وكرمه، وأمسك حاتمٌ بخيوط الأسلوب الشعريّ المحسوس، واستخدم الألفاظ الشعريّة الموحية، ووافقَ بين تسلسل الأفعال بصورةٍ فنّيّة منسَّقة، فاللوم وقع بسبب إعطاء المال أو إهلاكه، وحديثُ البخل قائمٌ للمقارنة، والدعوةُ إلى إمساك المال جزءٌ من النصائح التي تقدّمها المرأة اللائمة. وفلسفةُ الشاعر وعادته في الإنفاق، وإيمانه بإساءة تصرّف الوارث بعد موته، تمثِّل التَّسويغ المعقول لدى الشاعر، وتحمله على الدفاع بشكلٍ تقريريٍّ عن هذا السلوك الوصفيّ، والإيمانِ المطلق بسلامة هذا التصرُّف. وهكذا ينتهي الصراع مع زوجته بانتصاره، فمواقفهما متناقضة، والشاعر مصرٌّ على صواب رأيه، ويوجِّه إليها أمراً في البيت الأخير بأن تتوقَّف عن لومه وتقريعه.

ولا يكتفي حاتمٌ الطائيُّ في المشهد الآتي بعاذلةٍ واحدةٍ، وإنَّما يتجاوزها إلى عاذلتين تلومانه لإتلافه وإنفاقه، ولا يختلف هذا المشهد عن المشهد الأول إلَّا في ظهور اللائمة الثانية. فيقول حاتم:

وعاذلتَيْـنِ  هَبَّتـا  بَعْـدَ  هَجْعَـةٍ

تَلومـانِ  مِتْلافـاً  مُفيداً  مُلَوَّمـا

تَلومـانِ  لَمَّـا  غَـوَّرَ  النَّجْـمُ  ضَلَّـةً

فتـىً لا يَرى الإتلافَ في الحَمْدِ مَغرَما

فقُلْـتُ وقَدْ طـالَ العِتـابُ عَليهـما

وأوْعَدَتانـي  أَنْ  تَبينـا  وتَصْرِمـا:

أَلا لا تَلومانـي عَلـى مـا تَقَدَّمـا

كفى بِصـروفِ الدَّهْرِ للمَـرْءِ مُحْكِما

فإنَّكمـا  لا  مـا  مَضـى  تُدْرِكانِـهِ

ولَسْـتُ عَلـى مـا فاتنـي مُتَنَدِّمـا[89]

وهكذا تنبسط فلسفة حاتم، وتتضح ملامح هذا السلوك من خلال هذا الحوار الذي يجريه مع هاتين العاذلتين، فهو غير مستعدٍّ لتغيير عادته في الإنفاق مهما كانت النتائج.

إنَّ تسلسل هذه الحكايات واتّفاق صيغها، وحرص الشعراء على أداء المعنى وفق ما يقتضيه البناء، يشكِّل التزاماً قصصيّاً واضحاً،

95

وحواراً لحكايات كانت أحداثها تدور في نفس الشاعر، ووقائعها تتجلَّى له في حياته التي يمارسها في كلّ وقت، ويؤكّد وجود صيغٍ أدبيَّةٍ مرسومةٍ، وأُطرٍ أدبيَّةٍ واضحة، وهذا يعني أنَّ الشعراء كانوا يلتزمون نمطاً قصصيّاً متشابهاً أو معيَّناً، ويستخدمون شكلاً فنِّيّاً متشابهاً، ويميلون إلى استخدام صيغٍ لفظيَّةٍ مألوفةٍ من أجل الوصول إلى الغاية التي يتمُّ بموجبها التعبير عن الكرم. حيث برزت شخصيّة الكريم وهي تؤدي دورها الإيجابيّ في هذا السرد، وهو سردٌ متناسقٌ من حيث التوجيه، ويبرز فيه التمهيد والتقويم، ثم ينتقل الشاعر إلى الوقوف عند أحداث القصَّة، وما يقدّمه للضيف، والطريقة التي ينتهي بها ذبح الذبيحة، وما يعقب ذلك من وقائع وأحداث. وكانت هذه الشخصيّة تخوض صراعاً مع عوامل الطبيعة التي تؤدّي إلى الفقر، ومع اللائمة التي تعمل على منعه من الإنفاق، ولكنّه كان يخرج منتصراً، ويبرز دوره الإيجابيّ في المجتمع الجاهلي بروزاً واضحاً.

ثالثاً: الشخصيّة المتسلّطة


- نموذج الملك:

عالج الشعراء الجاهليّون شخصيّة الملك في قَصائدهم، تلك الشخصية التي كانت تقوم على التسلُّط وقهر الآخرين، سواءً أكانوا أفراداً أم قبائل من جانب، ومن جانب آخر كان رمزاً للخير والعطاء «كان الملك يمثّل جانبين في حياة الجاهليين، فهو في الجانب الأول رمز الرهبة والسلطة والقوّة والبطش والمكانة العالية، وهو من جانب آخر رمز الكرم والعطاء»<sup>(90)</sup>، فقد كان للملك النعمان بن المنذر يومان في السّنة، أحدهما يوم بؤس، والآخر يوم نعيم. ومن أبرز الشعراء الذين لقوا حتفهم في يوم بؤس النعمان عَبيد بن الأبرص، الذي لم يجد بُدّاً من الموت، لا لسببٍ سوى أنّه قَدِمَ على هذا الملك في يوم بؤسه، ولم يكن الملك ليغيّر هذه العادة، فلاقى عَبيد بن الأبرص مصيره المحتوم.

كما أنَّ طرفة بن العبد وخاله المتلمّس الضُّبعي حمل كلٌّ منهما بيدَيْهِ أمر قتله إلى عامل عمرو بن هند على البحرين، ولولا شكُّ المتلمّس بالرسالة، وإدراكُهُ نيّة الملك في الشرّ، لكان مصيره كمصير

97

ابن أخته طرفة الذي لم يستمع إلى نصيحة خاله بفضِّ الرسالة، ومعرفة مضمونها، فمضى إلى مصيره ولقي حتفه وهو في ريعان الشباب.

أمّا قصّة الشاعر عمرو بن كلثوم مع الملك عمرو بن هند «وهو عمرو بن منذر الأكبر بن ماء السماء، ويُقال له أيضاً: عمرو بن هند، ويلقَّب بالمحرِّق، لأنّه حرَّقَ بني تميم بالنار، وقيل: بل حرق نخل اليمامة. وهو من ملوك الحيرة»[91]، فهي فريدة في التاريخ العربي، وتعود بداية القصّة إلى حرب البسوس التي وقعت بين قبيلتي بكر وتغلب ابني وائل، بعد أن قتل جسّاس بن مرّة البكريُّ كليب سيّد بني تغلب وملكهم، فقرّر المهلهل أخو كليب أن يقود حرب الثأر ضدّ البكريّين. والشاعر عمرو بن كلثوم هو حفيد المهلهل من ابنته ليلى، ونتيجة لأصالة نسبه، وقوة عشيرته وبأسها، نشأ الشاعر نشأة زهوّ وتفاخر بأهله وبنفسه، وتزعّم قومه، وهو لا يزال صبيّاً، وانتدب في شبابه ليمثّل القبيلة أمام الملك عمرو بن هند في مؤتمر المصالحة الذي قرّره بينها وبين قبيلة بكر.

ومن أخباره وأشعاره نستشفُّ بعض ملامح شخصيته، فقد كان ذا أنفةٍ وإباءٍ، واعتدادٍ بالنفس والعشيرة يصل إلى حدِّ الغرور المبالغ فيه، والكبرياء المتطاول، وكانت له صولاتٌ وجولاتٌ مع الملوك، فيحكى أنّ الملك النعمان بن المنذر توعَّدَه وهدّده، فاستقدم عمرو بن كلثومَ كاتباً من العرب، فكتب إليه:

أَلا أَبْلِـغِ النُّعْمـانَ عَنِّـي رِسـالةً

فَمَدْحُكَ حَولِـيُّ وذمُّـكَ قـارِحُ

مَتـى تلْقَني فـي تَغْلِبَ ابْنَـةِ وائِلٍ
وأَشْياعِها تَرقى إِلَيْكَ المَسالِحُ[92]

ثم كانت واقعته مع الملك عمرو بن هند، التي انتهت بإقدامه
على قتل الملك في جرأةٍ عجيبةٍ بسبب تصرّفٍ رأى فيه إهانةً لأمّه،
وانتقاصاً من شأنه. ومع أن هذه الحادثة مشبعةٌ بجوّ الغرابة والإثارة،
فإنها تدلّ على قوّة عمرو، واستهانته بأقدار الناس، حتى السادة منهم.
وتعود بداية القصّة إلى أنّ الملك سأل بعض المتردّدين عليه يوماً: هل
هناك أحدٌ من العرب تأنف أمُّه من خدمة أمّي؟ فقالوا: نعم، عمرو بن
كلثوم، فأمّه ذات حسب ونسب، تعتدّ بأبيها المهلهل، وزوجها كلثوم،
وابنها عمرو.

فدعا الملك عَمْراً لزيارته، ومعه أمّه تزور أمّ الملك، ورتّب أن
يصرف الخدم في يوم معلوم، وعند إشارةٍ خاصّة، تطلب أمّ الملك
من ليلى أمّ الشاعر أن تناولها طبقاً من المائدة، فما كان من أمّ الشاعر
إلّا أن أجابت في أنفةٍ: لتقم صاحبة الحاجة إلى حاجتها، فلمّا كرّرت
عليها المطلب مرّتين بإلحاح، صاحت في الثالثة: واذلّاه ... يا لتغلب!

وسمعهما ابنها، فغلى الدم في عروقه، ونظر إلى الملك فعرف
الشرّ في وجهه، ولمح سيفاً معلّقاً ليس هناك سواه، فعاجلَ الملكَ
بضربةٍ على رأسه، ونادى قومه، فانتهبوا جميع ما في الرواق وساقوا
نجائبه، وساروا نحو الجزيرة[93]. وفي ذلك يقول عمرو بن كلثوم:

بـأيِّ مَشـيئةٍ عَمـرَو بْـنَ هِنْـدٍ
تُطيعُ بِنا الوُشـاةَ وتَـزْدَرِينـا؟

بِأَيِّ مَشِيئةٍ عَمْرو بْنَ هِنْدٍ

نَكونُ لِقَيْلِكُمْ فيها قَطِينا؟

تَـهَـدَّدْنـا وأَوْعِـدْنـا رُوَيْـداً

متى كُنَّا لأُمِّكَ مُقْتَوِينـا؟[94]

ولا شكَّ في أنَّ شاعرنا لم يكن ليصل إلى هذا الحدّ من التطاول
والاعتداد، لولا يقينه من مساندة قومه له، وتأييدهم لتصّرفاته، وأنَّ
الشعور متبادلٌ بين الفرد والقبيلة، وإحساسه بمساندتهم يماثل تماماً
تأكُّدهم من مساندته لهم، فلا ندهش حين نقرأ ما قاله عنهم في معلّقته.
ويقول شاعر منهم هو أفنون التغلبيّ في هذه الحادثة مؤيّداً عَمْراً:

لَعَمْـرُكَ ما عَمْـرُو بْنُ هِنْدٍ وقَدْ دَعا

لِتَخْـدِمَ لَيْلى أُمَّـهُ بِمُوَفَّـقِ

فَقـامَ ابْنُ كُلْثومٍ إلى السَّيْفِ مُصْلَتاً

فأَمْسَـكَ مِـنْ نُدْمانِـهِ بالمُخَنَّـقِ[95]

وتكاد معلّقة عمرو بن كلثوم تكون أغنية جماعيّة للحرب، وربّما
تمثّل هذه القصيدة صورة للفخز القبليّ والتطرّف الذي بلغ حدّه
الأعلى. وهذا القول ينسحب على القصيدة بأكملها، فهي تمثّل نشيداً
قبليّاً بدويّاً، عدَّهُ بعض معاصري الشاعر، وبعض النقّاد والدارسين
من بعد، مفخرة تغلب الشعريّة ـ القبليّة، إلى درجة أنّهم ذكروا بأنَّ أيّ
تَغلُبيٍّ في عصر الشاعر أو فيما بعد اعتبرها نشيده القبليّ. وقد رأى
ابن قتيبة أن قصيدة عمرو بن كلثوم من جيّد شعر العرب، وإحدى

السبع، ولشغف تغلب بها، وكثرة روايتهم لها، قال بعض الشعراء:

أَلْهى بَنــي تَغْلِبٍ عَــنْ كُلِّ مَكرُمَـةٍ

قَصيدةٌ قالَها عَمـرُو بْـنُ كُلثـومِ

يُفاخِرونَ بِهـا مُـذْ كانَ أَوَّلُهُمْ

يــا لَلرِّجــالِ لِشِـــعْرٍ غَيْرِ مَسْؤومِ [96]

بَيْدَ أنَّ مناسبة المعلّقة يمكن أن تكون مرتبطةً بحادثة أخرى، هي مؤتمر الصلح الذي عقده الملك عمرو بن هند بين البكريّين والتغلبيّين، إذ تقدّم الشاعر الحارث بن حلّزة اليشكريّ بين يدي الملك ممثّلاً قبيلة بكر، فتعدّدت صيغ الحوار في معلقته، وراحت تعكس حقيقة الموقف لدى الشاعر مع الطرف الآخر، طبقاً لتوظيف بعض تلك الصيغ حتّى يصبح الأمر ظاهرةً واضحة الشيوع في شعره خصوصاً حين يترافع أمام الملك عمرو بن هند الذي ألقى المعلقة في مجلسه قصداً إلى تفنيد حجج الخصوم، والتفاخر بقومه وتعداد أيامهم ووقائعهم، وهو يقدّم للحوار بلغة السرد التي يرصد من خلالها بداية قصته وقصَّةِ قومِه، وما أُذيع حولهم من مفتريات:

وأتــانــا عَــنِ الأراقِـــمِ أنْبا

ءُ وخَـطْـبٌ نُعْنى بِـهِ ونُسـاءُ

أنَّ إخْوانَـنا الأراقِـمَ يَغْلُو

نَ عَلَيْنا في قِيلِهِمْ إحْفاءُ

يَخْلِطونَ البَرِيَّ مِنَّا بِذي الذَّنْـ

ـبِ ولا يَنْفَعُ الخَلِيَّ الخَلاءُ

زَعَموا أنَّ كلَّ مَنْ ضَرَبَ العَيْـ

ـرَ مُـوالٍ لَـنا وأنَّـا الـوَلاءُ

أَجْمَعوا أَمْرَهُـمْ بِلَيْلٍ فَلَمَّـا

أَصبَحوا أصبَحَتْ لهم ضَوضاءُ

مِنْ مُنـادٍ ومِنْ مُجِيـبٍ ومِنْ تَصْـ

ـهالِ خَيْلٍ خِـلالَ ذاك رُغـاءُ[97]

فمن هذا السرد المفصّل منذ بداية عرضه «أتانا...» إلى ما طرحه من صورٍ ضاق بها من إخوانه، وهم يخلطون البريء والمذنب، ويزعمون حول قومه ما يزعمون من مفتريات، ويجمعون أمرهم متنادين ومحبّين.

ومن خلال هذا كلّه ينتقل الشاعر إلى بداية حواره المباشر:

أيُّها النَّاطقُ المرقِّشُ عنَّا

عِنْدَ عَمْرٍو، وهَلْ لِذاك بَقاءُ

فَبَقِينـا عَلـى الشَّنـاءةِ تَنْمِـيـ

ـنـا جُـدُودٌ وعِـزَّةٌ قَعْسـاءُ

قَبْـلَ ما اليَـوم بَيَّضَتْ بعيونِ الـ

ـنَّـاس فيها تَعَيُّطٌ وإباءُ

وكَأَنَّ المَنُـونَ تَـردِي بِنـا أَرْ

عَنَ جَوْنـاً يَنْجابُ عَنْهُ العَمَـاءُ



مُكفَهِـرّاً على الحـوادثِ مـا تَرْ

تُـوهُ للدَّهرِ مُـؤْيـدٌ صَمَّـاءُ



أَيَّمـا خُطَّـةٍ أَرَدْتُـمْ فَـأَدُّو

هـا إلينا تَمْشي بِهـا الأَمْـلاءُ



إن نبِشْتُمْ ما بين مِلْحَـةَ فالصّا

قِـبِ فيهِ الأَمْـواتُ والأَحْيـاءُ



فاتركـوا الطَّيـخَ والتَّعَدِّي وإمّـا

تَتَعاشَوْا ففي التَّعاشِي الـدَّاءُ



واذكـروا حِلْفَ ذي المجازِ وما قَدْ

مَ فيهِ العُـهُـودُ والكُـفَـلاءُ



حَـذَرَ الجَـوْرِ والتعدّي ولـن يَنْ

قضَ ما في المُهارقِ الأَهْواءُ



وَاعْلَمـوا أَننـا وإيّاكُـم فيـ

مـا اشترطْنا يومَ احتَلَفْنا سواءُ <sup>(98)</sup>


إذ يظلّ واضحاً لديه هذا التعدّد في صيغ الحوار «رأيّها الناطق،

فاتركوا، واذكروا، واعلموا» على تنوّعها في الدلالة من ناحية، وعلى طبيعة من تُوجّه إليه بين لغة المفرد والجمع من ناحية أخرى.

والحارث في معلّقته يستند إلى موقف ثابت، ومعطيات سياسيّة وقبليّة. ويبدو أنّ موقف بكرٍ وشاعرها الحارث كان قويّاً عند الملك، فقد قرّبته هذه القصيدة منه، وجعلت منه صديقاً حميماً، وازدادت قناعة الملك بصحّة موقف الشاعر وقبيلته في مسألة الصراع مع تغلب، وجعلته يميل إليهم، فقد كان الحارث هادئاً في حواره وتفنيد آراء الخصوم، وشرح قضية بكرٍ دون التخلّي عن إظهار قوّتها ومكانتها، ولكنّه أظهر تغلبَ باغيةً معتدية، وأظهر بكراً مدافعةً عن نفسها، مطالبةً بحقوقها، وهذا ما جعل عمرو بن كلثوم يستشيط غضباً، ويهدِّد، ويتوعَّد، وإن كان لا يتوعَّد الملك مباشرة:

أَبــا هِنْدٍ فَـلا تَعْجَلْ عَلَيْنا

وأَنْظِـرْنـا نُـخَبِّرْكَ  اليَقِينا

بـأَنّـا نــوردُ الـرّايـاتِ بِـيْضاً

ونُـصْـدِرُهـنَّ حُـمْراً قَـدْ رَوِيْنا

وأَيّــــامٍ لَـنــا غُـرٍّ طِـوالٍ

عَصَيْنا المَلْكَ فيها أَنْ نَدِينا

وسَـيِّدِ مَعْشَرٍ قَـدْ تَـوَّجُـوهُ

بتاج المُلْكِ يَحْمي المُحْجَرِينا

تَـرَكْـنـا الـخَـيْـلَ عـاكِـفَـةً عَـلَيْهِ

مُـقَـلَّـدةً أعِـنَّـتَـهـا صُـفُـونـا

وقَـدْ هَـرَّتْ كِـلابُ الـحَـيِّ مِنَّـا

وشَـذَّبْـنـا قَـتـادةَ مَـنْ يَلِينا

وَرِثْـنـا الـمَجْدَّ قَـدْ عَـلِمَتْ مَعَدُّ

نُـطـاعِـنُ دونَـهُ حتَّى يَبِينا

ونَـحْـنُ إذا عِـمـادُ الـحَـيِّ خَرَّتْ

عَلى الأَحْفاضِ نَمْنَعُ مَنْ يَلِينا[99]

بدأ الشاعر يوجّه خطابه إلى الملك مستخدماً الأمر والنهي، مسجِّلاً انفتاح باب اليقين، ثم يتّجه بعد ذلك ليرصد ما يحلو له من صور شجاعة قومه، وأيّامهم الطوال التي يتخذها مجالاً لطرح صور الفخر الجماعيّ المتعدّد الملامح، وكأنّ الحوار هنا يصدر عن طرفٍ واحد، يعرض من خلاله ما يشاء من صور، فتغلب تحاول أن تستجمع قوّتها وعزَّها المفقودَين. ويؤكد الشاعر أنّها ستعود إلى ما كانت عليه، بأنّها تُورد الرايات بِيْضاً، وتُصدِرُهُنَّ حُمْراً قد رَوِيَتْ من الدماء، ويذكر بأنهم قد خرجوا مراراً على سلطة الملوك وسطوتهم، وأنّهم قد نالوا من القادة وأسياد القبائل بحروب ضارية لم تُبق منهم أحداً، وأنّ القبائل جميعها كانت تخافهم، وقد خافتهم كلاب الحيّ أيضاً، فحين تسمع هذه الكلاب وَقْعَ سنابك خيولهم، تنبح خائفة منبهة إلى قدومهم.

كلُّ هذا النشيد الحماسيّ يصل به الشاعر مرة أخرى إلى الملك عمرو بن هند:

بـأيِّ مَشـيئةٍ عَمْـرَو بْـنَ هِنْـدِ

تُطيعُ بنا الوُشـاةَ وتَزْدَرينـا؟

بـأيِّ مَشـيئةٍ عَمْـرَو بْـنَ هِنْـدِ

نَـكـونُ لِقَيْـلِكُمْ فيها قَطينـا؟

تَـهَـدَّدْنـا وأُوعِـدْنـا رُوَيْـداً

مَتى كُـنّـا لأُمِّـكَ مُقْـتَوينـا؟

فـإنَّ قَنـاتَنـا يـا عَمْـرُو أَعْيَـتْ

عَلى الأَعْـداءِ قَبْلَكَ أَنْ تَلينـا

إذا عَـضَّ الثِّقـافُ بها اشْـمَأَزَّتْ

ووَلَّـتْـهُـمْ عَشَـوْزَنَـةً زَبُـونـا

عَشَـوْزَنَـةً إذا انْقَلَبَـتْ أَرَنَّـتْ

تَـدُقُّ قَفـا المُثَقَّـفِ والجَبينـا(100)

إنّ استعراض القوّة الذي قام به الشاعر لا يعني القوّة، وإنّما محاولة للدخول في حوار متكافئ، ولكنّه ليس كذلك الآن، فهو يعاتب الملك على ميله للبكريّين، بل على سماعٍ أقوالهم، وقبول خطابهم القبليِّ الذي لا يتّفق وخطاب التغلبيّين، ولهذا فإنَّ الشاعر يدرك هذا

التحوّل، فيستعمل كلمة «تزدرينا»، وهو يستعطف دون أن يظهر الضعف، وينبّه إلى أنّ على الملك أن يتعامل مع قومه بلغة أخرى، وبطريقة تحفظ لهم مكانتهم، لا أن يعاملهم كأُجَراءَ أو محكومين من أتباعه بطريقة متسلّطة، فالشاعر يطالب الملك أن يكون متأنّياً هادئاً في مواقفه «رويداً»، وإلّا فإن خطابه القبليّ سيرتفع مرَّة أخرى «فإنّ قناتنا يا عمرو أعيت...»، وهو يشير إلى أن قومه لا يهنون ولا يستسلمون، وما كان هذا شأنهم فيما مضى، فهم دائماً عصيُّون على الخصم، وإن أراد الملك التأكُّد من ذلك فما عليه سوى أن يعود إلى تاريخ تغلب، وإلى تاريخ المنطقة إن كان لا يعلم، فهم لم يَذِلُّوا إلى ملكٍ قبله، فما باله يريد أن يُذلَّهم ويزدريَهم؟!

ويبلغ تطاول الشاعر ذروته في قوله:

لَنَـا الدُّنيـا ومَـنْ أَضحى عَلَيْها

ونَبْطِشُ حين نَبْطِشُ قادِرينا

إِذا بَلَـغَ الفِطـامَ لَنَـا صَبِيٌّ

تَخِرُّ لَـهُ الجَبابِرُ ساجِدِينا

مَلَأْنـا البَـرَّ حَتّى ضـاقَ عَنّا

وظَهْرَ البَحْر نَملؤُهُ سَفِينا[101]

استطاع الشاعر أن يرفع قبيلته بهذا الخطاب إلى أعلى درجات القوّة، فهي تحارب القبائل جميعاً وتنتصر، تتحدى مملكة المناذرة، ومَلِكَها المتسلّط، بل إنّها تملك الدنيا، وكلُّ صبيٍّ فيها سيّدٌ لجبابرة

107

العالم. وجيش تغلب قد ملأ الآفاق، فبعد أن فاضت به شبه الجزيرة العربيّة، امتدّ كي يغطّي البحار، فصنع السفن، وامتطى البحر، لم تعد الخيلُ قادرة على استيعابه، فلا بدّ من خيلٍ أخرى (السفن).

ويمكننا أن نقرأ هذه القصيدة من منظورٍ تاريخيّ يوثّق الأحداث في تلك المرحلة، بالإضافة إلى كونها نشيداً ملحميّاً دراميّاً وبطلها الشاعر بطلٌ خارق، ولهذا فإنّه يمتلك من رصيد القوّة ما يؤهّله لأن يصرخ في وجه خصومه في آخر المعلّقة:

إذا مــا المَلْكُ ســامَ النّاسَ خَسْــفاً

أَبَيْنـا أَنْ نُقِرَّ الخَسْفَ فينا

أَلا لا يَجْهَلَنْ أَحَدٌ عَلَيْنـا

فَنَجْهَلَ فَوْقَ جَهْلِ الجاهلينا[102]

وهكذا فقد تابع عمرو بن كلثوم عرض الأحداث بأسلوب السرد القصصيّ الذي قدّمه لنا بصوتٍ واحدٍ هو (صوت المتكلّمين)، حتّى أحسسنا أنَّ بني تغلب جميعهم بلا استثناء يحكون لنا تاريخهم وحاضرهم بكلّ ما فيه من شموخٍ وعظمةٍ وكبرياء، ويُشعِرون المتلقّي في الوقت نفسه بأنّهم سادة زمانهم ومكانِهم ترغيباً أو ترهيباً. وقد كان الشاعر موفَّقاً في ذلك، فضلاً عن شدِّ السرد القصصيّ لانتباه المتلقي الذي لم يسعه إلا أن يقول: «لو أبطأ الإسلام قليلاً لأكلت بنو تغلب الناس»[103].

وليس بعيداً عن ذلك موقف النابغة الذبيانيّ الذي أنفق حياته في

108

سبيل قبيلته، فنراه يخاف عليهم وينصحهم بعدم الإغارة على وادي (ذي أُقُر) الخصيب – الذي كان النُّعمان بن الحارث الغسانيّ قد حماه – ويحذِّرهم عاقبة هذا الغزو، ولكنّهم لم يستجيبوا لنصحه، فهُزموا شرَّ هزيمة، وسُبيت نساؤهم. وقد صوَّر النابغة ذلك بأسلوبٍ دراميٍّ في قوله:

لقـد نَهَيْتُ بنـي ذُبيـانَ عَنْ أُقُـرٍ
وعـنْ تَرَبُّعِهـمْ فـي كُلِّ أَصْفـارِ

وقُلْـتُ: يـا قَـوْمُ إنَّ اللَّيـثَ مُنْقَبِضٌ
عَلى بَرَاثِنِـهِ لِوَثْبَـةِ الضَّـاري

لا أَعرِفَنْ رَبْرباً حُوراً مَدامِعُها
كَـأَنَّ أَبْـكـارَهـا نِـعـاجُ دَوّارِ

يَنظُرنَ شَزْراً إلى من جاء عن عَرَضٍ
بأوجُـهٍ مُنْكَـرَاتِ الـرِّقِّ أَصْـرارِ

خَلْـفَ العَضاريطِ لا يوقينَ فاحشَـةً
مُسْتَمْسِكاتٍ بأَقْتـابٍ وأكـوارِ

يُذرِيـنَ دَمْعاً على الأَشْـفار مُنْحَدِراً
يأْمَـلْـنَ رِحْلةَ حِصْنٍ وابنِ سَيَّارِ (104)

يوجِّه النابغة حواره إلى قومه وينصحهم بألّا يغيروا على (ذي

أُقُر)، ويصوّر الحال التي ستكون عليها نساؤهم في حالة السبي بأبشع الصور، فيصوّرهنَّ وقد أسرهنَّ الأعداء، وأصبحن ذليلات بعد أن كُنَّ حرائر من أشراف القوم يبدو على وجوههنَّ رغد العيش، ويستنكرن ذُلَّ الأسر والعبوديَّة التي لم يعتدنها، وها هنَّ يتلفَّتن يمنةً ويسرةً لعلهنَّ يجدن من يفكّ أسرهنّ، ثمّ يعطينا تلك الصورة التي تجعل القوم يفكرون ألف مرَّة قبل الإقدام على تلك الغزوة، صورة هؤلاء النسوة وقد أُسرن وأصبحن لا حول لهنَّ ولا قوَّة، يعبث بشرفهنَّ الأعداء، ولا يستطعن دفع السوء عن أنفسهنَّ، ولا يمكن في هذا الموقف إلا سحّ الدموع من العيون. ويتطلَّعن وهُنَّ في هذه المحنة القاسية إلى أن ينهض حصن بن حذيفة سيَّدُ بني ذبيان، ويَخِفَّ معه ابن سيَّار لنجدتهنَّ، وفكِّ أسرهنّ.

وقد قضى النابغة حياته متفانياً في خدمة قومه، مدافعاً عنهم عند الملوك – نظراً لموقع قبيلته من ملوك غسَّان والحيرة – فكم مدح هؤلاء الملوك، واعتذر إليهم من أجل قبيلته، وكان فوق هذا محنَّكاً عالماً بخبايا الأمور، ومن يقرأ تلك الأبيات التي قالها يَنهى النعمان الغسانيَّ عن غزو بني حُنٍّ يجد مصداق ذلك، ولمَّا لم يستجب له النعمان أخبر قومه ليساعدوهم، وكان النصر حليفهم. يقول النّابغة:

لَقَـدْ قُلْتُ للنُّعْمـانِ يَـوْمَ لَقِيتُـهُ:

تَجَنَّـبْ بَنـي حُنٍّ بِبُرْقَـةِ صـادِرِ

تَجَنَّـبْ بَنـي حُنٍّ فـإنَّ لِقـاءَهُـمْ

كَرِيـهٌ وإنْ لَـمْ تَلْقَ إلَّا بِصـابِرِ

عِظـامُ اللِّهـى أَوْلادُ عُـذْرَةَ إنَّهُـمْ
لَهاميـمُ يَسْـتَلْهونَها بِالحَناجِرِ

وهمْ مَنَعوا وادي القُـرى مِنْ عَدُوِّهِمْ
بِجَمْعٍ مُبيرٍ للعَدُوِّ المُكاثِرِ [105]

لقد كان النابغة خبيراً بأمور السياسة، ساعده على ذلك قربه من الحكام، وقد استغلَّ ذلك لصالح قبيلته التي دأب على خدمتها، ومن ذلك أنّه عندما عرف بعزم النعمان على غزو بني حُنٍّ حاول أن يمنعه، وينهاه عن ذلك، فلمَّا لم ينته النعمان عن ذلك، وعرف النابغة أنّ هذا الغزو سيبوء بالفشل، أنبأ قومه بالخبر، ودعاهم إلى الاشتراك مع بني حُنٍّ في غزو النعمان، فانتصروا عليه، وشعر النابغة أن ذلك نصر لقومه، وأخذ بثأرهم في يوم ذي أُقُر.

قدَّم النابغة هذه الأخبار وتلك النصيحة وهو في بلاط النعمان، مضحِّياً بمصلحته الشخصيّة، بل ربما كان في ذلك حتفه في مواجهة ملك مستبدّ، فهو يريد لقومه الانتصار والبقاء، وإن تعرَّض هو للفناء. وقصَّة النابغة مع وعيد ملك المناذرة أبي قابوس مشهورةٌ، فلدى سماعه بهذا الخبر ارتعدت فرائصه، وراح يعتذر إلى الملك بقوله:

أُنْبِئْتُ أنَّ أبـا قابوسَ أَوْعَدَني
ولا قَـرارَ عَلى زَأْرٍ مِنَ الأَسَدِ

مَهْـلاً، فِـداءً لَـكَ الأَقْـوامُ كُلُّهُـمْ
ومـا أُثَمِّـرُ مِـنْ مـالٍ ومِـنْ وَلَـدِ

لا تَقْذِفنِّـي بِرُكْـنٍ لا كِفَـاءَ لَـهُ

وإِنْ تَأَثَّفَكَ الأَعْـداءُ بِالرَّفَدِ [106]

تكشف هذه الأبيات عن حالة رعبٍ مما تخبّئه له الأيام الآتية نتيجة تهديد الملك له، فكيف يقيم وهو يسمع زئير الأسد؟ ويتوسَّل البطل إلى الملك ألا يرميه في غياهب السجن، فهو أسمى من ذلك.

وبذلك يكون لشخصيّة الملك المتسلّطة أثرٌ في رسم الشخصيّات الدراميّة وتفاعلها مع العناصر الأخرى، وقد كانت هذه الشخصيّة صاحبة رهبة بما تحمله من سلطاتٍ كبيرةٍ وقدرةٍ على توجيه الأحداث إلى الوجهة التي تريدها.

# رابعاً: الشخصيّة المتمرّدة

<br>

## - الفرد في مواجهة الجماعة:

كان النظام القبليُّ دستور الصحراء، وكانت كلُّ قبيلةٍ بمنزلة دولةٍ مستقلّةٍ، لها كيانها الخاص، ولها وطنها الذي تحافظ عليه، وتدافع عنه وتحميه، وهذا الحمى كان حرماً للقبيلة، لا ينبغي أن يمسَّه أو يقترب منه غريبٌ، مثل حدود الدولة في عصرنا الحاضر، وكان الفرد يذوب في القبيلة، ويهبّ لنصرتها ظالماً أو مظلوماً، ويتحمَّل وزرها، وينعم بانتصاراتها، وقد كان التعصب للدَّم شديداً، لذلك كان على الفرد أن يقف إلى جانب أخيه في الأحوال جميعها.

وتظلُّ القبيلة متمسِّكةً بكلِّ فردٍ من أفرادها، تحافظ عليه وترعاه، ما دام يسير وفق قانونها، وحسب نصائحها، وإلا خلعته من جماعتها، ونفته من محلِّها، «فالبناء الاجتماعيُّ للقبيلة كان يقوم على قسمها إلى طبقتين أساسيتين: طبقة السادة وطبقة العبيد، وهناك طبقةٌ ثالثةٌ هي طبقة الموالي: فكانت تتألّف من العتقاء، ومن الأفراد اللاجئين طلباً للحماية، وكان في وسع هذه الطبقة أن يرحل أفرادها عن القبيلة إن

أرادوا، فالقبيلة لا تفرض عليهم الإقامة، ولكنّهم هم الذين ارتضوها، وليس الأمر كذلك بالنسبة للعبيد»[107].

ولعلَّ ما حصل مع طرفة بن العبد أدَّى به إلى مواجهةٍ مع قبيلته، نتيجةً لما كان يقوم به من أفعالٍ لا تتفق معها، وقد دافع عن موقفه الذي تحدَّى فيه القبيلة بأعرافها وتقاليدها، ويجادل لائمه في ذلك، موقناً أنَّ الموقف في النهاية سينتهي لصالحه، من خلال لغة التحدّي والإصرار التي برزت في حواره، يقول:

وَمـا زالَ تَشْـرابي الخُمـورَ ولَذَّتـي

وبَيْعـي وإنْفاقـي طَريفـي ومُتْلَـدي

إلـى أنْ تَحامَتْنـي العَشـيرةُ كلُّها

وأُفـرِدْتُ إفـرادَ البَعيـرِ المُعبَّـد

ألا أَيُّهـذا الزّاجـري أَحْضُـرَ الوَغـى

وأَنْ أَشْـهَدَ اللَّذاتِ هلْ أنْـتَ مُخْلِدي؟

فـإنْ كُنْـتَ لا تَسْـطيعُ دَفْـعَ مَنِيَّتـي

فدَعنـي أُبادِرْها بما مَلَكـتْ يدي[108]

إنَّه يعلن من خلال هذا الحوار الذي أجراه مع لائمه عن فلسفته، فلسفة اللذة التي يحقق ذاته بها، ويثبت وجوده، لأنَّ الموت آتٍ لا محالةٌ، فهو الحقيقة التي روّعت ضميره، والانتصار عليه إنّما يكون بإنفاق ماله قبل أن يتفلَّت العمر من بين يديه. والاستفهام في قوله:

«هل أنت مخلدي؟» يتضمَّن معنى النفي، لأنَّ الذي يجادله في شهوده المعارك خوفاً على حياته، ويلومه على انصرافه إلى اللذات خوفاً على ماله، لا يستطيع أن يخلِّده إن انتهى عنهما، فلا يبقى أمام محاوره إلا التسليم بوجهة نظره، إذ الموت لا يردُّه أحد. وبذلك تكون قد سحبت منه جنسيَّته، فما عليه إلا البحث عن مكانٍ يأويه أو جماعةٍ تنزله معها.

وكان طرفة صغيراً، إذ تُوُفِّيَ أبوه تاركاً أرملةً بعيدةً عن أهلها، وأيتاماً صغاراً، فهو يتكلَّف القيام بحقِّ أمِّه وَرْدَةَ وإخوته الصغار، بعد أن رفض أعمامه أن يعطوه حقَّه في مال أبيه، وظلموه حقَّ أمِّه[109]. وكان لذلك أمرٌ شديدٌ في نفسيَّته، وهو ما اضطرَّه إلى أن يواجههم، ويطالب بحقِّه، وأن يدفع عن نفسه وعن أمِّه الظلم الذي لحق بهما. وربَّما كان ذلك الموقف سبباً في تفجُّر الشعر على لسانه في باكورة حياته، وأعتقد أن تجربته كانت أكبر من سنِّه، كما حدَّدت ذلك رؤيته في الحياة، وطريقة تعامله معها، وتحديد اتجاهاته في نظرته إليها، وأولى جولاته في المواجهة كانت في معاتبته أعمامه على ظلمه له ولأمه، مشيراً إلى ضياع حقِّه، فيقول:

مــا تَنظُـرونَ بحَـقِّ وَرْدَةَ فيكُـمُ

صَغُرَ البَنونَ ورَهْطُ وَرْدَةَ غُيَّبُ

قَـدْ يَبْعَثُ الأمـرَ العَظيـمَ صَغيرُهُ

حتَّى تظلَّ لـه الدِّمـاءُ تصبَّبُ

والظُّلـمُ فَـرَّقَ بَيـنَ حَيَّـي وائِـلٍ

بكْـرٌ تُسـاقيها المَنايـا تَغْـلِبُ

قَـدْ يــوردُ الظُّلْـمُ المُبَيَّـنُ آجِنـاً
مِلْحـاً يُخَالِـطُ بالذُّعافِ ويُقْشَبُ

والصِّـدْقُ يَألَفُهُ اللَّبيـبُ المُرتَجى
والكِـذْبُ يَألَفُهُ الدَّنِيُّ الأَخْيَبُ

أَدُّوا الحُقـوقَ تَفِرْ لَكُـمْ أَعْراضُكُم
إنَّ الكريمَ إذا يُحَرَّبُ يَغضَبُ [110]

يبدو الشاعر في هذه الأبيات مهدِّداً أعمامه لظلمهم وعدوانهم، مؤكِّداً أنَّ عاقبة العدوان والخذلان وخيمةٌ، كما أنَّ مصرع الظالم وخيمٌ أيضاً، وأنَّ الأمر وإن صَغُرَ لهو قادرٌ على بعث ما هو عظيمٌ، وإنَّ الظلمَ مهما يطل فإنَّ له نتائج سيِّئة. وبعد هذا التحذير يبيِّن طرفة ما للظلم من أثرٍ بالغٍ في التفريق بين الأهل والأقربين، وما له من أثرٍ في إذكاء نار الحرب والانتقام، وإن طال الزمن فلا بدَّ للمظلوم من أن يثأر لنفسه، ويرفع الظلم عنه باليد واللسان، خصوصاً إذا كان المظلوم من الكرام الأباة الذين إذا ما أوذوا فإنهم لا يصبرون على الأذاة، وإذا ظُلموا لا يطيقون الظلم، ولربَّما أدّى الظلم إلى ما لا تُحمد عقباه، وذلك لأن الظلم يجرُّ إلى ظلمٍ مثلِه، والظلم هو الذي تسبَّب بحرب البسوس بين كلٍّ من بكر وتغلب، هذه الحرب التي استمرَّت أربعين عاماً.

وينهي طرفة هذا المشهد بتوجيه اللَّوم إلى أعمامه الذين غصبوا أمَّه حقَّها، لا بل إنَّه على الرغم من الأسى الذي حلَّ به، وشدَّة معاناته

ومقاساته، ينصح هؤلاء بأداء الحقِّ، لأنَّ في هذا توفيراً للأعراض، وصوناً للحرمات، وإنَّ للظلم حدوداً، وللظالم والمظلوم مثلها، فكيف إذا كان هذا المظلوم – يعني نفسه – هو الكريم الذي يأبى أن يتجرَّع كؤوس الذلِّ والهوان المتسبب عن ظلم الظالمين.

لم يقدِّم طرفة في هذا المقطع مشهداً دراميّاً بقدر ما قدَّم سرداً للأحداث التي حصلت معه. وكان طرفة فقيراً بعد أن ضاع حقُّ أمِّه، وبعد أن ظلمه أعمامه، ولم يأخذ حقَّه في ميراث أبيه، فعمل في رعي الإبل، ولكنَّه كان يتلهَّى عنها بقول الشعر، فيعاتبه أخوه مَعْبَد: لمَ لا تسرح بإبلك؟ فهل تعتقد أنَّها إن أخذت يردُّها شعرك هذا؟ فأجابه طرفة بحِدَّةٍ: إنِّي لا أخرج فيها حتى تعلم أنَّ شعري سيردُّها إن أُخِذت. فتركها، وأخذها ناسٌ من مضر [111]. فادَّعى جوار عمرو بن هند، ويقول طرفة في ذلك:

لَعَمْـرُكَ مـا كانَـتْ حَمولَـةُ مَعْبَـدِ

على جُدِّهـا حرْبـاً لدِينِكَ مـن مُضَـرْ

رَأى منظـراً مِنْها بِـوادِي تَبالَـةٍ

فظلَّ عَلَيـهِ الـزَّادُ كالمَقْـرِ أو أَمَـرْ

أقامَـتْ على الـزَّوراءِ يومـاً وليلَةً

تعاوَرُهـا الأرواحُ بالسَّـقيِ والمَطَـرْ

وكانَ لها جـارانِ قابـوسُ منهمـا

حِذاراً ولَمْ أَسْـتَرْعِها الشَّمسَ والقَمَرْ

117

وعَمْرُو بْنُ هِنْدٍ كانَ مِمَّـن كانَ أجارها

وبَعْـضُ الجِوارِ المُستغاثِ بِـهِ غَرَرْ

فمَـنْ كانَ ذا جارٍ يُخافُ جِوارُهُ

فجارايَ أوْفى ذِمَّـةً وهُمـا أَبَـرّْ

أعمـرَو بنَ هندٍ ما تـرى رأيَ صِرْمَةٍ

لها شَنَبٌ ترعى بهِ الماءَ والشَّجرْ(112)

إنَّ تجربة الشاعر مع ابن عمِّه تعكس إحساسه الشديد بالظلم الذي وقع عليه، وربَّما كان طرفة مهملاً إلى الحدِّ الذي جعل جماعة من مضر يتجرؤون على أخذها. فرَعْيُ الإبل أصلاً لم يكن من مهامّ طرفة في القبيلة، ولذلك كان يجد ذلك حملاً ثقيلاً عليه، ومع كلّ ذلك بدأ طرفة يتودَّد إلى ابن عمِّه ويتقرَّب إليه، ولكن دون فائدة، فابن عمِّه جعله ييأس من الخير، بل من كلِّ الخير في حياته، وهو لا يدري سبب هذه المعاملة القاسية. ويسهم شعر طرفة في تسجيل ذلك الموقف الحيِّ بين الشاعر وبين ابن عمِّه، ويشير إليه في أبياتٍ جاءت في ثنايا معلَّقته، فقال:

فمـا لي أرانـي وابنَ عَمِّـيَ مالكاً

مَتى أدْنُ منهُ يَنْأَ عَنِّي ويَبْعُد

يَلـومُ وما أدْري عَـلامَ يَلومُنـي

كَما لامَنِي في الحَيِّ قُرْطُ بنُ أَعْبَد

وَأَيْأَسَـنِي مِـنْ كلِّ خيـرٍ طلبتُـهُ

كَأنَّـا وَضَعْنـاهُ إلـى رمْـسِ مُلْحِدِ

عَلى غَيرِ شَـيْءٍ قُلْتُـهُ غَيْرَ أنَّني

نَشَدْتُ فلَمْ أُغْفِلْ حَمولَةَ مَعْبَدِ

وقَرَّبْـتُ بالقُربـى وجَـدِّكَ إنَّنـي

مَتى يَـكُ عَـهْدٌ للنكيثَةِ أشهَدِ

وإنْ أُدْعَ للجُلَّـى أكُـنْ مِنْ حُماتِها

وإن تَـأْتِكَ الأَعْداءُ بالجَهْدِ أجْهَدِ

وإنْ يقْذِفوا بالقِذْعِ عِرْضَكَ أسقِهِم

بِشِرب حِياضِ المَوتِ قَبلَ التَّهدُّدِ

بِـلا حَـدَثٍ أحدَثْتُـهُ وكَمُحْـدِثٍ

هِجائي وقَذْفي بالشَّكاةِ ومُطْرِدي

فلَـوْ كان مَـولايَ امْرأً هُـوَ غَيْرُهُ

لَفَرَّجَ كَرْبي أو لأَنْظَرَني غَدي

ولكـنَّ مَولايَ امرؤٌ هُـوَ خانقِي

على الشُّكْرِ والتَّسآلِ أو أنا مُفْتَدِ <sup>(113)</sup>

حاول طرفة جاهداً أن يتقرَّب من ابن عمِّه دون جدوى، واستمرَّ

مالكٌ في تجاهله إلى الحدِّ الذي جعل طرفة يائساً من كلِّ الخير في حياته، وهو لا يدري سبب هذه المعاملة السيّئة.

إنّ تجربة الشاعر في جفوة قومه له، وما لقيه من ابن عمِّه، جعلاه يروي آلامه، ويشكو الجحود والنكران بلغةٍ عاطفيَّة، في الوقت الذي يؤكّد شهامته وتبنِّيه لشرف قومه، ودفاعه عنهم حين الملمَّات باللِّسان والسيف معاً. إنَّ ما يثير دهشةَ طرفة وتعجُّبه هو هجران ابن عمِّه له مع تقرّبه منه، ولا يدري السبب الذي يدعو ابن عمِّه إلى لومه وتأنيبه، ويذكره بلوم قُرْطِ بن أَعْبَد، وجعله يشعر باليأس من كلِّ خيرٍ يرجوه من ابن عمِّه مالك، فكأنَّ الأمل مات، ودفن في قبره.

إنّ مالكاً يلوم طرفة على غير شيءٍ قاله، أو على غير جنايةٍ ارتكبها، فقد كان يبحث عن إبل أخيه، ولم يتركها، ولذلك يريد أن ينتقم من طرفة ويلومه على تقصيره، ومع ذلك فإنَّ طرفة متمسِّكٌ بقرابته من ابن عمِّه مالك، وهو يحاول أن يبذل أقصى جهده حين تلمّ بقومه الملمَّات، على الرغم من حالة المواجهة التي فرضها ابن عمِّه.

ويعود طرفة بعدَ أن يفخر بقومه وبأسه ودفاعه عنهم إلى حديثه عن ابن عمِّه مالكٍ الذي جفاه وطرده، من غير أن يقع منه ما يوجب العقاب، ولو كان ابن عمِّه غير مالك لفرَّج كربته، أو لأمهله زمناً، ولم يعاقبه ويلوم مالكٌ طرفةَ على شكره الناس.

ويختتم طرفة تصويره للظُّلم الذي وقع عليه من ابن عمِّه بكلمة ذهبت مثلاً في المواقف التي تستدعي قولها، فيقول:

وَظُلْمُ ذَوي القُرْبى أَشَـدُّ مَضاضَةً

على النَّفسِ من وقعِ الحُسامِ المُهَنَّدِ

فذَرْنـي وعِرضِـي إنَّني لكَ شَــاكِرٌ

ولو حَلَّ بَيْتي نائياً عندَ ضَرْغَدِ [114]

يطلبُ طرفة من ابن عمِّه ألّا يقذفه بالقبيح، ولن يقابله طرفة إلّا بالشكر، ولو كان عنه نائياً في مكانٍ بعيد، فظلمُ الأقارب والأحبّة أشدُّ تأثيراً في النفس من ضرب السيوف القاطعة، وهذا الموقف الشعريّ يؤكِّد إحساس طرفة بالظلم، وإحساسه أيضاً باليأس، وربَّما كان ذلك سبباً في اندفاعه وراء الملذّات في حياته.

وتظهر الحقيقة جليَّةً أمام طرفة، ويعلمُ أنَّ فقره أو قلَّة المالِ بين يديه، السبب في إحجام الآخرين عنه في حالة المواجهة التي فرضت عليه. ويذكر طرفة في هذا المشهد شخصيَّتين عُرفتا بكثرة المال:

فَلَوْ شَــاءَ ربِّي كُنتُ قَيْسَ بْنَ خالِدٍ

ولَوْ شاءَ ربِّي كُنتُ عَمْرو بْنَ مَرْثَدِ

فأَصْبَحْـت ذا مَــالٍ كَثيـرٍ وعادَني

بَــنونَ كِــرامٌ سَــادةٌ لِـمُسَــوَّدِ

أَنا الرَّجُلُ الضَّـرْبُ الَّذي تَعْرفونَهُ

خُشاشاً كَرَأسِ الحَيَّةِ المُتوقِّدِ [115]

وعمرو بن مرثد هذا ابن عمِّ طرفة، وتظهر الروايات هنا لتؤدي دورها مستغلَّةً قول طرفة، قال أبو عبيدة: فقال عمرو بن مَرْثدٍ لَمَّا سمع قول طرفة: ابعثوا إليَّ بطرفة فليأتني، فأتاه، فقال له: أمَّا الولد فالله يعطيكه، وأمَّا المال فلا تبرح حتى تكون أوسطنا مالاً. ثم أمر بنيه، وهم سبعةٌ، أن يعطوه من الإبل حتَّى أعطاه بنو عمروٍ سبعين بعيراً. ثم قال لثلاثة من بني أبنائه: أعطوه عشراً عشراً، فأعطوه ثلاثين بعيراً. فبنو الأبناء الذين أعطوا طرفة يفخر أبناؤهم على سائر بني الأبناء الذين لم يعطوا طرفة، يقولون: جعلنا جدُّنا مثل بنيه<sup>(116)</sup>.

عاش طرفة متمرِّداً على مجتمعه، منغمساً في ملذات الحياة، «ومن أبرز قسمات شخصيّة الشاعر طرفة بن العبد انغماسه في الملذات، وإسرافه على نفسه، وتهالكه في الشرب والاستماع إلى الغناء، وبدا وكأنَّه شابٌّ طائشٌ لا يتحمّل أيّ مسؤوليّة، ولكنَّ الظروف المحيطة به، هي التي دفعته إلى ذلك، وجعلتهُ يسلك هذا المسلك»<sup>(117)</sup>. فإنَّ اليتم الذي مُنِيَ به في مقتبل العمر، وحرمانه من السند الذي يقوي ظهره وهو الأب، والظلم الذي وقع عليه، وعلى أمِّه وَرْدَةَ من أعمامه حين أخذوا حقَّه وحقَّها، والظلم الذي شعر به من ابن عمِّه مالك، وتخاذله عن مساعدته، إلى أن يئس من الخير الذي ينتظره على يديه. كلُّ ذلك أسهم في أن يبحث عن شيء ينسيه همومه، ويجعله لا يفكر في ظلم أقاربه أو أبناء عمومته.

وقد ترتّب على إسرافه في ملذّاته إنفاقه كلّ ماله، وتجنُّب قومه له حتَّى عدُّوه كالبعير الأجرب، وهو لا يؤكِّد اعترافه بالانغماس في الملذّات فحسب، بل نجده يدعو إليها دعوةً صريحةً، ويجعل من

الملذّات والاستمتاع بالحياة طريقته وفلسفته، كما يعترف بما ترتَّب على ذلك من مواجهته لعشيرته، وتمرُّده عليها. وهو في النهاية «شابٌّ قلقٌ في حياته، متشائمٌ منها، شاكٌّ فيها، يدفعه قلقه وتشاؤمه وشكُّه إلى الإقبال على الحياة ليستمتع بها قبل أن يدركه أجله المحتوم الذي لا يدري ما وراءه، ولا يعلم عنه شيئاً، إنَّه يقبلُ عليها لأنَّه غير مطمئنٍّ إليها، ولأنَّه يعرف أنَّها فترة سيقضيها ثمَّ تنقضي، ولن يستطيع أحدٌ أن يخلِّده، أو أن يدفع عنه منيَّته، وهو لهذا يقبل على الحياة، بل يبادرها بكلِّ ما ملكت يداه»<sup>(118)</sup>.

وتظهر تجربة طرفة أنَّ الحياة داخل القبيلة العربيَّة لم تكن في حالةٍ من الهدوء الكامل، بل كان هناك مجالٌ للتوتُّر بين الفرد والقبيلة لا يمكن إنكاره، ولم يكن سبب هذا التوتر – في كل الأحوال – جنوح بعض الأفراد أو خروجهم على العرف والتقاليد التي تنتهجها القبيلة، بل أحياناً ما تكون القبيلة هي البادئة بخلق هذا التوتر، وذلك عندما تتخلَّى عن أحد أفرادها في وقتٍ يكون فيه في حاجة ماسَّة إلى وقوفها بجواره، كما حدث للشاعر (صريم بن معشر بن واصل التغلبيّ) الملقَّب بـ(أُفنون)، فقد سأل الشاعر قومه (أباعرَ) فخيَّبوا أمله فيها – على الرغم من كثرتها المهولة لديهم – كما يقول في شعره، ولم يتحمَّلوا عنه دِيَات مَنْ قتل، في الوقت الذي استجابت فيه القبيلة لرجل آخر لا يمتُّ إلى القبيلة بصلة، وأعدوا له ما طلب من (أباعر)، ولم يحجبوها عنه. فكانت قصيدته تكشف لنا عن موقف القبيلة من الشاعر وخداعها له، وموقفه هو منها، وتضحيته في سبيلها، هذه التضحية التي ما كان يجب أن تقابل بمثل هذا الصنيع. يقول الشاعر:

أَبْلِغْ حَبِيباً وخِلِّ فِي سَراتِهِمُ

أنَّ الفُؤادَ انْطَوى مِنْهُمْ عَلى حَزَنِ

قَدْ كُنْتُ أَسْبِقُ مَنْ جارَوْا عَلى مَهَلٍ

مِنْ وُلْدِ آدَمَ مـا لَـمْ يَخْلَعوا رَسَني

فَالـوا عَلـيَّ ولَـمْ أَمْلِكْ فَيالَتَهُمْ

حتَّى انتحيْتُ عَلى الأَرْساغِ والثُّنَنِ

لَوْ أَنَّنـي كُنْـتُ مِنْ عـادٍ ومِـنْ إِرَمٍ

رُبِّيـتُ فيهـم ولُقْمـانٍ ومِـنْ جَدَنِ

لمَّـا فَـدَوا بأَخيهِمْ مِـنْ مُهَوَّلَةٍ

أخا السُّكونِ ولا جاروا على السُّنَنِ

سَـأَلْتُ قَوْمـي وقَـدْ سَدَّتْ أَباعِرَهُمُ

ما بيـنَ رُحْبَـةِ ذاتِ العِيصِ والعَدَنِ

إذ قرَّبـوا لابنِ سوَّارٍ أَباعِرَهُمُ

لله دَرُّ عطـاءٍ كـانَ ذا غَبَنِ

أنَّـى جزَوْا عامـراً سَوأَى بفِعْلِهِمُ

أَمْ كَيْـفَ يَجْزونَني السَّوأَى مِـنَ

أَمْ كَيْـفَ يَنْفَـعُ مـا تُعطي العَلْـوقُ بِه

الحَسَنِ رِئْمانَ أَنْفٍ إذا ما ضُنَّ باللَّبَنِ <sup>(119)</sup>

الشخصيّة الرئيسة في هذا النصّ هي شخصيَّة الشاعر الذي دان قبيلته، واتهمها بالخروج على التقاليد المرعيّة، والجور على السنن المتّبعة في مثل هذه المواقف، فقد وجَّه خطابه إلى خيارهم معلناً حزنه جرَّاء ما لقيه منهم، فقد كان يسبق من جاراهم، ففاخرهم وفاخروه، ومن طلب مغالبتهم غلبه، ولأنهم أهملوه وتخلوا عنه، وقد أخطؤوا الرأي فيه، اضطرّ إلى أن يقصد أراذل الناس، وكانت حاله في قومه لا تختلف عن حال أسيرهم الذي تبرّأت منه قبيلته.

طلب الشاعر من قومه المساعدة، ولكنَّهم رفضوا ذلك مع أنهم أغنياء، ولم يكتفوا بذلك، وإنَّما قدّموا المساعدة لابن سوّار، وهي الشخصيّة الثانويّة في النصّ، ولم يجد الشاعر إلا التّهكّم والسخرية سبيلاً للرّد عليهم. ويعجب الشاعر من صنيع قومه الذين عاملوا بني عامر بن صعصعة بالسوء مقابل جميل فعلهم. ويتّهم الشاعر قبيلته في نهاية النصّ بالخداع، وذلك عندما يتوقف منها العطاء على مجرّد الكلام الذي لا يخرج على مستوى الفعل، كالناقة التي تحجب ولدها عمّا في ضرعها من لبن، وتكتفي بعاطفةٍ تفتقر إلى أي عطاءٍ حقيقيٍّ.

وربَّما أخذت حادثة أفنون مع قبيلته مساراً هادئاً بعض الشيء، انتهى بهذه القصيدة الدراميّة المعاتبة، ولكن – أحياناً – تأخذ القبيلة موقفاً أكثر حدَّةً في مواجهة أفرادها في حالة خروجهم عليها، متمثّلاً فيما يسمّى بالخلع، والخلع هو الجزاء الذي تفرضه القبيلة على أحد أفرادها كنوع من العقاب، كموقف قبيلة (خزاعة) مثلاً من قيس بن الحُدَادِيَّة، فصاحب (الأغاني) يقول في خبره: «شاعرٌ من شعراء الجاهليَّة، وكان فاتكاً شجاعاً صعلوكاً خليعاً، خلعته خزاعة بسوق

عكاظ، وأشهدت على نفسها بخلعها إيّاه، فلا تحتمل جريرة له، ولا تطالب بجريرة يجرّها أحد عليه»[120].

وقبيلة (خزاعة) أخذت في تصعيد موقفها من الشاعر حتى انتهى إلى الإعلان عن ذلك في موقفٍ عامّ، وربّما كانت القبيلة محقَّةً في موقفها هذا، فالشاعر وبعض أفراد أسرته، كانوا قد قتلوا أحد أفراد القبيلة، وعجزوا عن دفع الدِّيَة الواجبة في مثل هذه المقام. ولكنَّ القبيلة وهي تتخذ مثل هذا الإجراء التأديبيّ كانت تقذف بمثل هؤلاء المتمرّدين في خضمّ معتركٍ من الحياة عنيفٍ، وقد يتّفق مع طبيعتهم الثائرة المتمرّدة[121]. ولكنَّه لا يحول بينهم وبين الإحساس الدائم بالضياع والتمرُّد على واقعهم القبلي، والشعور بالاغتراب عنه، فلم تعد تنفع الشاعرَ أيّة وسيلة للعودة إلى رحاب القبيلة واحداً من أفرادها بما لهم من حقوق، وما عليهم من واجبات. يقول قيس بن الحُدَاديَّة:

سَـقى الله أطـلالاً بنُعْـمٍ ترادَفتْ

بهِـنَّ النَّـوى حَتّـى حَلَلْـنَ المَطالـيا

فـإنْ كانتِ الأيّـامُ يـا أُمَّ مالِكٍ

تُسَـلِّيكُمْ عنّـي وتُرضِـي الأَعادِيـا

فـلا يأْمَنَـنْ بَعْـدي امرُؤٌ فَجَعَ لـذَّةٍ

مِنَ العَيْـشِ أو فَجَعَ الخُطوبِ العوافِيا

وبُدِّلْـتِ مِـنْ جَـدواكِ يـا أُمَّ مالِـكٍ

طـوارقَ هَـمٍّ يَخْتَضِـرْنَ وِسـادِيا

وَأَصبَحتُ بَعْدَ الأَنْسِ لابِسَ جُبَّةٍ

أُســاقي الكُمــاةَ الدَّارعيــنَ العَواليــا


فَيَوْمــاي يــومٌ في الحَديــدِ مُسَربَلاً

ويومــاً مَــعَ البيــضِ الأوانِــسِ لاهياً


فَــلا مُــدركاً حَظّــاً لــدى أمِّ مالِــكٍ

ولا مُسْتَريحاً في الحَياةِ فقاضياً[122]


فالشاعر لم تعد حياته كما كانت في حضن القبيلة وحمايتها، بعد أن حُرم من هذه الحماية التي تعطيه الأمن والطمأنينة، وبعد أن تحوَّل الحبّ، وما يعطيه من بهجةٍ وإيناس في حياته إلى هموم تعتاده في غربته وضياعه اللّذين فُرضا عليه.

تحوَّلت حياة الشاعر إلى صراعٍ دائمٍ مع الفوارس والأبطال من أجل البقاء حيناً، وإلى لهوٍ لا جدوى من ورائه ولا إشباع حيناً آخر، ولم تقف مأساة الشاعر عند خلع قبيلته له — مع ما في هذا الخلع من مأساة — ، بل تخطَّت المأساة حدود الخلع إلى رحيل أمِّ مالك التي يحدِّثنا عنها الشاعر فيمن رحل إلى مصر والشام بحثاً عن الحياة لأنهم أجدبوا، كما في رواية (الأغاني)[123]. ومن هنا كان الأنين الذي يشيع في قصيدته بعد أن اختلطت لديه مشاعر التمرُّد والضياع، لتخلِّي قبيلته عنه وخلعها إيَّاه، مع رحيل المحبوبة التي كانت تمثّل له حالة الأمان والطمأنينة.

كانت شخصيَّة أمِّ مالك تمثّل آخر الصلات بينه وبين قبيلته، أو بينه وبين الحياة ذاتها، يقول:

خَليلَـيَّ إن دارتْ علــى أُمِّ مالـكٍ

صروفُ الليّالي فابعثا ليَ ناعِيا

ولا تَترُكَانـي لا لِخيـرٍ مُعَجَّـلٍ

ولا لِبقاءٍ تَنْظُران بَقائيا

وإنَّ الَّـذي أَمَّلْـتُ مِـنْ أُمِّ مالـكٍ

أَشـابَ قَذالي واسْتَهامَ فُؤاديا

فَلَيْـتَ المَنايَـا صَبَّحَتْنـي غُدَيَّـةً

بِذَبحٍ ولَمْ أَسْمَعْ لِبَيْنٍ مُناديا[124]

وتأتي نهاية الشاعر خاتمة طبيعيَّة لكلِّ حياة ثائرة متمرِّدة، ونهاية لكلِّ خليع: القتل وحيداً بلا عونٍ من أخٍ أو قبيلةٍ، فلم تكن الشخصيّة المتمرِّدة مقبولةً في الوسط الاجتماعيّ القبليّ بغضّ النظر عن الأسباب التي دفعتها إلى هذا التمرّد، فكان صراعها مع الوسط المحيط واضحاً في كلّ تصرفاتها؛ لأنّ الشاعر المتمرّد هو بطل القصّة، وهو من كان يسير بها وفقاً لما يريد، ويضع الحلّ الذي يكون منسجماً مع إرادته.

**هوامش الفصل الأول:**

1 – انظر: حمادة، د. إبراهيم (د. ت)، معجم المصطلحات الدراميّة والمسرحيّة، دار المعارف بمصر: ص 113. وانظر: نصار، محمد – وكوفي، قاسم (2007م)، تذوق الفنون الدراميَّة، عالم الكتب الحديث للنشر والتوزيع، إربد، الأردن، الطبعة الأولى، ص 235.

2 – مينو، محمد محيي الدين (2012م)، معجم النقد الأدبي الحديث، إصدارات دائرة الثقافة في الشارقة، ص 140.

3 – أرسطوطاليس (1959م)، فن الشعر، ترجمة د. عبد الرحمن بدوي، مكتبة النهضة المصريّة، القاهرة، ص 18.

4 – عيسى، محمود محمد (1958م)، التوظيف الدرامي في الشعر الحر، رسالة دكتوراه، جامعة عين شمس، ص 6.

5 – حسيب، د. عماد (2011م)، البناء الدرامي في الشعر العربي القديم، شمس للنشر والإعلام، القاهرة، الطبعة الأولى، ص 24.

6 – إسماعيل، د. عز الدين (د.ت)، الشعر العربي المعاصر؛ قضاياه وظواهره الفنية والمعنوية، دار العودة، بيروت، الطبعة الخامسة، ص 279.

7 – المرجع السابق: ص 284.

8 – المرجع السابق: ص 278.

9 – المرجع السابق: ص 281.

10 – انظر: النصري، فتحي (2006م)، السرديَّ في الشعر العربي الحديث؛ في شعرية القصيدة السرديَّة، الشركة التونسيَّة للنشر، الطبعة الأولى، ص 61.

11 – انظر: ضيف، د. شوقي (1961م)، الأدب العربي المعاصر، دار المعارف بمصر، الطبعة الثانية، ص 59.

12 – كليب، د. سعد الدين (1997م)، وعي الحداثة: دراسات جماليَّة في الحداثة الشعريَّة، منشورات اتحاد الكتاب العرب، دمشق، ص 44.

13 – الخياط، د. جلال (1982م)، الأصول الدراميّة للشعر العربي، دار الرشيد بغداد، الطبعة الأولى، ص 57.

14 – شرارة، حياة (1979م)، بيلنسكي والأجناس الأدبية، مجلة الثقافة، بغداد، العدد 11 – 12، ص 90.

15 – انظر: الطاهر، جواد علي (1963م)، مقدمة في النقد الأدبي، المؤسسة العربية للدراسات والنشر، بيروت، الطبعة الثانية، ص 55 وما بعدها.

16 – اسليم، د. فاروق (1998م)، الانتماء في الشعر الجاهلي، منشورات اتحاد الكتاب العرب، دمشق، ص 221.

17 – انظر: مريدن، د. عزيزة (1984م)، القصة الشعريَّة في العصر الحديث، دار الفكر، دمشق، الطبعة الأولى، الباب الأول (القصة في الشعر العربي القديم)، ص 27 – 50.

18 – المرجع السابق: ص 31.

19 – انظر: الخياط، د. جلال (1982م)، الأصول الدراميَّة في الشعر العربي، دار الحرية، بغداد، الطبعة الأولى، ص 57 – 83.

20 – ابن رشيق القيرواني (2000م)، العمدة في صناعة الشِّعر ونقده، تحقيق: د. النَّبوي عبد الواحد شعلان، مكتبة الخانجي، القاهرة، الطبعة الأولى، الجزء الأول، ص 419 – 420. وعرَّف ابن رشيق التضمين في موطنٍ سابقٍ بقوله: «والتضمين أن تتعلق القافيةُ أو لفظةٌ مما قبلها بما بعدها». الجزء الأول، ص 273.

21 – ابن الشيخ، جمال الدين (1996م)، الشعريَّة العربية، ترجمة: مبارك حنون، محمد الولي، محمد أوراغ، دار توبقال للنشر، المغرب، ص 189.

22 – ابن طباطبا، محمد أحمد العلوي (2005م)، عيار الشعر، تحقيق: د. عبد العزيز ناصر المانع، اتّحاد الكتّاب العرب، دمشق: ص 72 – 73.

23 – المصدر السابق: ص 60.

24 – السيد، السيد محمد علي (1993م)، النزعة الدراميَّة في الشعر العربي المعاصر، كلية دار العلوم، القاهرة.

25 – غيث، محمد عمر صديق (1994م)، البناء الدرامي في شعر لبيد بن ربيعة العامري، المكتبة الإفريقية.

26 – العجان، أمجد لطفي (2012م)، البناء الدرامي في الشـــعر الجاهليّ – شـــعر امرئ القيس نموذجاً، رسالة ماجستير أجازتها جامعة عين شمس، القاهرة.

27 – سرسك، د. فريد شوقي (2015م)، الملاحم الدراميّة في شعر أيام العرب، دار المستشارون للنشر والتوزيع، عمَّان، الأردن.

28 – البدراني، محمد جواد حبيب. عمر، عبد الغفار عبد المجيد (2016م)، وهج الدراما الشـــعريَّة: مقاربة نقديَّة في شـــعر علي جعفر العلاق، دار مجدلاوي للنشر والتوزيع، عمَّان، الأردن، الطبعة الأولى، ص 138.

29 – ابن تميم، علي (2003م)، السرد والظاهرة الدراميَّة، المركز الثقافي العربي بالمغرب، الطبعة الأولى، ص 124.

30 – نظرية الدراما من أرسطو إلى الآن: ص 72.

31 – هوتمن، فريدرك (1961م)، القصة الحديثة في أمريكا، ت: حكيم عباس، دار الثقافة، بيروت، ص 30.

32 – انظـــر: بوتـــور، ميشـــال (1982م)، بحوث فـــي الرواية الجديـــدة، ت: فريد أنطونيوس، دار عويدات، بيروت، الطبعة الثانية، ص 104.

33 – ديـــوان عنتـــرة بـــن شـــداد (1970م)، تحقيق محمد ســـعيد مولـــوي، المكتب الإسلامي، دمشق، الطبعة الأولى، ص 216.

34 – المصدر السابق: ص 219.

35 – حنفي، ســـيد (1960م)، الفروسيّة العربيّة في العصر الجاهلي، دار المعارف بمصر: ص 12 – 13.

36 – المرعـــي، د. فؤاد (1989م)، الوعي الجمالي عند العرب قبل الإســـلام، دار الأبجدية للنشر، دمشق، الطبعة الأولى، ص 43.

37 – ديوان عنترة: ص 256.

38 – شـــعر عمـــرو بن معدي كـــرب الزبيدي (1985م)، جمعه ونسّـــقه: مطاع الطرابيشي، مطبوعات مجمع اللغة العربيّة بدمشق، الطبعة الثانية، ص 110.

39 – انظر: المرعي، د. فؤاد: الوعي الجمالي عند العرب قبل الإسلام، ص 44.

40 – ديوان عنترة بن شداد: ص 253 – 254.

المبتذل: الذي يبذل نفسه في الحرب والأسفار.

العاري: القليل اللحم.

الأشاجع: جمع أشجع، وهو العظم الذي يصل الإصبع بالرسغ.

عاري الأشاجع: أي قليل اللحم أو ظاهرٌ عصبها.

الشاحب: المتغيِّر.

المنصل: السيف.

المنهج: البالي.

لم يترجَّل: أي ترك شعره دون عناية.

مغاور: ذو غارات.

طال ما لبس الحديد: طالت مباشرته للحرب.

تحفل: تهتم.

الطلق: الذي يطلق يديه بالمعروف.

الشمردل: الطويل.

41 – انظر: حنفي، سيد: الفروسيّة العربيّة في العصر الجاهليّ، ص 35.

42 – ديوان عنترة بن شداد: ص 205 – 207.

تغدفي: ترسلي.

طَبٌّ: رفيق.

المستلئم: المتسلّح.

43 – ديوان عنترة بن شداد: ص 251 – 252.

44 – ديوان طرفة بن العبد (1975م)، شرح الأعلم الشنتمري، تحقيق: دريّة الخطيب ولطفي الصّقّال، مطبوعات مجمع اللغة العربيّة بدمشق، ص 31 – 32.

45 – ديوان عروة بن الورد (1995م)، صنعة ابن السكيت، تحقيق: د. محمد فؤاد نعناع، مكتبة الخانجي بالقاهرة، الطبعة الأولى، ص 68 – 69. جسمه: طعامه. الماء القراح: الذي لا يخلطه لبن ولا غيره. الماء بارد: أي في الشتاء، فذلك أشدُّ.

46 – المفضّليات (1964م)، المفضَّل الضّبّي، تحقيق: عبد السلام هارون وأحمد محمد شاكر، دار المعارف بمصر. الطبعة الثالثة، ص 45.

آمن مالنا: أوثقه في النفوس، أي نجود بأفضل أموالنا نتقي بها أعراضنا.

نجرُ: نطعن الرجل ثم نترك الريح فيه.

نّدعي: ننسب.

47 ـ المصدر السابق: ص 183.

البؤس والبؤسـى والبئِيسى: بمعنى يقول: أجزي صاحب الحسنة حسنة، وصاحب السيئة سيئة.

اللَّزبات: جمع لزبة، القحط.

اِلْتَحَيْنَ: قَشرْنَ.

المسيم: صاحب الإبل والغنم.

النجدة: الرفعة في كل أمر.

الحريم: ما يجب عليهم منعه.

48 ـ ديوان الأعشـى الكبيـر (1950م)، تحقيق: د. محمّد محمّد حسـين، المطبعة النموذجِّية، القاهرة، الطبعة الأولى، ص 365. الخلي: الذي خلا قلبه من الهموم.

العميد: الذي أضناه الحبُّ.

الوامق: المحبّ.

الرهق: القرب.

المغزل: أمُّ غزالٍ صغير.

خرق: ملتصق بالأرض.

49 ـ مقدّمة الشعر العربـي (1979م)، أدونيس (علي أحمد سـعيد)، دار العودة، بيروت، الطبعة الثالثة، ص 20.

50 ـ ديـوان الأعشـى الكبيـر (1950م)، شـرح وتعليق د. محمد محمد حسـين، المطبعة النموذجيّة، القاهرة، الطبعة الأولى، ص 55.

غراء: بيضاء.

فرعاء: كثيرة الشعر طويلته.

العوارض: ما يبدو من الأسنان عند الابتسام.

الوجي: الذي حفي قدمه أو حافره.

51 – المصدر السابق: ص 55.

الفند: الفساد.

ريب المنون: نوائب الدهر.

الخَبِل: فاسد العقل.

52 – المصدر السابق: ص 75.

الوهل: ذهاب العقل.

والنَّبَل كذلك.

مَحْبُولٌ ومُحْتبِل. حَبَلَ الصيدَ: نصب له حَبْلاً فأخذه به. فالصيدُ محبول.

و: احتبَلَ الرجلُ الصيدَ: أخذه بالحِبالة، فالصائدُ مُحْتَبِل.

53 – المصدر السابق: ص 59.

الشِّرَّة: نشاط الشباب.

الحانوت: الخمارة.

شاوٍ: يشوي اللحم، مثل (ساقٍ)، من شَلَّ، أي: طرد وساق، وكذلك شَلُول.

شُلْشُل: خفيف في العمل، سريع.

شَوِل: يحمل الشيء.

54 – ديوان امرئ القيس (1990م)، تحقيق محمد أبو الفضل إبراهيم، دار المعارف بمصر، الطبعة الخامسة، ص 10 – 11.

يرتمين بلحمها: يتهادينه بينهن.

الدِّمَقس: الحرير الأبيض.

55 – المصدر السابق: ص 11 – 12.

الخِدْر: الهودج.

مُرْجلي: تاركي أمشي راجلةً.

الغبيط: قتب الهودج.

56 – المصدر السابق: ص 12 – 13.

57 – المصدر السابق: ص 13 – 14.

تعرّضت الثريّا: أرادت المغيب.

الوشاح المفصل: الذي جعل بين كل خرزتين فيه لؤلؤة.

نَضَّتْ: نزعت.

المتفضِّل: اللابس ثوباً واحداً.

العماية: الجهالة.

المرط: إزار خزٌّ له علم.

المرحَّل: الموشّى.

الحقف من الرمل: المعوج.

ركام: بعضه على بعض.

العقنقل: المنعقد المتداخل.

58 – المصدر السابق: ص 18.

59 – المصدر السابق: ص 30 – 33.

الطَّفْلة: الناعمة، الرَّخصة اليدين.

الحِقُف: ما استدار من الرَّمل.

النَّقا: مثله أيضاً.

احتسبا: اكتفيا.

السربال: القميص.

لطيفة طيٍّ الكشح: ليست منتفخة الجنبين والخاصرتين.

المفاضة: العظيمة البطن.

المرتجة: المهتزة لنعمتها.

المتفال: التاركة للطيب حتى تقبح رائحتها.

الهونة: السهلة اللطيفة.

المجبال: العظيمة الخلق.

تنورتها: مثلت نارها وتوهمتها.

أدنى دارها نظر عالٍ: مرتفع بعيد.

خُباب الماء: طرائقه.

سباك الله: باعدك الله وفضحك.

الفاجر: الكاذب.

الصالي: الذي يصطلي بالنار.

أسمحت: انقادت وسهلت، بعد صعوبتها وامتناعها.

هَصَرْتُ: جذبت ومددت.

الغصن: جسمها، لنعومته وتثنّيه. وشبّه شعرها بشماريخ النخل لتداخله وغزارته.

القَتَام: الغبار.

البَكْر: الفتيّ من الإبل.

المَشْرَفي: السيف.

مسنونة زرق: سهام محددة الأزجَّة صافية.

60 – المصدر السابق: ص 34 – 35.

الدُّجْن: إلباس الغيم السماء.

وَلَجْتُهُ: دخلته.

الجمّاء: الغائبة عظم المرفق لكثرة لحمها ونعمتها.

المِكْسال: البطيئة عن التصرف لغضارتها ونعمتها.

سِباط البنان: ليّنات الأصابع.

العرانين: الأنوف.

القنا: القامات.

تمام وإكمال: المرأة تامة الخلق مكتملته.

61 – ديوان الأعشى الكبير: ص 253.

جنّياً: يقصد رسولاً حاذقاً ذكيّاً.

تنازعا سرَّ الحديث: أي إنه كان يناقشها بصوت مخفوض لا يسمعه أحد.

نزا: وثب، أي إنه حاجّها فغلبها.

صنع: رفيق.

طِبابها: السماء، وطبابها: طرتها المستطيلة.

الصرم: القطيعة.

الشحيج: نعيق الغراب.

دون ثيابها: قريباً منها.

62 ــ انظـر: سـليمان، موسـى (1960م)، الأدب القصصـي عند العـرب، مكتبة المدرسة ودار الكتاب اللبناني، بيروت، الطبعة الثالثة، ص 122.

63 ــ ديوان عنترة بن شداد: ص 104.

64 ــ ديوان عنترة بن شداد: ص 207 ــ 210.

الرِّحالة: السَّرج.

النَّهْد: الضخم.

الكماة: جمع كَمِيّ، وهو المقاتل الشجاع.

عَرَمْرَم: كثير.

المثقَّف: الرمح.

رَحيبة الفَرْغين: طعنةٌ واسِعةٌ مخرجِ الدَّم.

المُعتَسّ: الطالب بالليل.

قُلَّة رأسه: أعلاه.

65 ــ ديوان عنترة بن شداد: ص 213 ــ 222.

الغرَّة: الغفلة.

الشاة: المرأة التي أمرتنا أن نتجسس أخبارها.

الجَداية: الرشأ الصغير.

حرّ أرثم: أي كريم، والأرثم الذي على أنفه سواد أو بياض.

حومة الموت: شدته.

لم أخِمْ: لم أجبن.

الأشطان: الحبال.

اللبان: الصدر.

الخَبار: ما لان من الأرض وما كانت فيه حجارة.

الكوالح: العوابس في الوجوه لما نالت من شدَّة الحرب.

الشيظمة: الطويلة من الخيل.

الأجرد: القليل الشعر الأملس.

ذلل جمالي: حيث شئت الغزو فركابي ذلل لما عودتها من كثرة الترحال.

مُشَايِعي: عقلي غير مفارق لي.

أحفزه: أنهضه وأدفعه.

المُبْرَم: المحكم.

القشعم: المسنُّ.

66 – المفضَّليَّات: ص 361 – 362.

عُليا هوازن: مجموعة من القبائل هي: سعد وجشم ونصر وثقيف.

المزنوق: اسم فرسه.

المنيح: من قداح الميسر.

ازورَّ: مال وانحرف.

المدوّر: الذي يطوف بالدار.

النجيع: الدم المصبوب.

الدِّمَقْس: الحرير.

مسيّرة: مخططة.

العريضة: الأرض كلها.

السِّنَّوَّر: الدروع.

67 – سراتهم: رؤساؤهم.

الفارسيّ المسرّد: الدروع.

الصياصي: خشبة الحائك في نسجه الممدود.

البَوّ: جِلْدُ فَصِيلٍ يُحشى تبناً لِتَدِرَّ عليه الناقة.

المسك: الجلد.

السَّقْب: الذكر من أولاد الإبل.

وقّاف: جبان.

الكميش: السريع الحركة.

عتيد: معدّ.

المقدّد: الممزّق.

الإقواء: نفاد الزاد.

68 ـ البغـدادي، عبـد القادر بن عمـر (2000م)، خزانة الأدب ولبُّ لباب لسـان العرب، تحقيق: عبد السـلام هارون، الناشر مكتبة الخانجي بالقاهرة، ط4، الجزء الثامن، ص 327.

69 ـ شرح ديوان الحماسة: القسم الأول، ص 442 ـ 450.

70 ـ نعناع، محمد فؤاد (1994م)، الجود والبخل في الشعر الجاهلي، دار طلاس، دمشق، الطبعة الأولى، ص 20.

71 ـ المفضّليّات: ص 176 ـ 177.

المستنبح: الرجل الذي يضل الطريق ليلاً فينبح لتجيبه الكلاب حتى يتبع أصواتها ويهتدي إلى الحي الذي صدر نباح الكلاب منه، وهي عادة جاهليّة فرضتها عليهم حياة الصحراء.

القَواء: الفلاة.

يهرّ: ينبح نبحاً خفيفاً.

العقور: العاصي.

عافي القدر: مستعيرها، كانوا في الجدب إذا استعار أحدهم قدراً ردَّ فيه شيئاً من طبيخ، فالعافي ما يبقونه فيها.

ذو الفروة: السائل.

المقرور: الذي اشتدّ به البرد.

لاح بشيرها: ظهر ضوؤها. الشول: الإبل العظيمة التي لا تحلب.

راحت: إذا رجعت الإبل من المرعى عقرها لأهل الحي والضيفان.

72 – ابن أبي سلمى، زهير (1996م)، شـرح شـعر زهير بن أبي سلمى، صنعة أبي العباس ثعلب، تحقيق: د. فخر الدين قباوة، دار الفكر المعاصر، بيروت، دار الفكر، دمشق، إعادة الطبعة الأولى، ص 111 – 113.

المعتفون: الذين يأتونه يطلبون ما عنده.

فواضله: عطاياه.

الصريم: جمع صريمة، وهي القطعة من الرمل.

متهلّلاً: مستبشراً.

73 – ابـن حجر، أوس (1979م)، ديوان أوس بن حجر، تحقيق: د. محمد يوسـف نجم، دار صادر، بيروت، الطبعة الثالثة، ص 103 – 105.

الطملال: الفقير.

الطمر: الثوب البالي.

تزوال: أي بعد زوال.

اللبس: الاختلاط.

البلبال: الفوضى والاضطراب.

المسكِّعة: المضللة المودرة من المصائب التي لا يهتدى فيها لوجه من الأمر.

المروت: أرضٌ بعينها بها نبات ومسايل، وهي من الأرض العالية.

الحدب: ارتفاع الماء وتعاليه في النهر.

الضرير: جانب الوادي.

المُغِبّ: الأسد الذي يفترس يوماً ويترك يوماً.

تَرْج: موضع في بيشة، وهي مأسدة من بلاد خثعم.

74 – المفضليات: ص 125 – 126.

75 – انظـر: أبو الفرج الأصفهاني، علي بن الحسـين (1952م)، كتاب الأغاني، مطبعـة دار الكتب المصريّـة، القاهرة، الطبعة الثانية، المجلد الرابع عشـر، ص 145.

76 – المفضليّات: ص 158.

أصدع: أشقّ، يريد أنّه يعطي كلّاً من المغنّيتين شطر ردائه إعجاباً بهما.

77 – المصدر السابق: ص 154.

النَّكْس: الرديء.

الورع: الجبان أو الضعيف.

الدَّنا: العيب والدنيّة.

الغرض: الهدف، يريد أنه يجعل ماله وقايةً لعرضه.

ملأمور: من الأمور.

انصدع: انشقّ.

حطَّ في هواه: إذا تابعه ولم يعصه في كلِّ ما أمره به.

الزاكي: النامي الكثير.

تهمني: تحزنني وتقلقني.

78 – ابن ربيعة، لبيد (1962م)، شرح ديوان لبيد، تحقيق: د. إحسان عبّاس، وزارة الإرشاد والأنباء، الكويت، ص 318 – 319.

جزور أيسار: الناقة التي تذبح للعب الميسر.

المغالق: سهام الميسر. العاقر: التي لا تلد.

المطفل: التي معها ولدها.

الجنيب: الغريب.

ثَبالة: واد مخصب من أودية اليمن. الهضيم: المطمئنّ من الأرض.

الأطناب: حبال البيت.

الرذيّة: الناقة الكليلة الهزيلة.

البلية: الناقة التي تُشَدُّ على قبر صاحبها لا تطعم ولا تسقى حتى تموت.

القالص: القصير.

الأهدام: الأخلاق من الثياب.

يكللون: ينضدون اللحم بعضه فوق بعض.

تناوحت: تقابلت.

الخلج: جمع خليج، وهو النهر الصغير.

شوارعاً: شارعةٌ.

79 – الحطيئــة، (1987م)، ديوان الحطيئة، برواية وشــرح ابن الســكِّيت، تحقيق: د. محمد نعمان أمين طه، الناشــر: مكتبة الخانجــي بالقاهرة، الطبعة الأولى، ص 337 – 338.

الطاوي: الجائع.

ثلاث: ثلاث ليال.

العاصب: الذي يتعصّب بالخرق ويشدها على بطنه من الجوع.

مُرْمِل: محتاج. الرَّسْم: ما بقي من الأرض من آثار الدار.

الجفوة: غلظ الطبع.

البَهْم: جمع بهمة ولد الضأن والماعز.

العدم: الفقر.

طَرَا: نزل بنا.

روّى: فكر.

أحجم: امتنع.

همّ: كاد يذبحه.

عنَّتْ: عرضت.

العانة: الأتان.

المسحل: الحمار الوحشيّ.

انتظامها من خلفه: انضمامها إليه وقربها منه.

الكنانة: جعبة السهام التي توضع فيها.

النحوص: الأتان الوحشية.

اكتنزت: امتلأت.

80 – انظــر: إسـماعيل، عـز الدين (د. ت)، الشــعر العربي المعاصــر؛ قضاياه وظواهره الفنِّيّة والمعنويّة، دار الفكر العربي، الطبعة الثالثة، ص 285.

81 – انظــر: الدسـوقي، عمر (1959م)، الفتوة عند العــرب، مكتبة نهضة مصر،

القاهرة، الطبعة الثالثة، ص 69 – 71.

82 – المفضليات: ص 126 – 127.

العرنين: الأنف، يريد به هنا أوّل الليل.

العين: مطر أيّامٍ لا يقلع.

الوادق: القريب من الأرض.

المُزْن: السحاب الأبيض.

الهيدب: شيءٌ يتدلّى من السحاب مثل الهدب من ريِّه.

الصبوح: شرب الخمر في الصباح.

الراهن: الدائم الثابت.

البرك: الإبل.

الهواجد: النيام.

المقاحيد: الإبل العظيمة الأسنمة، ومثلها الكوم.

المجادل: القصور.

الروق: المختارة.

الأدماء: البيضاء.

مرباع النّتاج: التي يكون نتاجها في أول الربيع، وذلك أقوى لولدها.

العشار: النوق مضى على حملها عشرة أشهر.

الفنيق: الفحل من الإبل.

النجلاء: الطعنة الواسعة.

ثرَّة: غزيرة الدم.

تفوق: تجود بنفسها.

أوفدا: ارتفعا.

الأزهر: الأبيض، يعني ولدها.

العتيق: الكريم.

بقير: مشقوق عنه غشاؤه.

143

زاهق: الذي ليس بعد سمنه سمن.

الغبوق: شراب العشيّ.

قرَّة: باردة.

83 – الحوفـي، أحمد محمد (1958م)، أغاني الطبيعة في الشـعر الجاهلي، مكتبة نهضة مصر بالفجالة، ص 46.

84 – الجود والبخل في الشعر الجاهلي: ص92.

85 – المفضليات: ص 127.

86 – القيسـي، نوري (1980م)، لمحات من الشـعر القصصيِّ في الأدب العربيّ، دار الجاحظ للنشر، وزارة الثقافة والإعلام، بغداد، ص 26.

87 – الخشروم، د. عبد الرزاق، واسليم، د. فاروق: دراسات في الشعر الجاهلي: ص 88.

88 – الطائـي، حاتـم (1990م)، ديـوان شـعر حاتم بن عبد الله الطائـي وأخبـاره، صنعـة: يحيى بن مدرك الطائي، تحقيق: عادل سـليمان جمـال، مطبعة المدني، الناشر مكتبة الخانجي بالقاهرة، الطبعة الثانية، ص 217 – 218.

العَيُّوق: كوكب أحمر مضيء بحيال الثريا في ناحية الشمال، يطلع قبل الجوزاء.

عرَّد: غار.

ضَلَّةً: إعطاءً في ضلال.

صرَّد: أعطى القليل.

لا آلوك: أي لا أدّخر عنك شيئاً إلاَّ خليقتي.

وجعل لسانه عليه مبرداً: آذاه وأخذه بلسانه.

89 – المصدر السابق: ص 221 – 222.

90 – ناصيـف، مهيـة عبد الرحيم (2006م)، الملك في الشـعر الجاهلي، رسـالة ماجستير أجازتها جامعة النجاح الوطنية، نابلس، فلسطين، ص 130.

91 – خزانة الأدب ولب لباب لسان العرب: الجزء الأول، ص 325.

92 – ديـوان عمـرو بن كلثوم (1991م)، صنعة: الدكتور علي أبو زيد، دار سـعد الدين، دمشق، الطبعة الأولى، ص 47.

المسالح: جمع (مسلحة)، وهي القوم ذوو سلاح، والموكلون بمراقبة العدو وحماية الثغور.

93 ــ انظر: ابن قتيبة: الشعر والشعراء (2005م)، تحقيق: أحمد محمد شاكر، دار الحديث، القاهرة، الجزء الأول، ص 228 ــ 229.

94 ــ ديوان عمرو بن كلثوم: ص 89.

القَيْل: الملك دون الملك الأعظم.

القطين: الخدم.

المقتوين: الخدم الذين يخدمون الناس بطعام بطونهم.

95 ــ الشعر والشعراء: الجزء الأول، ص 409. وديوان عمرو بن كلثوم، ص 31.

96 ــ الشـعر والشـعراء: الجزء الأول، ص 230، وفي البيان والتبيين أن الشـعر لبعض شعراء بكر بن وائل، الجزء الرابع، ص 41.

97 ــ شرح المعلقات العشر: ص 298 ــ 300.

الأراقم: أحياء من بني تغلب وبكر بن وائل.

الخلاء: البراءة والترك.

العير: الوتد.

أجمعوا: أحكموا.

الضوضاء: الجلبة والاختلاط.

98 ــ المصدر السابق: ص 300 ــ 310.

المرقش: المزين القول بالباطل.

الشناءة: البغض.

القعساء: الثابتة.

تعيط: اعتاطت الناقة، إذا لم تحمل وامتنعت عن الفحل.

الأرعن: الجبل الذي له أطراف.

الجون: الأسود.

العماء: السحاب الأبيض.

المكفهرّ: الغليظ المتراكب بعضه على بعض.

لا ترتوه: لا تنقصه.

المؤيد: الشديد، ويعني به الداهية.

الخطة: الأمر يقع بين القوم يشتجرون فيه.

الأملاء: الجماعات.

ملحة: اسم مكان.

الصاقب: جبل.

الطيخ: الكلام القبيح.

تتعاشوا: تتعاموا ومعناه تتجاهلوا.

الداء: الشر.

ذو المجاز: موضع، كان عمرو بن هند أصلح فيه بين بكر وتغلب.

المهارق: الصحف.

احتلفنا: تحالفنا.

99 – ديوان عمرو بن كلثوم: ص82 – 84.

100 – المصدر السابق: ص 89 – 90.

القناة: العزّ.

أعْيَتْ: أبَتْ.

الثِّقاف: آلة تُقَوَّم بها الرِّماح.

اشمأزَّتْ: نفرت.

العَشَوْزَنَة: الصَّلبة الشَّديدة.

الزَّبون: الدَّفوع.

101 – المصدر السابق: ص 100.

102 – المصدر السابق: ص 101.

الخَسْف: الذُّلّ.

سَامَهُم خَسْفاً: أوْلاهم ذُلّاً.

103 – أبو بكر بن الأنباري: شرح القصائد السبع الطوال الجاهليات: ص 369.

104 – ديوان النابغة الذبياني: ص75 – 76.

البراثن: الأظفار.

الربرب: القطيع من البقر شبَّه النساء به.

حوراً: واضحات البياض والسواد.

الدوار: ما استدار من الرمل، أي لا تكونوا في مكانٍ تُسبى فيه نساؤكم.

الشزر: النظر بطرف العين.

عرض: جانب.

العضاريط: الأتباع والأجراء.

الأقتاب: عيدان الرحل.

الأكوار: الرحال.

الأشفار: جمع شفر، وهو هدب العين، والمعنى ينظر رحلة هذين العظيمين ليفكَّ أسرهنَّ.

105 – ديوان النابغة الذبياني: ص 98 – 99.

برقة صادر: موضع، والبرقة من الرمل: الأرض ذات الرمل والحصى.

بصابر: أي برجلٍ صابر شجاعٍ في الحرب.

اللهى: الواحدة لهوة، وأصلها الحفنة من الطعام يجعل في فم الوجي، وهي هنا المال.

اللهاميم: العظيم الضخم.

يستلهونها: يبتلعونها.

المبير: المُهْلِك.

المكاثر: الغالب بالكثرة.

106 – المصدر السابق: ص 26.

أوعدني: هدَّدني.

زأر الأسد: صوته ووعيدُه.

مهلاً: تثبَّتْ ولا تعجل.

ما أثمَّر من مالٍ: ما أكثَّر وأصلح.

لا تَقْذِفنِّي بِركُنٍ لا كِفاءَ لهُ: لا ترمينِّي بنفسِك، فإنَّه لا مِثْلَ لك. والرُّكنُ كناية عن الشِّدَّة والقوَّة.

تأثَّفَكَ: اجتمع حولك، وأيَّدَك.

الرَّفَد: ترافُد الأعداء الذي وشَوْا بالنَّابغة على النُّعمان.

107 – انظر: خليف، د. يوسف (1978م)، الشعراء الصعاليك في العصر الجاهلي، دار المعارف بمصر، القاهرة، الطبعة الثالثة، ص 108.

108 – ديوان طرفة بن العبد: ص 31 – 32.

الطريف: ما استحدثه الرجل واكتسبه.

المُتْلَد: ما ورثه عن آبائه.

المعبَّد: الأجرب.

109 – انظر: الشعر والشعراء: الجزء الأول، ص 187.

110 – ديوان طرفة بن العبد: ص 107 – 108.

رهط وردة: عشيرتها وأقرباؤها.

يبعث: يهيج، يعني سيأتيهم الأمر العظيم مـن الصغير الذي لا يكترثون له، وهو بهذا يهددهم ويتوعدهم.

الآجن: المتغيِّر.

الذعاف: السم القاتل.

يقشب: يخلط.

قراف: مقارفة الإثم وإتيانه.

يحرب: يثار.

111 – انظـر: ابـن الأنبـاري، أبـو بكـر (د. ت) شـرح القصائد السّـبع الطوال الجاهلبـات، تحقيـق: عبد السـلام هارون، دار المعارف بمصـر، القاهرة، الطبعة الخامسة، ص 122.

112 – ديوان طرفة بن العبد: ص 160 – 161.

الجُد: البئر الجيدة الموضع من الكلأ.

الحمولة: الإبل يحمل عليها.

لدينك: لأهل طاعتك.

تبالة: بلدة باليمن حصينة.

المقر: نبات معروف بالمرارة.

الزعراء: موضع.

الصرمة: القطعة من الإبل.

113 ـ المصدر السابق: ص 31.

قرط بن أعبد: رجل من حي طرفة.

الرمس: القبر.

قربت بالقربى: أي أدللت على مالك ابن عمي بالقرابة.

متى يك عهدٌ للنكيثة: متى يقع أمرٌ يبلغ فيه أقصى المجهود من النفس أشهده.

الجُلَّى: الأمر العظيم.

حماتها: القائمون عليها.

الجهد: المشقَّة والشدة.

القذع: اللفظ القبيح.

الشكر والتسآل: يسائلني أن أشكره، وأفتدي منه بمالي.

114 ـ المصدر السابق: ص 40 ـ 41.

المضاضة: الحرقة.

ضرغد: حرَّة بأرض غطفان.

115 ـ المصدر السابق: ص 41 ـ 42.

قيس بن خالد: رجل من بني شيبان.

وعمرو بن مرثد: ابن عمِّ طرفة.

سادةٌ لمسوّد: شريفٌ لشريف.

الرجل الضرب: الخفيف من الرجال اللطيف.

الخُشاش: الماضي في الأمور الذكي.

المتوقِّد: الذكي الكثير الحركة.

116 – المصدر السابق: ص 41 – 42.

117 – أبو زيد، د. علي إبراهيم (1996م)، طرفة بن العبد شاعر البحرين في الجاهليَّة، مؤسسة عز الدين للطباعة والنشر، بيروت، الطبعة الأولى، ص 60.

118 – خليف، د. يوسف: دراسات في الشعر الجاهليِّ، ص 182.

119 – المفضَّليات: ص 262 – 263.

حُبيب: قبيلة أفنون.

خَلِّلْ فيهم: اجعل بلاغك يتخللهم.

سراتهم: خيارهم.

فالوا عليَّ: أخطؤوا عليَّ رأيَهم.

انتحيتُ: اعتمدت.

الثُّنَن: جمع ثنة، الشعر في مآخير الحوافر.

جدن: اسم قبيلة باليمن.

من مهولة: من مصيبة هائلة.

أخا السكون: رجلاً من السكون كان أسيراً عند قوم أفنون.

رُحبة: رحبة صنعاء.

العيص: الشجر الملتف النابت بعضه في أصول بعض، كالسدر والسلم والعوسج.

العدن: مدينة عدن.

الغبن: ضعف الرأي.

عامر: هم بنو عامر بن صعصعة.

السوأى: مقابل الحسنى.

العلوق: الناقة تعطف على ولدها، ولا تدرُّ عليه بلبنها.

الرئمان: مصدر رئمت الناقة ولدها إذا عطفت عليه.

120 – الأغاني: الجزء الرابع عشر، ص 145.

121 – انظر: الشعراء الصعاليك في العصر الجاهلي: ص 98.

122 – الأغاني: الجزء الرابع عشر، ص 158 – 159.

أمعن الماء: سال وجرى.

المطالي: الأرض السهلة اللينة تنبت العضاه.

ترادفت: تتابعت في الرحلة.

العوافي: جمع عافية، وهي الطامسة.

الجدوى: العطية.

الجبة: الدرع.

الكماة: جمع كَمِيّ، وهو الشجاع المتكمّي في سلاحه، أي المتغطّي المستتر بالدرع والبيضة.

رجل دارع: عليه درع. العوالي: جمع عالية، وهي أعلى الرمح ورأسه.

قاضياً: ميتاً.

123 – المصدر السابق: ص 154.

124 – المصدر السابق: ص 158 – 159.

القَذال: جماع مؤخر الرأس.

استهامَ فؤاده: أذهبه.

الفصل الثاني:

# علاقة المكان بالحدث في القصيدة الجاهليّة

- أولاً: أماكن الإقامة الاختياريّة.
- ثانياً: أماكن الإقامة الإجباريّة.
- ثالثاً: أماكن الانتقال العموميّة.
- رابعاً: أماكن الانتقال الخصوصيّة.

# أولاً: أماكن الإقامة الاختياريّة

## أ) فضاء الطلل:

لا تقدّم الدراسات النقديّة الموجودة حول موضوع الفضاء في القصّة مفهوماً واحداً للفضاء، ولكنّنا سندرسه كمعادلٍ للمكان. وإلى هذا يشير الدكتور حميد لحمداني بقوله: «يُفهم الفضاء في هذا التصوُّر على أنّه الحيِّز المكانيّ في الرواية أو الحكي عامّة، ويطلق عليه عادةً الفضاء الجغرافيّ»[1].

ويُعدُّ المكان عنصراً مهمّاً من العناصر الدراميّة، على الرغم من قلّة الدراسات التي تناولته بالبحث والدراسة؛ إذ «إنَّ الاهتمام بالمكان كعنصر من عناصر البناء الفنّي للعمل الإبداعيّ جاء متأخّراً بالقياس إلى العناصر الأخرى التي ينهض بها العمل الإبداعيّ كالشخصيّة والحوار والسرد وغيرها»[2]، فالأحداث تتطوَّر فيه، وحركة الشخصيّات تكون في أرجائه، وكذلك فإنَّ أبعاد هذه الشخصيّات النفسيّة والجسديّة مُستمدّة من المكان الذي تعيش فيه، بالإضافة إلى الأبعاد الأخرى الاجتماعيّة والفكريّة والخلقيّة لها.

ولا شكَّ في أنَّ هناك علاقة مباشرة بين الشخصيّات وبين المكان بوصفه المحيط الذي تقع فيه الأحداث «لأنَّ كلَّ حادثة لا بدَّ أن تقع في مكان معيَّن»[3]. وهذا الارتباط ليس عفويّاً، لأنَّ المكان يُعدُّ دافعاً ومحرِّكاً للأحداث، وموجِّهاً لحركة الشخصيّات داخل العمل الأدبيِّ. ولذلك لا يمكننا النظر إلى المكان على أنَّه بعدُ جغرافيٌّ نختزله بالقياس، فحياة الشخصيّات وحركتها مرتبطةٌ به، وحضوره في الأجناس الأدبيّة فاعلٌ ومؤثِّرٌ، والمكان في العمل الأدبيّ لا يمكن أن يكون واقعيّاً صرفاً، ولا يمكن النظر إليه نظرةً واقعيّةً تقريريّةً في العمل الإبداعيّ، فنحن لسنا أمام جغرافيةٍ وصفيّة، وإنّما تبقى الأمكنة حتى الواقعيّة منها خاضعةً لخيال المؤلّف.

إنَّ استعراضنا للأماكن والفضاءات التي تزخر بها القصيدة الجاهليّة يقودنا إلى تقسيمها إلى فئاتٍ ذات تنوّعٍ كبيرٍ من حيث الدلالة والوظيفة، كما أنّه يجعلنا نميّز مبدئيّاً بين أمكنة الإقامة وأمكنة الانتقال، لكي نحصل على ثنائيّةٍ ضدّيّةٍ أولى سيتلوها اكتشاف ثنائيّاتٍ وتقاطبات أخرى تابعةٍ أو ملحقة، كي يكون باستطاعتنا أن نعثر – مثلاً – ضمن أماكن الإقامة على تقاطبٍ جديدٍ بين أماكن الإقامة الاختياريّة، وأماكن الإقامة الإجباريّة (فضاء الطلل في مقابل فضاء الأسْر مثلاً). وأماكن الانتقال ستكون مسرحاً لحركة الشخصيّات وتنقلاتها، وتمثّل الفضاءات التي تجد فيها الشخصيّات نفسها كلما غادرت أماكن إقامتها الثابتة.

وقد يكون من الصعب أن نتحدّث عن الفضاء الطلليّ على أنَّه فضاءٌ دراميّ؛ لأنَّ قناعة الباحثين والنقاد تكاد تكون نهائيّة، بأنَّ هذه

المقدّمة تمثل الجانب الغنائيّ في الشعر الجاهليّ. ولكنّنا نعتقد أنّه ينبغي علينا أن نتحرَّر – ونحن نصدر أحكامنا – من القيود المرتبطة بوجهات نظرٍ مسبقةٍ تجعلنا غير دقيقين في إصدارها. فالقيام بدراسةٍ مفصَّلةٍ مستقلّةٍ للمكان في القصيدة الجاهليّة يمكن أن تقود الدارس إلى نتائج مهمَّة، وتكشف عن دلالة عميقة للشعر الجاهليّ. ولعلنا نرى أنَّ المكان الأكثر حضوراً في القصيدة الجاهليّة هو الطلل، وبذلك فهي تتميَّز بالفضاء الطلليّ، وهو يشكِّل نافذة الحاضر على الماضي، حيث يتقابل الماضي بحركته وحيويَّته وتوقُّده مع الحاضر بما ينطوي عليه من سكون وموت واندثار.

وقد شغلت المقدّمة الطلليّة النقّاد القدامى والمحدثين، وحاولوا تفسيرها وعرض مسوّغات ظهورها في مطالعَ كثيرةٍ من القصائد الجاهليّة، فذهب ابن قتيبة إلى أنّها تمثّل جزءاً أساسيّاً من القصيدة العربيّة يرتبط بأسبابٍ نفسيّةٍ حاول تحديدها في قوله: «سمعت بعض أهل الأدب يذكر أنَّ مُقَصِّدِ القصيدِ إنما ابتدأ فيه بذِكْرِ الدِّيارِ والدِّمَنِ والآثار، فبكى وشكا، وخاطَبَ الرَّبع، واستوقَفَ الرفيق، ليجعل من ذلك سبباً لذِكْرِ أهلها الظَّاعنين عنها، إذ كانت نازلةُ العَمَدِ في الحُلولِ والظَّعْنِ على خلاف ما عليه نازلة المَدَر، لانتقالهم من ماءٍ إلى ماءٍ، وانتجاعهم الكلأ، وتتبُّعهم مساقطَ الغيث حيث كان»[4]. وأبدى ابن رشيق القيروانيّ رأيه في هذه المقدّمة قائلاً: «وكانوا قديماً (أي العرب) أصحابَ خيامٍ ينتقلون من موضعٍ إلى آخر، فلذلك أوّل ما تبدأ أشعارهم بذكر الديار. فتلك ديارهم، وليست كأبنية الحاضرة، فلا معنى لذكر الحضريّ الدِّيارَ إلا مجازاً، لأن الحاضرة لا تنسفها

الرياح، ولا يمحوها المطر؛ إلّا أن يكون ذلك بعد زمان طويل، لا يمكن أن يعيشه أحد من هذا الجيل»[5] .

وتفاوتت آراء النقّاد المعاصرين في المقدّمة الطلليّة، فذهب الدكتور يوسف اليوسف في كتابه (مقالات في الشعر الجاهليّ) إلى أنّ المقدّمة الطلليّة هي في الواقع أروع موضع في القصيدة الجاهليّة؛ لانكشاف عذابات الإنسان الجاهليّ، «وهكذا تجعل انفتاحيّة الأسلوب من العنصر الطلليّ تصويراً دائماً يتحرّك باستمرار بحيث تهيّئ الحلقة الواحدة للحلقة التي تليها، كما تجعل الصور في حالة انسياحٍ دائمٍ باتجاه بعضها بعضاً، مما يمدّد المفهومات والإدراكات النفسيّة والتمثّلات الروحيّة، ويتركها مفتوحةً هي الأخرى، أو في حالة سيولةٍ دائمة، ولهذا تشعر بالانكشاف الدائم لمضامينها الاجتماعيّة»[6] . وقد افترض في هذه الدراسة وجود حضاراتٍ عربيّةٍ سالفة، كانت الطلليّة استرجاعاً لاشعوريّاً للعصر الذهبيّ المندثر، ثم يصل إلى أنَّ وَصْفَ الطلل يمثل انصهار ثلاثة موضوعات في كلٍّ موحَّد، هي: القمع الجنسيّ، والخواء الحضاريّ، وقحل الطبيعة[7] .

ورأت الدكتورة مي يوسف خليف أنَّ المقدّمة الطلليّة هي «أشهر مقدّمة عرفها الشعر الجاهليّ، وأوسع مقدّماته انتشاراً، وهي مقدّمة وجدت في نفوس الشعراء الجاهليّين هوىً شديداً لارتباطها ببيئتهم الماديّة، وطبيعة حياتهم الاجتماعيّة، وأخذت منذ العصر الجاهليّ نفسه شكلاً تقليديّاً ثابتاً، ظهر في أكثر قصائده الطويلة»[8] .

ولم ير الدكتور عزّة حسن في شعر الوقوف على الأطلال إلّا

الجانب الحزين، إذ يقول: «وفي شعر الوقوف على الأطلال صور كثيرة للديار الخربة، وبقاياها العافية، رسمها الشاعر بألوان حزينة كئيبة، فيها ظلام وبؤس، وذهابٌ إلى الفناء شيئاً فشيئاً. وقد أضافوا إلى هذه الصور ألواناً خارجة عن الألوان الأصليّة، تزيد في الحزن حزناً، وتلائم الاكتئاب، مثل هزيم الريح، وسفي الرمال، ومثل غناء الحمام، ووقوع الغربان في الدار، وكلّها ألوانٌ إضافيةٌ تؤثر في الأعصاب، وتثير الحزن العميق والاكتئاب الهادئ في أعماق النفس»[9].

وبما أنَّ استقصاء الدراسات التي تناولت المقدّمة الطلليّة ــ على كثرتها ــ ليس هدف هذا البحث؛ لأنّها تشكّل اتجاهاتٍ تأويليّةً أسقطت نظريّاتٍ اجتماعيّةً ونفسيّةً وميثولوجيّةً على النصّ الأدبيّ، كقوانين الماديّة التاريخيّة، أو نظريّة اللاشعور الجمعيّ. لكنَّ أيّاً من هذه التحليلات لم يُقْدِم على تشريحِ النص من الداخل والكشفِ عن شبكة العلاقات بين أجزائه. وهذا ما حاول الدكتور كمال أبو ديب القيام به من خلال دراسته (الرؤى المقنَّعة)، وخصوصاً في الفصل الأول الذي خصّصه لدراسة معلّقة لبيد بن ربيعة العامريّ، لكنَّه لم ينظر إلى النصِّ على أساس أنّه بنية سرديّةٌ على الرغم من إشارته إلى وجود القصة داخل القصيدة[10]. وقد تعامل مع القصيدة الجاهليّة على أنّها مبنى غنائيٌّ خالص، مُغْفِلاً المبنى الدراميّ لها. وهذا ما يخالف اتجاهنا في هذا البحث الذي يدرس الفضاء الطلليّ بوصف القصيدة عملاً دراميّاً ذا متنٍ ومبنىً حكائيّين، يتوافر على العناصر الدراميّة أغلبها، من أحداثٍ وشخصيّاتٍ تكون مرتبطة بشبكة علاقات مع الفضاء الطلليّ، ولا بدّ من أخذها بعين الاعتبار، «فمقدّمة الرحيل

التي تملأ الشعر العربيّ القديم ما هي إلا جزء من التعقيد الدراميّ، وحبك العمل الفنّيّ، فهي ظاهرة واضحة فسّرها الكثيرون، ولكنّنا ننظر من حيث الواقع الدراميّ لها، فهي سرّ تحرّك الشاعر وتنقّله خلال الأغراض الأخرى، ومن خلال حجم تلك المقدّمة نعرف مدى تأثّر الشاعر بالطلل، فهنا دافعٌ دراميٌّ يحرك الأحداث، وينقل الشخوص إلى مكان آخر، فهي تمثّل الخطّ الدراميّ الأوّل للصراع داخل وخارج الشاعر، وتحدّد ملامح المكان والزمان»[11].

وبهذا أعتقد أنّه من الخطأ أن ننظر إلى الطلل كركام من الحجارة، يمكن أن نطوّقه بالوصف الموضوعيّ، والانتهاء من أمره بالتركيز على مظهره الخارجيّ وصفاته الملموسة مباشرة؛ لأنّ هذه الرؤية ستنتهي – على الأرجح – بالإجهاز على الدلالة الكامنة فيه، وتفرّغه من كلّ محتوى. ولذلك ستقف الرؤية التجزيئيّة التي تكتفي بإيراد التفصيلات العينيّة لفضاء الطلل عائقاً دون الفهم الشامل لوظيفة المكان ودلالته، وتصبحُ نتيجةَ ذلك عاجزةً عن إدراك التعبيرات المجازيّة التي يتضمّنها الطلل، الذي كان ملتقى الأحبّة، وتنعكس من خلاله مظاهر الحياة الداخليّة التي تعيشها الشخصيّات، فقد كان ينبض بالحياة أيّام الخصب والنماء، وقبل أن يحلَّ القحط والجفاف الذي أدّى إلى الرحيل عنه، فبيت الإنسان امتدادٌ له كما يقول رينيه ويليك: «فإنّك إذا وصفت البيت فقد وصفت الإنسان، فالبيوت تعبر عن أصحابها، وهي تفعل فعل الجوِّ في نفوس الآخرين الذين يتوجَّب عليهم أن يعيشوا فيه»[12].

وفي الحقيقة لا أحد يجادل في أهميَّة الوصف الموضوعيّ لفضاء

الطلل أو الجزئيات ذات الدلالة التي يتضمّنها، أو التشبيهات التي يقدّمها الشعراء له، بيد أنَّ فائدة هذا الوصف أكيدة ومحدودة في آن واحد، فالوصف يستطيع أن يقدم لنا معطياتٍ وتحديداتٍ تفيد في التعرّف إلى البُعد الهندسيّ الذي يتشكّل منه فضاء الطلل، بينما يظهر عجز الوصف الموضوعيّ له في أنَّه لم يستطع أبداً، بمفرده، أن يشيد فضاءً دراميّاً، مهما قلَّ شأنه في القصيدة الجاهليّة، وعلينا ألّا ننسى أن هناك تأثيراً متبادلاً بين الشخصيّة والمكان الذي كانت تقيم فيه. وهكذا فكلُّ شيء في هذا المكان يمكن أن يكون ذا دلالةٍ مرتبطةٍ بالإنسان نفسه.

إنّ الفضاء الطلليّ في كلِّ أركانه أصبح جزءاً من ذاكرة الشاعر الجاهليّ، ولا يمكن أن ينفصل عنه، وعندما يجري تجاهل هذا الارتباط بين الإنسان والمكان، ونفي العلاقة بينهما، فإنّه لا يكون بوسعنا سوى أن نؤشّر إلى هذا الغياب بوصفه ثغرةً لا يرجى انسدادها بغير إحلال الإنسان في الوضع الطبيعيّ الذي ينبغي أن يكون فيه من حيث هو صاحب المكان، فحضوره فيه يُعَدُّ عاملاً أساسيّاً في قراءة الفضاء الطلليّ. ولعلَّ الدكتور عزّ الدين حسن البنَّا أشار إلى ارتباط الإنسان بالمكان في عرضه لمفهوم الطلل بقوله: «إنَّ الطلل مكانٌ وزمانٌ: مكانٌ يحتوي على الزمن مكثفاً، وزمانٌ متمثّلٌ في تثبيتاتٍ مكانيّة. وأصل الطلل في اللغة المكان الذي يجتمع حوله الأهل للحديث والطعام والشراب، ولكن بمرور الزمن صار يعني المكان الذي يدلُّ على انفراط عقد هذه الجماعة، أو رحيلهم معاً بعيداً عن الشاعر»[13].

ونظراً إلى أنّ الفضاء الطلليّ عموماً يشكّل استهلال القصيدة

الجاهليّة، فقد ذهب النقّاد إلى عدّ ذلك تقليداً فنّياً سار عليه الشعراء الجاهليّون ومن أتى بعدهم، دون أن يلتفتوا إلى أنَّ لكلّ شاعرٍ تجربته وأسلوبه في التعبير. وهذا ما نبّه إليه الدكتور عبد الرزاق الخشروم، بقوله: «كادت كثرة الشعر في هذا المجال أن تجعل الناس يعتقدون أنَّ الحديث عن الطلل أصبح مجرَّد تقليدٍ فنِّيٍّ، وهو – وإن كان كذلك – يحمل في أعماقه حرارة التجربة التي عاشها الجاهليّ، وتجربة الغربة عن الذات جزءٌ منها، وقد يُوفَّق شاعرٌ في التدقيق أو التعبير الفنّيّ أكثر من آخر، ولكنَّ المهمَّ بالنسبة إلينا هو حرارة التجربة»[14].

وربَّما كانت مقدمة امرئ القيس الطلليّة في معلقته من أكثر المقدّمات شهرةً، وقد قيل نقدٌ كثيرٌ حولها، منه قول ابن رشيق: «وهو عندهم أفضلُ ابتداءٍ صنعه شاعر؛ لأنَّه وقف واستوقف، وبكى واستبكى، وذَكَرَ الحبيبَ والمنزل في مصراعٍ واحد»[15]. ويرى الدكتور حسين عطوان أنَّ مقدّمات امرئ القيس الطلليّة «تجعله أهلاً لأن يكون علماً شامخاً من أعلام هذه المقدمة، وأستاذَ الشعراء الذين مهّد لهم الطريق دون مُنازِعٍ أو مُدافِع»[16].

وإذا نظرنا إلى هذه المقدّمة من منظور القصّة الدراميّة وجدناها تمثّل حالة من الصراع بين الحياة والموت، من خلال الماضي والحاضر. يقول الدكتور نصرت عبد الرحمن: «في الوجود خيطان: خيط الحياة، وخيط الموت، والحياة والموت سَداةُ الوجود ولُحْمَتُه. وفي الطلل حاول الشعراء الجاهليون أن يظهروا الخيطين معاً»[17]. إذ صوَّر هذه الديار، وقد جرى عليها الخراب، واحتواها الفناء بعد رحيل أهلها عنها، وذلك بفعل الزمن الذي يأتي على كل شيءٍ، بيد أنّه

162

لا يلبث أن يجعل الحياة تدبّ في تلك الديار بفعل الأمطار التي هطلت عليها، وتلك الظباء وأولادها التي انتشرت في هذا الفضاء، وملأته بالحركة والحيويّة.

يقول امرؤ القيس:

قِفـا نَبْكِ مِـنْ ذِكْـرَى حَبِيبٍ ومَنزِلِ
بِسِـقْطِ اللِّوى بَيْـنَ الدَّخُـولِ فَحَوْمَلِ

فَتُوْضِـحَ فالمِقْـراةِ لَمْ يَعْفُ رَسْمُها
لِمـا نَسَـجَتْها مِـنْ جَنـوبٍ وشَمْـأَلِ

تَـرى بَعَرَ الأرْآمِ فـي عَرَصاتِها
وقِيـعـانِها كَـأنَّـهُ حَـبُّ فُـلْفُلِ

كَأنِّـي غَداةَ البَيْـنِ يَوْمَ تَحَمَّـلوا
لَـدى سَـمُراتِ الحَـيِّ ناقِـفُ حَنْظَلِ

وُقُوفـاً بهـا صَحْبـي عَلَـيَّ مَطِيُّهُـمْ
يَقولـونَ: لا تهلِكْ أَسَـى وتَجَمَّـلِ

وإنَّ شِـفائي عَبْـرَةٌ إنْ سَـفَحْتُها
وهـلْ عنـدَ رسمٍ دارسٍ مـن مُعَوَّلِ

كَدِينِكَ مِـنْ أمِّ الحوَيْـرِثِ قَبْلَها
وجارتِـها أُمِّ الـرَّبابِ بِمَـأْسَلِ

فَفَاضَتْ دُمـوعُ العَيْـنِ منِّـي صَبابَةً

عَلى النَّحْرِ حَتَّى بَلَّ دَمْعِيَ مَحْمَلي (18)

تطلب الشخصيّة الرئيسة في هذا المشهد (الشاعر) من الشخصيَّتين الأخريين أن تقفا لمشاركتها في البكاء. والطلب هنا يدلُّ على الحوار الذي دار بين امرئ القيس وصاحبيه، وهذا الحوار يساعد في إبراز الأسلوب القصصيّ في شعر امرئ القيس عموماً، ويرتبط ارتباطاً وثيقاً بالحالة النفسيّة للشاعر، وربما كان ذلك سبب استخدام الشاعر للحوار الخارجي في معلَّقته.

أمَّا بكاء امرئ القيس فناتج عن سببين، أحدهما: الذكرى، والآخر: المكان الذي كان يقيم فيه الحبيب. فالذكرى تؤكد الزمان المنقضي، والمنزل يؤكِّد المكان الذي كانت تقطنه المحبوبة. ولا شكَّ في أنَّ العلاقة بينهما علاقة جدليّة، فالزمن استطاع أن يحيل هذا المكان خراباً، والشاعر يحاول الانتصار لهذا المكان من خلال الاهتمام بتحديد موقعه الجغرافيّ (بسِقْطِ اللِّوَى بين الدَّخُولِ فَحَوْمَل) و (فَتُوضِحَ فالمِقْراة)، ومن حسن حظِّ الشاعر أنَّ معالم هذا المكان لم تندثر تماماً، لأنَّها ظلَّت ماثلةً شاخصةً تقاوم عوادي الزمن بفعل الرياح الشماليَّة والجنوبيَّة، فما تَذْرُوهُ الأولى من رمال تبدِّد آثار هذا المكان، تقابله الأخرى بفعلٍ عكسيٍّ يعيد الحال كما كان عليه في السابق، فتتجدَّد معالم هذه الديار.

ومع ذلك فقد بدت هذه الديار موحشةً مقفرةً، وأصبحت مرتعاً للظباء تجوس فيها، فقد تناثر بَعَرها هنا وهناك في قيعانها وعَرَصاتِها.

**164**

ويستعيد الشاعر موقف رحيل محبوبته الغائبة جسداً، الحاضرة تأثيراً في قلبه، فهو لا يكاد ينسى هذا الموقف عند شجرات الحيِّ، حيث لم يعد قادراً على تمالك نفسه، فتفيض عيناه بالدموع على خدَّيه، كأنَّه ينقف الحنظل. وقد استدعت حالة البكاء الآن تدخُّل صاحبيه لينصحاه خوفاً عليه أن يهلك من شدَّة الحزن، ولكنَّه لم يستطع أن يجد منه مهرباً، ولا عنه سبيلاً، وما بكاؤه إلّا محاولة للتخلص منه. ويعود الشاعر ليتساءل عن جدوى هذه الدموع أمام هذه الدار الدارسة، فقد لقي من هذه المحبوبة ما لقيه من صاحبتيه (أمّ الحويرث) وجارتها (أمّ الرباب)، وهما شخصيّتان جديدتان في هذا المشهد، ولكنَّ الشاعر لم يسرد لنا طبيعة علاقته بهما، لكنّ السياق يشير إلى أنَّهما ارتحلتا وبقي وحيداً، ففاضت دموعه من شدّة وجده واشتياقه إليهما، حتَّى بلَّ دمعُه محملَ سيفه، ومن هنا نستطيع أن نتخيّل مستوى علاقة الشاعر بهما وتأثيرهما فيه، وإن لم يدرْ حوارٌ خارجيٌّ بينهم يفصح عن طبيعة هذه العلاقة، ويكشف أبعادها.

شكَّل الفضاء الطلليّ عند امرئ القيس المحنة التي أخفق في تخطّيها، فقد أخفق في استعادة حبِّه القديم الذي لم يبق منه إلا الذكريات التي انفطر لها قلب الشاعر، فوقف واستوقف وبكى واستبكى.

أمَّا الفضاء الطلليّ عند لبيد بن ربيعة فتميَّز بمساحته الجغرافيَّة الأوسع:

عَفَتِ الدِّيـارُ مَحَلُّها فَمُقامُها

بمِنًى تَـأَبَّدَ غَوْلُها فَرِجامُها

فَمَدافِعُ الرَّيّـانِ عُرِّيَ رَسْمُها

خَلَقاً كما ضَمِنَ الوُحِيُّ سِلامُها


دِمَـنٌ تَجَرَّمَ بعدَ عَهْدِ أَنِيسِها

حِجَجٌ خَلَوْنَ حَلالُها وحَرامُها[19]

فالدار هنا لحقها الخراب والفناء، والفضاء الطلليّ هنا واسعٌ اشتمل على مساحةٍ جغرافيّةٍ كبيرةٍ (مِنّى – الغَوْل – الرِّجام – مَدافع الرَّيّان) كلّ هذه الأماكن التي كانت فيما مضى مسرحاً لأحداثٍ جميلةٍ في حياة الشاعر أصبحت الآن خراباً بعد أن خلت من ساكنيها، وهذا ما يثير في النفس إحساساً بالوحشة وشعوراً بزوال الحياة. إنّ تلك الديار التي كانت يوماً تنبض بالحياة والحركة، إذا هي تتحوّل بفعل الزمن إلى السكون والفناء.

إنَّ صورة الموت التي ألمّت بهذا الفضاء تقابلها صورة الحياة التي بدأ يستعيدها بعد أن تحقّقت عوامل الحياة وأسبابها بنزول المطر. يبدو أنّ الشاعر لا يريد أن يخسر معركة الصراع بين الماضي والحاضر في هذا الفضاء، ولهذا نراه لا يفتأ يذكر الفناء والموت إلا عاد سريعاً إلى ذكر الصورة المقابلة، وهي صورة النموّ والحياة كما يتضح في قوله:

رُزِقَتْ مَرابيـعَ النُّجـومِ وَصابَها

وَدْقُ الرَّواعِدِ جَوْدُها فَرِهامُها


مِـنْ كُلِّ سـارِيَةٍ وغـادٍ مُدْجِـنٍ

وعَشِـيَّةٍ مُـتـجـاوِبٍ إرْزامُـها

فَعَــلا فُــرُوعَ الأَيْهُقـانِ وأطْفَلَــتْ

بالجَهْلَتَيْــنِ  ظِباؤُهـا  ونَعامُهـا


والعِيْـنُ ســاكِنةٌ على أطلائهـا

عُوذاً  تَأَجَّلُ  بالفَضاءِ  بِهامُها[20]

إنَّ الزمن الذي أتى على هذه الديار هو نفسه الذي استطاع أن يبعث الحياة والنماء، وأن يخلق من السكون حركة، ومن الموت حياة، فمع مرور الوقت سقطت الأمطار على تلك الديار، ونبتت الأعشاب، وعلا نَبات الأَيْهُقان، وولدت فيها الظباء والنِّعاج، وفرَّخت النَّعام، وراحت صغارها تمرح وترتع على مرأى أمهاتها.

ليس الهدف هنا تتبع منظر تلك الديار بما فيها من صورٍ كثيرةٍ مكتملة الجوانب تدلُّ على القدرة التعبيريّة الكبيرة التي يمتلكها الشاعر فحسب، وإنما هدفنا أيضاً أن نستوضح ما اشتملت عليه تلك الأبيات من انفعال وموقفٍ نفسيٍّ سيطر على النصّ كله، لأنَّ ذلك يقودنا إلى تحديد العناصر الدراميّة التي تضمنها هذا المشهد الطلليّ، والتي تتمثَّل بالمكان (الفضاء الطلليّ) والزمان والحيوان والنبات، وما يرافق ذلك من حركة الحيوان، وصوت الرعد في السماء، على أنَّ الإحساس الداخليّ للشاعر وموقفه من الحياة يشيران إلى إحساسه بالصراع الشديد بين الحياة والموت.

إنَّ هذا الصراع بين الفناء والعدم من جانب، وبين الحياة من جانبٍ آخر، يبرز من خلال صورة الديار الدارسة من جهة، وصورتها

بعد أن أمطرتها السماء، وسكنتها الحيوانات، وتوالدت فيها من جهةٍ أخرى (رُزقت مرابيعَ النُّجوم – وَدْقُ الرواعد – عَلا فُروعُ الأيْهُقان – أطْفَلَتْ بالجهلتين ظِباؤها ونَعامها – العِينُ ساكنة على أطلائها). وقد قدّمه لنا الشاعر مستخدماً السرد، ومركِّزاً على عنصرٍ من عناصره هو هنا الفضاء الطلليّ، الذي تجري فيه الأحداث، وهو الميدان الذي يتِمُّ فيه الصراع بين الماضي والحاضر أو بين الحياة والموت، والذي اختار له الشاعر نهايةً سعيدةً من خلال انتصار الحياة.

ويقف النابغة الذبيانيّ على أطلال محبوبته «نُعْم» بعد أن عفا عليها الزمن، فيقول:

عُوجُـوا فحَيُّـوا لِنُعْمٍ دِمْنَـةَ الـدَّار

مـاذا تُحَيُّونَ من نُـؤْيٍ وأَحْجارِ

أَقْــوى وأَقْفَـرَ مِـنْ نُعْـمٍ وغَيَّـرَهُ

هُوْجُ الرِّياحِ بِهابي التُّرْبِ مَوَّارِ

وقَفْتُ فيها سَـراةَ اليَوْمِ أَسْـألُها

عَنْ آلِ نُعْمٍ أمُوناً عَبْرَ أَسْفارِ

فاسْـتَعْجَمتْ دارُ نُعْمٍ مـا تُكَلِّمنـا

والـدَّارُ لَـوْ كلَّمَتْنا ذاتُ أَخْبارِ

فمـا وَجدْتُ بها شَـيْئاً أعوجُ بـه

إلّا الـثُّمـامَ وإلّا مَـوْقِدَ النَّـارِ

وقَـدْ أُرانـي ونُعْمـاً لاهِيَـنِ معاً

في الدَّهرِ والعَيْشُ لَمْ يَهْمُمْ بإمرارِ

أيَّـامَ تُعجِبُنـي نُعْـمٌ وأُخْبِرُها

ما أَكْتُمُ النَّاسَ مِنْ حاجي وأَسراري

لَـوْلا حَبائِـلُ مِـنْ نُعْـم عَلِقْتُ بها

لأَقْصَرَ القَلْبُ عَنها أَيَّ إقصارِ

فـإِنْ أَفـاقَ لقَـدْ طالـتْ عَمايَتُـهُ

والمَرْءُ يُخْلَقُ طَوْراً بَعْدَ أطوارِ <sup>(21)</sup>

يخاطب الشاعر رفاقه طالباً إليهم أن يميلوا بوجهتهم شطر ديار
(نُعْمٍ) لإلقاء التحيَّة عليها، ولكنَّه يعود ليسائلهم عن جدوى تأدية التحيَّة
إلى الحجارة، فلا أثر للحياة في هذه الربوع بعد أن طال عليها الزمن،
وبعد أن عفتها الرياح الهوج جيئةً وذهاباً، لتطمس ما تبقّى من معالِمَ
خلّفها الزمن من ورائه، حتَّى لم يبق في النهاية سوى هذه الشواهد
الحجريَّة الصمّاء، ومع ذلك وجَّه لها الشاعر أسئلةً عن حال نُعْمٍ
وأهلها الذين عاشوا في هذا المكان طويلاً قبل أن يتركوه لينتقلوا إلى
مكانٍ آخر. وكم كان الشاعر يتمنّى أن يجد لدى هذه الدَّمَنِ البوالي
إجاباتٍ عن أسئلته التي لا تكاد تنتهي، ولكنَّها لا تُبين ولا تُجيب عن
أيّ سؤالٍ. ولو قُدِّر لهذه الدار أن تنطق لرَوَتْ كثيراً عن الحياة التي
كانت تفيض بها جنباتها، وكان في وُسعِها أن تحدّثنا عما فعل الزمن
بالأهل والأحباب، ولكنها لم تُفصح عن شيء، وإن كان حالها ينطق
بما يريد الشاعر أن يعرفه.

إنَّ هذه الأطلال التي تحلُّ الحزن والأسى في حاضر الشاعر كانت تَفيض سعادةً وفرحاً في الأيام الخوالي:

وقـد أُرانـي ونُعْمـاً لاهِيَيْنِ معاً

في الدهرِ والعيشُ لم يَهْمُمْ بإمرارِ

أيَّـامَ تُعجبِنـي نُعْمٌ وأُخْبِرُها

ما أَكْتُمُ الناسَ من حاجي وأسراري

لـولا حبائـلُ مـن نُعْمٍ عَلِقْـتُ بها

لأَقْصَرَ القلبُ عنها أيَّ إقصارِ

فـإنْ أَفـاقَ لقـدْ طالـتْ عَمايتُـهُ

والمَرْءُ يُخْلَقُ طوراً بعدَ أطوارِ

يبدو أنَّ الشاعرَ ومحبوبتَهُ (نُعْماً) لاهِيانِ في أرجائها، في رغد من العيش ونعيم من الحياة، حيث كان كلٌّ منهما يستودع أسراره لدى الآخر، فاتصلت بينهما حبال المودَّة، واشتدَّت أواصرها، وتوثَّقت عراها بينهما. ولولا ذلك لنسيها، ونسي معها هذه الأطلال الراسخة في ذاكرته، مهما طالت الأيَّام والسنون عليها.

قدَّم النابغة سرداً لعلاقته بالمحبوبة، وكانت الأطلال هي المكان الذي احتضنهما قبل أن يعفوَ عليها الزمن، فظهر الفضاء الطلليُّ حاضراً في هذه الفصَّة التي كاد الحوار يغيب عنها، ولم تظهر شخصيَّات هذا المشهد في حوارها مع البطل، ولكنَّ فعل الأمر

170

(عوجوا) في بداية المشهد أشار إلى وجود مجموعة من الأصحاب يلتقّون حول الشاعر، ويواسونه في مصابه، محاولين التخفيف عنه من خلال استجابتهم لأمره، ومشاركته في الوقوف على الأطلال.


## ب) فضاء الرّبع:

لا شكَّ في أنَّ فضاء الربع من أكثر الفضاءات شيوعاً في القصيدة الجاهليَّة، فقد كانت الأعراب في حِلِّهم وارتحالهم ونزولهم على المياه، تجتمع منهم أحياء عدَّة على ماء واحد، وفي منزلٍ واحد، فتنشأ مع الأيام ألفةٌ ومودَّةٌ وصِلاتُ قربى بين النازلين معاً، تقرّب بينهم وتكون سبباً في تعرُّف الفتيان والفتيات بعضهم إلى بعض، في أثناء الأعمال اليوميَّة في النهار، أو في ساعات السمر على النار المشبوبة وسط البيوت في الليل.

وقد أطلق العرب على الناس الذين ينزلون معاً في مكانٍ واحد كلمة (الخليط)، وهي بمعنى الصديق، والقوم المجتمعين المتآلفين الذين أمرهم واحد، وحيلتهم واحدة في النُّجْعة[22] .

وبعد حينٍ من الدهر يضطرّ الخليط النازلون في مكان واحدٍ إلى الافتراق والرحيل، فكان كلُّ فريقٍ منهم يرحل إلى جهة، ويذهب في سبيله إلى غير لقاء مأمول. وكان ذلك يسوؤهم، فلذلك كثر ذكر الخليط والفراق والرحيل في شعر الوقوف على الأطلال عند العرب[23] . وبناء على ما تقدَّم سننظر إلى هذا الفضاء بالمفهوم الديموغرافيّ، لأنَّ المقصود فيه سكانه.

وكثيراً ما كان الأعراب في رحلاتهم وأسفارهم يمرّون بهذه المنازل التي كانوا نزلوا بها ثم خلَّفوها، فيجدونها خاليةً من ساكنيها، تضرب في جنباتها الرياح، ويقفون قليلاً لينظروا إلى الآثار الباقية فيها، وقد عدا عليها الخراب، فيذكرون أيّاماً ماضيةً أصابوا فيها سروراً وسعادةً، ونعموا فيها بالحبِّ والمودة، ثم يسيرون إلى شؤونهم، وقد حزَّ الألم في نفوسهم، وفاض الدمع في عيونهم. إنَّه باختصار الصراع الدراميُّ بين الماضي والحاضر، بين الحياة والموت، كما قلنا سابقاً.

وهكذا فإنَّ نمط الحياة الرعويّة التي تدعو الأعراب إلى الارتحال من منزلٍ إلى منزلٍ، ثم المرور بهذه المنازل المتروكة، ورؤيتها خاليةً من ساكنيها، والحنين الذي يثيره في النفس رؤيتها، وتذكّر الأيام الماضية فيها. كلُّ هذه الأسباب جعلت لفضاء الرَّبع حضوراً متميِّزاً في القصيدة الجاهليَّة.

ولنقف أمام هذا المشهد الدراميِّ، والصورة الباكية التي رسمها امرؤ القيس لنفسه، إذ يقول:

أَلِمَّا عَلـى الرَّبع القَديم بِعَسْعَسا
كَأنِّي أُنـادي أَو أُكَـلِّـمُ أَخْرَسا

فَلَـوْ أَنَّ أَهـلَ الـدَّار فيهـا كَعَهْدِنا
وَجَـدْتُ مَقيلاً عِنَدَهُم ومُعَرَّسا

فَـلا تُنْكِروني إنَّنِـي أَنـا ذاكُـمُ
لَيالِيَ حَلَّ الحَيُّ غَوْلاً فَأَلْعَسا

فإمَّــا تَرَيْنـي لا أُغَمِّـضُ ســاعَةً

مِنَ اللَّيْلِ إلّا أَنْ أُكِبَّ فأنْعَسا

تأَوَّبنـي دائـي القَديـمُ فَغَلَّسا

أُحـــاذِرُ أن يَـرْتَـدَّ دائـي فأُنْكَسا

فيـا رُبَّ مَكْـروبٍ كَـرَرْتُ وَراءَهُ

وطاعَنْتُ عَنْهُ الخَيْلَ حتّى تنَفَّسا

ويــا رُبَّ يَـوْمٍ قَدْ أَروحُ مُرَجَّـلاً

حَبيباً إلى البِيضِ الكواعِبِ أمْلَسا

يَرِعْــنَ إلى صوتي إذا ما سَمِعْنَهُ

كما تَرْعَوي عِيطٌ إلى صَوْتِ أعيَسا

أراهُـنَّ لا يُحْبِبْـنَ مَـنْ قَـلَّ مالُهُ

ولا مَنْ رأيْنَ الشَّيْبَ فيهِ وقَوَّسا

وما خِفْتُ تَبْريــحَ الحَياةِ كَما أرى

تَضيقُ ذِراعـي أَنْ أَقومَ فأَلْبَسا

فلَـوْ أنّهـا نَفْسٌ تَمـوتُ جَميعَةً

ولكنَّها نَفْسٌ تَساقَطُ أَنْفُسا[24]

الشخصيّة الرئيسة في هذا المشهد هي الشاعر، وهناك شخصيّتان

ثانويّتان هما شخصيّتا صديقيه، وقد طلب إليهما الشاعر أن ينزلا معه على الربع القديم كي يسأل عن أهله وما حلَّ بهم بعد طول فراق، وبعد ذلك يعود الشاعر ليصرّح بأنّه نادى الربع ولكنّه لم يجبه، وبدا كإنسانٍ لا يستطيع الكلام. وقد حدَّد الشاعر البُعد الجغرافيّ لهذا الفضاء في موضع (عَسْعَس)، حيث غدا خالياً لا أنيس فيه يستقرّ عنده، بينما كان الحال مختلفاً فيما مضى، فلو عاد به الزمان كما كان أيام المرتبع لوجد أهل الدار يستقبلونه في أوَّل الليل وآخره.

ويرجعُ الصراع النفسيّ – الذي أدَّى بالشاعر إلى هذا الحزن العميق – إلى التناقض بين الماضي السعيد والحاضر المؤلم. فالشاعر يشخِّص فضاء الربع طالباً منه ألّا ينكره، وهو بالطبع يقصد أهل الدار، إذ إنَّه لم يجد ما يسرُّه ويوافقه، فحاول أن يذكره بالماضي قائلاً: إنَّني أنا ذاكم الذي عرفتم وصحبتم زمن المرتبع، إذ كان الحيُّ يحلّ غَوْلاً فألْعَس. وهما موضعان ارتبعوا فيهما.

لقد باءت محاولات الشاعر كلّها بالإخفاق، وحديث الذكريات لا يجلب إلا الحزن والأسى له في الوقت الحاضر، والدليل أنَّ الشاعر لم يعد قادراً على النوم حتى في الليل، وقد عاد إليه داؤه القديم بعد أن شُفي منه، وسبب هذه العودة هو تذكّر الماضي. وقد خصَّ الشاعر الليل بهذا التذكر؛ لأنّه انفرد بنفسه، وتفرَّغ لذكر همومه، فساءت حالته، وعاوده وجده وأسفه، ولم يجد الشاعر بدّاً من التصريح بما يحمله ماضيه الجميل من ذكريات، فهو يتذكَّر مرَّةً أنَّه دافع عن إنسانٍ هاربٍ منهزمٍ، إذ انعطف ورجع من ورائه، وقاتل عليه أصحاب الخيل وطاعنهم، إلى أن استراح ذلك الهارب، وتفرَّج ووجد متنفَّساً ومتَّسعاً.

وكان فعله هذا في وقت الشدَّة والقتال، أمَّا في وقت الرخاء واللهو فإنَّك تراه متطيّباً ناعماً قريباً إلى قلوب النساء الجميلات، وكنَّ يرجعن ويملن حبّاً إليه عندما يناديهنَّ، تماماً كما ترجع الإبل إلى صوت البعير الأبيض الذي يضرب بياضه إلى الحمرة والشقرة، وهو أكرم ألوان الإبل. والشاعر في هذا السرد يريد أن يقابل بين صورتين متناقضتين، فهؤلاء النسوة اللواتي أُغرمن به، هنّ أوَّل من يتخلَّى عنه إن قلَّ ماله وافتقر، أو تقدَّم به العمر فظهر عليه الشيب، وتقوَّس ظهره.

لا يريد الشاعر أن ينهار أمام هذا الموقف، فهو يخشى أن يؤدي به إفراط المشقَّة إلى مرضٍ لا يستطيع معه أن يرفع ذراعيه ليلبس ثيابه. وقد وصلت به الأحداث التي تعقَّدت وتشابكت بالشاعر إلى هذه الحال، وتأزَّمت الحبكة الدراميّة من خلال الصراع بين الماضي بما فيه من مسرّات، وبين الحاضر بما فيه من أحزان، والحلُّ في نظر الشاعر يكمن في تمنّيه أن يموت مرَّةً واحدةً، لكنّ المرض برَّح به، ونفسه لا تخرج دفعةً واحدةً، ولكنّها تموت شيئاً بعد شيءٍ.

إنَّها قصَّةٌ دراميّةٌ محزنة، ولكنَّها الأيام التي فرضت حالة التحول عن فضاء المرتبع، فتفرَّق الأحبَّة، وبدأت معها مأساة الشاعر، فالرَّبْعُ لم يعد كما كان يعهده الشاعر من حيث الأهلُ والأحباب، فقد أصبح خاوياً الآن، وما من سبيلٍ إلى استعادة تلك الأيام، ويبدو أنَّ النهاية أصبحت ماثلةً أمام الشاعر، فأيام المرتبع حيث كان وأهله يحلون قد ذهبت أدراج الرياح، بما فيها من نعيمٍ وسعادة.

وها هو امرؤ القيس يحدِّثنا عن فضاء الرَّبع في قصيدةٍ أخرى مستخدماً الحوار معه قائلاً:

أَلا انْعَمْ صَباحاً أَيُّها الرَّبعُ وانطِقِ
وحَدِّثْ حَديثَ الرَّكبِ إِنْ شِئتَ واصْدُقِ

وحَدِّثْ بِأَنْ زالَتْ بِلَيلٍ حُمُولُهُمْ
كَنْخَلٍ مِنَ الأَعْراضِ غَيْرِ مُنَبَّقِ

جَعَلْنَ حَوايا، واقْتَعَدْنَ قَعائِداً
وحَفَّفْنَ مِـنْ حَوْكِ العِراقِ المُنَمَّقِ

وفَـوْقَ الحَوايا غِزْلَـةٌ وجَـآذِرٌ
تضَمَّخْنَ مِـنْ مِسْكٍ ذَكِـيٍّ وزنبَقِ

فَأَتْبَعتُهُـمْ طَرْفِي وقد حالَ دونَهمْ
عوازِبُ رمـلٍ ذي أَلاءٍ وشِـبْـرِقِ

على إِثْـرِ حَـيٍّ عامِدينَ لِنِيَّـةٍ
فحَلُّوا العَقيـقَ أو ثَنِيَّـةَ مُطْـرِقِ (25)

فامرؤ القيس هنا يسرد لنا موقف الرحيل عن الربع، فهو بعد أن
حيّاه طلب إليه أن يحدّثه عن أهله الذين ارتحلوا، مع أنه كان حاضراً
حينذاك، وكان يسجّل أدقّ التفاصيل، ولكنّه عندما طلب من الربع أن
يحدّثه، كان ذلك بهدف تخفيف حدّة الأسى في داخله، وقد حدّد زمان
هذا الحدث في الليل. وصوَّر مراكب النساء وهي تسير عبر الوديان،
ولفت انتباهه جمال ملابسهنَّ المزيَّنة. ولم يغب عن الشاعر تحديد
الأمكنة التي كنَّ يقصدنها خلف أهل الحيِّ، إذ كانت عيناه ترصدان

مواضع انتقالهنَّ إلى أن حال بينه وبينهنَّ تلالٌ رمليّةٌ وأشجارٌ كثيرة.

كان امرؤ القيس يقف في جانبٍ، وأهل الربع الآن أصبحوا في جانبٍ آخر لا يمكن الوصول إليه، فقد بقي وحيداً في هذا الربع، والربع هنا شاهدٌ على رحيل الأحبّة، ومن هنا كان خطاب الشاعر موجَّهاً إليه بعد هذه السنوات من الفرقة، وأصبح شاهداً على حزنه وأساه فيما بعد، إذ عانى مرارة البُعد والفراق.

طلب الشاعر إلى الربع أن يكون صادقاً في بداية لقائه به وهو يحدّثه عن مشهد الرحيل في ذلك الزمن المنصرم، لأنَّه يريد أن يجد لنفسه متنفَّساً عمَّا يعانيه من صراعٍ داخليٍّ ناجمٍ عن فراق الأحبّة كما قلنا، وما تصويره الدقيق لمسار الرحلة إلا دليل على صدق مشاعره تجاه القوم الظاعنين، وكأنَّه يريد أن يكون واحداً منهم، ويبدو أنَّه لا سبيل إلى ذلك، ممَّا زاد في مأساته.

وكان لفضاء الرّبع حضوره عند طرفة بن العبد أيضاً، في قوله:

| | |
|---|---|
| أمْ رَمـــادٌ دارِسٌ حُمَمُهْ | أشَجاكَ الرَّبْعُ أمْ قِدَمُهْ |
| بالضُّحى مُرَقَّشٌ يَشِمُهْ | كَسُطورِ الرَّقِّ رَقَّشَهُ |
| وجَرى في رَوْنَقٍ رَهِمُهْ | لَعِبَتْ بَعدِيَ السُّيولُ به |
| فتَنـاهيهِ فمُرْتَكِمُهْ | فالكَثيبُ مُعْشِبٌ أنُفٌ |
| لِـرَبـيـعٍ دِمـنَـةً تِثِمُهْ | جَعَلَتْـهُ حَـمَّ كُلُّكَلِها |
| لو أطيعُ النَّفْسَ لَمْ أَرِمُهْ | حابِسي رسْمٌ وَقَفْتُ به |

كالإماءِ أَشْرَفَتْ حُزَمُهُ[26]

لا أرى إلّا النَّعامَ بهِ

بدأ الشاعر هذا المشهد بحوارٍ داخليٍّ متسائلاً عن سبب حزنه، وكأنّه بدأ بالعقدة الدراميّة مباشرةً من غير أن يمهِّد لها بالأحداث التي أدَّت إليها، متجاوزاً عرض الشخصيّات وأفعالها وأقوالها وأوصافها. كان جلُّ تركيزه يقع على فضاء الربع الذي يدور حوله سبب حزن الشاعر. فهناك ثلاثة احتمالات له، أوّلها: خلوُّ الرَّبع، وثانيها: قدم عهده بأهله، وثالثها: الرماد الذي درس فحمه. أحد هذه الاحتمالات كان سبب هذا الحزن، وربّما كانت هذه الاحتمالات الثلاثة متحقّقةً في داخله، وكانت نتيجتها هذا الحزن الذي استبدَّ به.

أراد الشاعر أن يبعث حالةً من الفرح في هذا الفضاء، فشبَّهه بسطور الكتاب المزيَّن، وحدّد وقت تزيينه في الضحى، ولم يكن تحديده لهذا الوقت جزافاً، وإنما خصَّ وقت الضحى لأنَّه أحكم لصنعة الترقيش، وهو يريد لهذه الزينة أن تدوم فترةً طويلةً، فجعلها كالوشم في المعصم. وبعد ذلك أتته السيول ولعبت به، فدرسته، وعفَّته، وغيَّرت معالمه. ولكنّ هذه السيول انعكست في النهاية خيراً عليه، فجرى الماء في جنباته، وظهر النبات في أرجائه، وقد أصبح كلُّ مكانٍ وصله هذا السيل معشباً، ولم يُرعَ بعد. الشاعر هنا يريد أن يؤكّد مسألة خلو الربع من أهله، وكأنّه يريد العودة إلى أحد الاحتمالات التي سبّبت حزنه، ليجد حلّاً لها.

لم ينقطع المطر عن هذا الربع، فظهر كالناقة التي أناخت بصدرها عليه، ولزمت وبركت فوقه، وقد بدأ هذا العشب يتكسَّر لشدَّة هذا

المطر. أوقف الشاعر ناقته أمام هذا الربع متعجِّباً لتغيُّره، ومتذكِّراً لمن عهد به، وقد بدأ صراعاً مع نفسه التي لا تريد مغادرة هذا المكان.

أخذ الشاعر يراقب هذا الفضاء مراقبةً دقيقةً، فلم يرَ فيه إلا النَّعام الذي رفع من أجنحته مقبلاً ومدبراً، فاستحضر الشاعر صورة الإماء وهنَّ يحملن حُزَمَ الحطب كمشبَّهٍ للنَّعام، وكأنَّ الشاعر يريد أن يستعيد تلك الأيام الجميلة بأيَّ طريقةٍ، وهذه الاستعادة هي السبيل الوحيد لتخلصه من احتمالات الحزن الثلاثة التي ظهرت في بداية المشهد. وهنا تتفكَّك هذه العقدة الدراميّة وتتضح ملامح السعادة التي يرغب بها الشاعر كي ينتصر على حزنه وألمه، وكأنه يريد أن يقول: إن الظروف أصبحت مواتيةً في هذا الربع ليعود إليه أهله بعد طول غياب. وهذا يعني تحقّق أسباب الانتصار بالنسبة إلى الشاعر، وعودة الفرح إلى قلبه، وهزيمة للحزن الذي برَّح به.

# ثانياً: أماكن الإقامة الإجباريّة

## أ) فضاء الأَسْرِ:

عرفت الحياة الجاهليّة السجون، فالحرب تفرض وجود الأسرى، ولا مكان للأسير سوى السجن حتى يُنظر في أمره، وقد وجدت السجون عند المناذرة والغساسنة وفي مكة واليمن [27]. ولا شكَّ في أن هذه التجربة شديدةُ المرارة، خصوصاً إذا كان السجين يسرد تجربته. وهنا يتضح الصدق الواقعيّ للسارد فيما يعاني القيود الثقيلة والحراسة المشدَّدة، وغيرها من متطلّبات السجون بوصفه بطلاً لقصّته. وبذلك شكّل فضاء الأَسْر بوصفه مكاناً مُعدّاً لإقامة الشخصيّات، خلال فترة زمنيّة معلومة، إقامةً جبريّةً غير اختياريّة، وفي شروطٍ عقابيّةٍ صارمةٍ، مادّةً دراميّة خصبة، ففي هذا الفضاء يفارق السجين عالم الحرية الذي اعتاده إلى عالمٍ مختلف لا يشعر فيه بالألفة والطمأنينة، بل إنّه يشعر نحوه بالنفور، وتفرض على الإنسان الإقامة فيه. ومهما كبرت مساحة السجن أو صغُرت فإنّها تضيق بالإنسان، وتعمّق فيه الإحساس بالوحدة والعزلة، لتضمُّنه كثيراً من دوافع الخوف والرعب والإحباط واليأس. وقد عدَّه الدكتور ضياء غني لفتة فضاءً معادياً،

إذ يقول: «إنَّ السجون تُعدّ من الفضاءات المعادية، إذ يشعر السارد تجاهه بالوحدة والوحشةِ، لأنَّه أقيم فيه إقامة مرغماً»[28]. ويفصّل ذلك بقوله: «فهو يشعر بالعداء إزاء المكان الذي يقف بالضد من آماله، ويشعر فيه بالعزلة عن الآخرين، إن حقيقة صفة العداء التي يرسم بها المكان تعود إلى حقيقة إدراك ذهن الشخصيّة لهذا المكان، وإلى الخبرة السيئة التي تحملها الشخصيّة عنه، والذكريات المؤلمة في داخلها، إذ لو خرجنا من دائرة الخبرة والإدراك نجد أنَّه لا يمكن للجدران أن تشكل مصدر عداء لنا كالسجون»[29].

وليس السجن فضاء انتقال وحركة كما هي الحال في فضاء الطلل أو الربع، وإنَّما هو بالتأكيد فضاء إقامةٍ وثباتٍ، وفضلاً عن ذلك نرى أنَّ الإقامة في السجن، خلافاً لما سواه، هي إقامةٌ إجباريّةٌ لا يدَ للسجين في تحديد مدّتها، يضاف إلى ذلك اتّصاف فضاء الأسْر بالضيق والمحدوديَّة، وهما صفتان لا تعرفهما الفضاءات الأخرى. كلّ ذلك ينعكس على نفس السجين الذي تزداد مرارته كلّما طالت مدّة إقامته، وليس بالضرورة أن يكون السجن غرفةً مغلقةً عن العالم الخارجيّ، إذ «لم يكن عند القبائل العربية سجونٌ بالمعنى المعروف، نظراً لظروف الحياة الاجتماعيّة التي كانت تحياها من حلٍّ وترحالٍ بحثاً عن الماء والكلأ، وإذا أذنب أحد أفراد القبيلة كان يغرّم بدفع شيءٍ من المال أو الأنعام، أو الإبعاد مدَّةً زمنيَّةً محدودةً، أمّا الأسر فقد كان معروفاً في العصر الجاهليّ»[30].

وقصّة عبد يغوث بن وقّاص الحارثيّ حين وقع أسيراً معروفة، فقد كان قائداً لقومه مَذْحِج، وأراد بنو تميم أن يقتلوه بالنعمان بن

جساس ولم يكن عبد يغوث قاتله، ولكنّ تميماً قالت: قُتل فارسنا ولم يُقتل لكم فارس مشهور. وكانوا قد شدّوا لسانه بنسعةٍ، حتى لا يستطيع أن يهجوهم، فلما يئس من النجاة من القتل طلب إليهم أن يطلقوا لسانه ليذمَّ أصحابه، وينوح على نفسه، وأن يقتلوه قتلة كريمة فأجابوه، فسقوه الخمر، وقطعوا له الأكحل، وتركوه ينزف حتى مات[31]. ومن هنا بدت قسوة التجربة البطوليّة للشخصيّة عنصراً بارزاً في قصيدته اليائيّة التي أنشدها حين جُهّز للقتل، فراح ينشد ما أنشد رافضاً اللوم، وناهياً صاحبيه عن الاستمرار في معايشته بلا جدوى، وهو يرسم مشهداً كاملاً للانهزام وانكسار البطل وسقوط القائد إلى حيث لا يتوقّع السقوط، وعندئذٍ راح يلعب دور المفاوض لخصومه، حتى صار يلقى مصرعه بعد انصراف الرفاق عنه، وعدم استجابة أعدائه لمفاوضاته، فينشد:

أَلا لا تَلومانـي كَفـى اللَّـوْمَ مـا بِيـا

ومـا لَكمـا فـي اللَّـوم خَيْـرٌ ولا لِيـا

أَلَـمْ تَعْلمـا أنَّ المَلامَـةَ نَفْعُهـا

قَليـلٌ ومـا لَوْمـي أَخـي مِنْ شِـماليا

فيـا راكبـاً إمَّـا عَرَضْـتَ فَبَلِّغَـنْ

نَدامـايَ مـن نَجْـران أَنْ لا تَلاقِيـا

أَبـا كَـرِبٍ والأَيْهَمَيْـنِ كِلَيْهمـا

وقَيْسـاً بأعْلـى حَضْرَمَـوْتَ اليَمانيـا

جَزَى اللهُ قَوْمِي بِالكِلابِ مَلامَةً

صَريحَهُمُ والآخرينَ المَواليا

ولَوْ شِـئْتُ نَجَّتْني مِـنَ الخَيْـلِ نَهْدَةٌ

تَـرى خَلْفَهـا الحُـوَّ الجِيـادَ تَواليا

ولكنَّني أَحْمـي ذِمـارَ أَبيكُمُ

وكانَ الرِّمـاحُ يَخْتَطِفْنَ المُحاميا

أَقـولُ وقـد شـدُّوا لِسـاني بِنِسْـعَةٍ:

أَمَعْشَـرَ تَيْـمٍ أَطْلِقـوا عَنْ لِسـانيا

أَمَعْشَـرَ تَيْـمٍ قَـدْ مَلَكْتُـمْ فَأَسْـجِحوا

فـإنَّ أخاكُـمْ لَـمْ يَكُـنْ مِـنْ بَوَائيا

فـإن تَقْتُلوني تَقْتُلـوا بـيَ سيِّداً

وإنْ تُطْلِقُونـي تَحْرُبُونـي بمـا لِيا

أَحَقّـاً عِبـادَ اللهِ أَنْ لَسْـتُ سـامعاً

نَشـيدَ الرِّعـاءِ المُعْزِبِيـنَ المَتاليا[32]

يعيش الشاعر أشدَّ حالات بؤسه، ويعاني مرارة الأسى صوراً ومواقف، وقد أدرك أنَّ لقاء الرفاق بات مستحيلاً، كما أنَّ اللوم لم يعد مجدياً الآن. وما التفاتته إلى ذلك الراكب إلا ليطلب منه أن ينقل مأساته إليهم. وقد سجَّل عقدة قصّته قبل التوقّف عند أحداثها الدراميّة

المثيرة، وكأنَّه قفز إليها نفسيّاً، فسرعان ما أخذت الصورة بعداً درامياً، يحكي مأساةً بشريّةً من طرازٍ متميّز، وتعكس حنين الشاعر الذي لا ينقطع إلى أصدقائه أبي كَرِبٍ والأيهمَينِ وقَيْس، وهو حنين المنهزم الذي يندفع من خلاله إلى تذكر أسباب المأساة وملابسات الأسْر، فإذا هو يضيق ذرعاً بقومه الذين فرَّطوا فيه حين طلبوا النجاة لأنفسهم، وتركوا قائدهم، فراح يذكر فضله عليهم، ويصوّر مكانته بينهم، ليحكي موقع البطولة بين زحام الغدر وصور الهزيمة والتخاذل. إنّه مشهدٌ يرسم بطولته من خلال ما ارتبط بشخصه من صور الحماية والقدرة المشهود له بها في الدفاع عن الحمى، ورد الخصوم عن الذمار، ولكنَّه التحوّل الغريب الذي أصابه في ظلال الأسْر، فكان أسيراً فارساً، وشاعراً قائداً. كان باستطاعته أن ينجو بنفسه، تاركاً ميدان القتال لغيره، لكنّ عزّة نفسه منعته من ذلك، وآثر أن يقع أسيراً على أن يفعل ذلك، وها هو يعكس جوانب أسره من خلال تلك الصورة الغريبة التي تحكيها أخباره، ويدعمها قوله:

أَقولُ وقَدْ شَـدُّوا لِسـاني بِنِسْعَةٍ:

أَمَعشَرَ تَيْمٍ أَطْلِقوا عَنْ لِسانِيا

 

أَمَعْشَـرَ تَيْمٍ قد ملكْتُمْ فأَسْـجِحوا

فإنَّ أخاكُمْ لَـمْ يَكُنْ مِنْ بَوائِيا

 

فإن تَقْتُلونـي تَقْتُلـوا بِيَ سَـيِّداً

وإنْ تُطْلِقوني تَحْرُبوني بما لِيا

حيث يجمع بين صدى الأحداث على نفسه ومعاودة حنينه إلى منطق البطولة والإحساس بالسيادة، وقد راح يترنَّم بهما عبر أصداء الماضي. أمَّا في الحاضر فقد غدا موضع سخريةٍ واستهزاء من نساء الأعداء، فها هي أُمُّ ذلك الفتى الأهوج الذي أسره تضحك منه مستغربةً كيف تمكَّن من أسره:

وتَضْحَكُ مِنّي شَيْخَةٌ عَبْشَـمِيَّةٌ

كَـأَنْ لَـمْ تَـرَ قَبْلي أَسيراً يَمانِيا

وظـلَّ نِسـاءُ الحَيِّ حَوْلِـيَ رُكَّداً

يُراوِدْنَ مِنّي ما تُريدُ نِسائِيا[33]

لم يكن البطل أسير سجنه فحسب، وإنَّما كان أسير لسانه أيضاً، فلم يفسح له المجال للكلام كي يعبّر عن رأيه، وهذا ما زاد في مأساته، إذ غدا مكبَّل القول والفعل. فالشاعر الأسير يلتمس من القوم إطلاق لسانه، ولكنَّه يسجّل لهم، بل يكاد يسجّل عليهم دليل إدانته، لأنهم سيقتلون به سيِّد قومه، وكان البطلَ الأوّل بينهم، وهذا ما لمحناه عندما استخدم الشاعر تقنية الاسترجاع في قصيدته، وحين حاول الشاعر الفارس الأسير كسر حواجز الزمن عاد عوداً سريعاً إلى ذكريات الفروسيّة التي تؤكّد مكانته في قومه فارساً حرّاً شجاعاً، وقد ساء حظُّه حين وقع في الأسر:

وقَـدْ عَلِمَتْ عِرسي مُلَيْكـةُ أَنَّني

أَنـا اللَّيْثُ مَعـدُوّاً عَلَـيَّ وعادِيـا

وقَدْ كُنْتُ نَحّارَ الجَزورِ ومُعْمِلَ الـ

ـمَطِيِّ وأَمْضِي حيثُ لا حيَّ ماضِيا


وأَنْحـرُ للشَّـرْبِ الكِـرامِ مَطيَّتِي

وأَصْـدَعُ بَيْـنَ القَيْنَتَيْـنِ رِدائِيـا


وكَنْتُ إذا ما الخَيْلُ شَـمَّصَها القَنا

لطيفـاً بتَصْريفِ القَنـاةِ بنانِيـا


كَأَنِّـيَ لَـمْ أرْكَبْ جَـواداً ولَـمْ أقُلْ

لخَيْلِـيَ: كُـرِّي نَفْسِـي عَـنْ رِجالِيـا


ولَمْ أسبِأِ الزِّقَّ الـرَّوِيَّ ولَمْ أقُلْ

لأَيْسارِ صِدْقٍ: أَعْظِموا ضَوْءَ ناريا[34]


يعيش البطل هنا حالة من الصراع بين الاستجابة والرضوخ لآلام الواقع، وبين محاولة التقاط مشاهد الذكريات عبر ذلك الزمن الماضي بكل ما فيه من صور الصراع والحيويّة واندفاع الشباب.

ظهرت شخصيّة زوجته (مُلَيْكَة) التي كانت شاهدةً فيما مضى على سلوكه كفارس مقدام، فقدّم سرداً حكائيّاً لما كان يفعله في الماضي بين نحّار الجزور، ومُعْمِلِ المَطِيِّ، وينحر للشَّرْبِ مطيّته، ويصدع رداءه، ويُصرِّف، ويركب، ويسبأ الزِّقَّ. وهو رصدٌ متوالٍ لأحداث الماضي القريب الذي احتواه عالم الذكرى حين انسحب أمام كآبة لحظة الأسْر، فلم يبق إلا ذلك التكرار: كنت وكنت وكنت.

وفي زحام تلك المشاهد البطوليّة التي ترتسم عبر ذاكرة الماضي يعرض الشاعر قدراً من حنينه يبدو ممزوجاً بمرارة الألم التي يفرضها عليه واقعه الذي يعيشه في عالم الأسْر. ويبدو أنّه لا فائدة من كل ذلك، فالحل الوحيد الذي يتوقّعه القارئ لهذه القصّة الدراميّة هو قتل الشاعر على يد خصومه، استناداً إلى سياق الحبكة التي رسم خيوطها، وحرّك أحداثها الشاعر نفسه عندما لم يجد من قتله بدّاً، فكانت نهايته المحتومة على أيدي أعدائه.

وهذا قيس بن عَيْزارة يتذكّر داره ودور قومه حين أسرته فَهْمٌ في ذات الغمر:

لَعَمْـرُكَ أَنْسـى رَوْعَتي يَـوْمَ أَقْتُدِ

وهَلْ تَتْرُكَنْ نَفْسُ الأسيرِ الرَّوائِعُ؟

غَـداةَ تَناجَـوا ثُمَّ قامـوا فأَجْمَعوا

بِقتليَ سُلْكى لَيْسَ فيها تَنازُعُ

وقالوا: عَدُوٌّ مُسْـرِفٌ في دِمائِكُم

وهاجٍ لأعْراضِ العَشيرَةِ قاطِعُ

فسَكَّنْتُهُمْ بالقَـوْلِ حَتّـى كَأَنَّهُمْ

بَواقِرُ جُلْحٌ أَسْكَنَتْها المَراتِعُ

وقُلْتُ لَهُمْ: شَـاءٌ رَغيبٌ وحامِلٌ

وكُلُّكُمْ مِـنْ ذلكَ المـالِ شابِعُ

وقـالـوا لنا: البَلْهـاءُ أوَّلَ سُـؤْلَةٍ
وأَعراسُها واللهُ عَنِّي يُدافِعُ

وقَدْ أَمَرَتْ بـي ربَّتـي أُمُّ جُنْدُبٍ
لأُقْتَلَ، لا يَسْمع بذلكَ سامِعُ

تَقولُ: اقتُلوا قَيْساً وحُزُّوا لِسانَهُ
بحَسْبِهمُ أَنْ يَقْطَعَ الرَّأسَ قاطِعُ

ويأمُرِ بـي شَعْلٌ لأُقْتَلَ مَقْتَـلَاً
فقُلْتُ لِشُعْلٍ: بِئسَما أَنْتَ شافِعُ (35)

يسرد الشاعر قيس بن عيزارة ما حدث معه حينما وقع في
الأسر على يد تأبَّط شرّاً الذي أخذ سلاحه، فبدأ الخوف يتسرَّب
إلى كيانه؛ لأنَّ الأسير يخشى كلَّ حركة من حوله معتقداً أنَّ نهايته
اقتربت، فكيف به وقد سمع تناجي القوم وتشاورهم واجتماع أمرهم
على قتله؟!

وقد بدأت العقدة الدراميّة في هذه القصّة منذ اللحظة التي اتُّخذ
فيها هذا القرار. وقد عاد الشاعر ليعرض تفاصيل الحوار الذي دار
بينهم، فقد سمع أحدهم يقول: اقتلوه لأنَّه أسرف في سفك دماء القوم،
وهجا أعراض العشيرة، كما أنَّه قاطع للرحم. ولم يجد الشاعر بدّاً
من الدفاع عن نفسه، إذ لم يجد له نصيراً بين القوم المجتمعين، فبدأ
يتحدَّث، ثم سكنت نفوسهم، وبَدَوْا كبقرٍ لا قرون لها، وقد طابت نفسها
في المراتع.

يريد الشاعر الأسير أن يفتديَ نفسه بماله الكثير الذي سيكفيهم جميعاً، وفي حالةٍ من الأخذ والردِّ فيما بينهم طلبوا إليه أن يعطيهم ناقته البلهاء المعروفة بنجابتها، بالإضافة إلى الإبل الأخرى التي يمتلكها، فوافق على ذلك، مُرْجعاً أمر الدفاع عن نفسه وتخليصه من هذه المحنة إلى الله تعالى.

وفي أثناء ذلك ظهرت أم جندب، زوجُ تأبط شرّاً، بشخصيّتها المتسلّطة، طالبةً أن ينفِّذوا فيه حكم القتل من غير إخبار أحدٍ بهذا الفعل. وقد نقل الشاعر إلينا الحوار الذي دار بينها وبين قومها لما يحمله من رعب وينذر باقتراب نهاية الشاعر الأسير، وقد حدّدت في هذا الحوار طلبها بقتل قيس وقطع لسانه. وربما كان اختيار هذه الطريقة لكثرة ما هجا بلسانه أعراض العشيرة، وأمّ جندب واحدة من نسائها. ويقرر زوجها أن يستجيب لها، ويتوجَّه الشاعر إليها قائلاً: لم يعد ينفع ما قلته سابقاً كشافعٍ لي.

ويتابع قيسٌ سرده قائلاً:

سَـرَا ثابتَ بَـزِّي ذَميماً ولَـمْ أَكُنْ

سَـلَلْتُ عَلَيـهِ شُـلَّ منّـي الأَصابِعُ

فويْلُ أُمِّ بَزٍّ جَرَّ شَعْلٌ على الحَصى

فَوُقِّرَ بَـزٌّ مـا هُنالِكَ ضَائِـعُ

فَإنّـكَ إذْ تَحْـدوكَ أُمُّ عُوَيْمِـرٍ

لَـذو حاجَـةٍ حـافٍ مَـعَ القَـوْمِ ظالِعُ

وقــالَ نِسـاءٌ: لَـوْ قُتِلْتَ لسَاءَنا

سِـواكُنَّ ذو الشَّـجْوِ الـذي أنـا فاجِعُ

رجـالٌ ونِسـوانٌ بأَكْنـافِ رايَـةٍ

إلـى حُثُـنٍ ثَـمَّ العيـونُ الدَّوامِـعُ

سَـقى اللهُ ذاتَ الغَمْـرِ وَبْلاً وديمَةً

وجـادَت عليهـا البارقـاتُ اللَّوامِـعُ

بمـا هِيَ مِقْنـاةٌ أنيـقٌ نَباتُها

مِرَبٌّ فتَرْعاها المَخاضُ النَّوازِعُ[36]

سلب تأبَّط شرّاً سيف الشاعر، ولم يكن قد سلبه الشاعر شيئاً، وهذا ما دعاه إلى الحسرة والندم على ما فوَّت من فرصة سلِّ سيفه وقتله، ولهذا يدعو على أصابعه بالشَّلَل، ولات ساعة مندم، فلم يعد الندم مفيداً الآن. وكان تأبط شرّاً قصيراً، وعندما لبس سيف قيسٍ أخذ يجرُّه على الحصى، فأحدث هذا الجرُّ بالسيف وَقَراتٍ. وظهر الشاعر ضعيفاً غير قادرٍ على الهرب، وكأنَّ الضبع تلاحقه طامعةً في أكله.

انتقل الشاعر بعد ذلك إلى تصوير الفاجعة التي ستحلُّ بأهله بعد قتله، فحدَّد في البداية مكان إقامتهم في موضع (راية) و(حُثُن)، ثم صوَّر بناته وأهله وهم يذرفون الدموع على فراقه في مشهدٍ دراميٍّ مثير. وفي غصَّة الألم وحرقة الفؤاد لم يجد الشاعر سوى الدعاء بالسقيا على تلك البلاد الجميلة التي كان يُقيم فيها مطمئنّاً على إبله التي

ترعى الخصب، وقد بان حملها، وهي تحنُّ إلى أوطانها، كما يحنُّ هو إلى أهله وقومه، ولكنَّ وقوعه في الأسر منعه من تحقيق ذلك.

وربَّما كان عديُّ بن زيد العبادي أكثر الشعراء الذين عانوا في سجنهم، وذلك لطول إقامته فيه، وقد كان عديٌّ ذكيّاً من دهاة العرب، استخدمه كسرى في ديوانه لإتقانه الفارسيَّة، ولكنَّه بقي يتردَّد إلى الشام والحيرة. وتشير الروايات إلى أنَّ جماعةً من الناس أوغروا صدر النعمان عليه، وذكروا له أنَّ عديّاً يعدُّه عاملاً له، إذ هو الذي بوَّأه الملك، فأوقعوا بينهما، فأرسل النعمان إلى عديٍّ يطلبه، فاستأذن عديٌّ كسرى، وجاء النعمان، فلم يقبل هذا أن يجتمع به، وإنَّما ألقاه في السجن، ثم قتله[37]. وكان عدي بن زيد يرسل الأشعار من سجنه إلى النعمان بن المنذر معتذراً ومحاولاً استعطافه، فلم ينفعه ذلك:

أَبْلِـغِ النُّعْمَـانَ عَنِّـي مَألُـكاً

أنَّـهُ قَدْ طـالَ حَبْسي وانتِظاري

لَـوْ بِغَيْـرِ المـاءِ حَلْقِـي شَـرِقٌ

كُنْتُ كالغُصَّانِ بالماءِ اعتِصاري

لَيـتَ شِـعري عَـنْ دَخيـلٍ يَفتري

حَيثُما أُدْرَكَ لَيلي وَنَهـاري

قـاعداً يَكْـرُبُ نَفْسـي بَثُّها

وحَراماً كانَ سِجْني واحتِصاري

أَجَلَ نُعْمَى رَبَّها أَوْلُكُمْ

ودُنُوِّي كانَ مِنْكمْ واصطِهاري

أَجَلَ أنَّ اللهَ قَدْ فَضَّلَكُمْ

فَوقَ مَنْ أَحْكَأَ صُلْباً بِإِزارِ

نَحنُ كنَّا ـ قَدْ عَلِمْتُمْ ـ قَبْلَكُمْ

عُمُدَ البَيْتِ وأَوْتادَ الإصارِ

نُحسِنُ الهِنْءَ إذا اسْتَهْنَأْتَنا

ودِفاعاً عَنْكَ بالأَيْدي الكِبارِ

وأبوكَ المَرْءُ لَمْ يُشْنَأْ بِهِ

يومَ سِيْمَ الخَسْفُ مِنَّا ذو الخَسارِ

وعِداتي شَمِتَتْ، أَعْجَبُهُمْ

أنَّني غُيِّبْتُ عنهُمْ في أَسارِ [38]

في هذا الفضاء الضيّق طال مُقام الشاعر، ويبدو أنَّه لا سبيل إلى تحقيق الحريّة التي كان ينتظرها، فوجَّه رسالةً إلى الملك النعمان صاحب القرار بالإفراج عنه، يستعطفه بلغةٍ عاطفيَّةٍ مؤثِّرة، فلم يعد قادراً على الصبر في هذا السجن، ولشدَّة معاناته أصبح يغصُّ بالماء نفسه، مع أنَّ الماء يُذهب الغَصَّة، وذكَّره أنَّ العلاقة بينهما هي علاقة نسبٍ ومصاهرة. وقد بالغ الشاعر في مدحه إلى ادّعائه أنَّ الله فضَّله

على كل من لبس إزاراً، كما أنَّه ذكَّره بمساندته ومساندة قومه له من أجل إرساء دعائم حكمه، يقدّمون العطايا عندما يطلب منهم النعمان ذلك، ويدافعون عنه بكلِّ شدَّةٍ عندما يتعرَّض لعدوان. فالعلاقة بينهما ليست علاقةً آنيَّةً عابرةً، وإنَّما هي علاقةٌ قديمةٌ منذ أيام والده. أمَّا الآن فقد استطاع الحسَّاد والأعداء أن يوغروا صدر النعمان عليه، وقد أعجبهم رميه في السجن وحيداً لا معينَ له.

العنصر الدراميُّ الأكثر بروزاً في هذه القصَّة الدراميّة هو المكان- السجن، فلم يكن حضور الشخصيّات كبيراً، وإنَّما اقتصر على شخصيَّة البطل- الشاعر السجين، وربَّما كانت هناك شخصيّة السجَّان، أو شخصيّة أحد زوَّاره الذي طلب إليه إيصال رسالة الشكوى إلى النعمان.

كان الشاعر السجين يعيش حالةً من الصراع النفسيِّ بسبب فقده حرِّيَّته منذ مدَّةٍ طويلةٍ على الرغم من اقتناعه ببراءته، هذا من جانب، ومن جانب آخر كان هذا الصراع ناجماً عن أعدائه الذين شمتوا به بعد أن كانوا سبباً في دخوله السجن، فطاب لهم المقام عند النعمان، وحقَّقوا غايتهم بإبعاد الشاعر عن الملك، وهذا كان يخلق في داخله توتّراً كبيراً، ولكنَّ فضاء الأسْر وقف حائلاً دون توضيح وجهة نظره أمام الملك النعمان، فما كان منه إلّا اللجوء إلى وسيلة الرسالة علَّها تكون سبيلاً إلى تغيير قرار النعمان ومنحه حريته.

بيد أنَّ أكثر ما كان يؤرِّق الشاعر في سجنه زيارة أمِّه له، وقد صرَّح بذلك في قوله:

وَلَقَـدْ سـاءَني زِيـارَةُ ذي قُـرْ

بـى حَـبيبٍ لـوَدِّنـا مُـشْتـاقِ

سـاءَهُ مـا بِنـا تَبيَّـنَ فـي الأيْـ

ـدي وإشْنـاقُـها إلـى الأعْنـاقِ

فاذهَبـي يـا أُمَيْـمَ غَيْـرَ بَعيـدٍ

لا يُـواتِي العِـناقُ مَنْ فـي الوَثاقِ

واذهَبـي يـا أُمَيْـمَ إن يَشَـأ اللَّـ

ـهُ يُنَفِّسُ من أزْم هذا الخِناقِ

أو تَكُـنْ وِجْهَـةٌ فَتِلْكَ سَبيـ

لُ النّاسِ، لاتَمْنَعُ الحُتوفَ الرَّواقِي

وتَقـولُ العِـداةُ: أَوْدى عَـدِيٌّ

وبَـنـوهُ قَـدْ أَيْـقَـنوا بِغَـلاقِ

يـا أَبـا مُسْـهِرٍ فأَبْـلِـغْ رَسَـولاً

إخوتي إنْ أَتَيْتُ صَحْنَ العِراقِ

أبْلِغـا عامِـراً وأَبْـلِغْ أَخـاهُ

أنَّـني مُـوثَـقٌ شَـديـدٌ وِثـاقِي

في حَديدِ القِسْطاسِ يرقُبْني الحا

رسُ، والمَرْءُ كُلَّ شَيءٍ يُلاقي

فـي حَديدٍ مُضاعَـفٍ وغُلُـولٍ
وثِـيـابٍ مُـنَـضَّـحـاتٍ خِـلاقِ

فاركَبـوا فـي الحَرام فُكُّـوا أخاكَم
إنَّ عِيراً قَدْ جُهِّزَت لانطِلاقِ <sup>(39)</sup>

يعرض الشاعر مشهداً درامياً مؤثّراً، ففي هذا الفضاء الضيّق سمح لوالدته أن تزوره، وكان هذا أكثر ما يسوء الشاعر، فهو لا يريد لقاء أمِّه في مثل هذا الموقف، لكنَّه شوق الأمِّ إلى ابنها بعد طول غياب. كانت لهفة الأمّ واضحةً في عناقها لابنها، غير أنَّه طلب إليها أن تتركه وتذهب لأنه مُوثَقُ اليدين، ولا يستطيع أن يبادلها هذه المشاعر الإنسانيّة، وأكَّد طلبه إليها بالذهاب وتَرْكِهِ في البيت التالي. ويبدو أنَّ الشاعر كان يتعرَّض لمعاملةٍ سيّئةٍ في سجنه، إذ لم يُفَكَّ قيده في أثناء زيارة والدته له، مع أنَّ ذلك أبسط ما يمكن أن يقوم به الحارس في تلك اللحظة.

حدَّد الشاعر في حواره مع أمِّه أحد طريقين للخلاص، فإمَّا أن يأتيه الفرج القريب من الله فيخرج من سجنه، أو أن يتوجَّه قومه لإنقاذه. وكان أعداء الشاعر وحسَّادُهُ قد أعلنوا موته، وأبناؤه صدَّقوا هذه المقولة، بينما حاول الشاعر جاهداً أن يكذِّبهم، فوجَّه خطابه إلى أبي مُسهرٍ طالباً إليه أن يوصل رسالته إلى إخوته في العراق، يصف فيها ثقل قيده وشدَّته، وكذلك الرقابة الصارمة من حارس السجن. فالشاعر هنا ليس سجيناً عاديّاً، ويكاد وصف (السجين السياسيّ) ينطبق عليه، فالقيود الحديديّة المضاعفة، والأغلال، وثيابه الرثّة البالية، بالإضافة إلى الحراسة الشديدة في هذا السجن الانفرادي، توحي بذلك.

طلب الشاعر إلى قومه أن يهبُّوا لنجدته، ولو كان ذلك في الشهر الحرام، كي يخلّصوه من محنته الشديدة، فقد أصبح يتوق إلى الحرية والخلاص من هذا السجن البغيض، وهو مؤمنٌ أنَّ قومه لن يخذلوه، وسيجهّزون عِيْرَهم للانطلاق إلى النعمان كي يواجهوه، وينقذوا صاحبهم.

غاب البُعدان النفسيّ والجسديّ للشخصيّات عن هذا المشهد الدراميّ، وبرز بروزاً واضحاً وصف الفضاء المكانيّ، وحال الشاعر داخله. وقد وصلت الأحداث الدراميّة إلى ذروتها في لحظة العقدة المتمثّلة في طلب الشاعر إلى أبي مسهر نقل رسالته، وجاءت الأبيات التالية لتكشف النقاب عنها، ويظهر الحلّ في طلب الشاعر إلى قومه أن يجهّزوا أنفسهم ليفكُّوا أسره.

لم يحضر وصف السجن في القصائد السابقة كمكانٍ محدَّد الأبعاد، إذ ربّما كان السجين مقيّداً إلى جذع شجرةٍ أو مربوطاً بوتد خيمةٍ، لكنّ حضور هذا المكان كان بارزاً من خلال سلب السجين حرّيّته التي تجعله عاجزاً عن الحركة الطبيعيّة، وهذا التقييد للحريّة كان موجهاً للصراع الدراميّ بينه وبين نفسه بسبب الظروف التي أوصلته إلى هذه الحالة، وكذلك الصراع بينه وسُجّانه الذين لا يعرفون نهايةً للأسير سوى القتل المحتّم.


**ب) فضاء الاغتراب:**

كان النظام الاجتماعيُّ في المجتمع الجاهلي – كما تقدَّم – يقوم

أساساً على القبيلة، التي يقوم بناؤها على العصبيَّة، سواء أكانت عصبيةً قبيلةً أم عصبيَّة رحم. ولمّا كانت عصبيَّة الرحم تمثِّل عنصر القربى من الدرجة الأولى، كانت عصبيَّة القبيلة تأتي من الانتماء إلى جدٍّ واحدٍ أو أبٍ مشتركٍ للقبيلة كلّها[40]. والطابع الغالب على العصبيّة القبليّة في العصر الجاهليّ هو ضيق حدودها، «فما كان العرب يعيشون في ذلك العصر في صور جماعاتٍ قبليّةٍ واسعة النطاق، وإنَّما في صور جماعاتٍ صغيرةٍ قد تكون قبيلةً صغيرةً، أو بطناً من قبيلة، وكلُّ قبيلةٍ تستقلُّ بمراعيها ومياهها وحماها الذي لا يحقُّ للجماعات الأخرى تخطِّي حدوده، وكلُّ جماعةٍ ملزمةٌ برعاية مصالحها والذود عن حماها»[41]. وبذلك مثَّلت القبيلة في نظر أبنائها وطناً لا يمكنهم العيش بعيداً عنه، «إنَّ ارتباط مفهوم الوطن بالقبيلة لدى الشاعر الجاهليّ جعله يذوب بكلّ كيانه في هذا الوطن، يشعر أنَّه حين يكون بعيداً عن وطنه، إنسانٌ ضائعٌ غريبٌ، مهضوم الحقوق»[42].

ولا شكَّ في أنَّ حاجة العربيّ إلى موطنٍ يوفِّر له شروط العيش الكريم، ويضمن له الاستقرار الدائم تحت غطاء الأمان، جعله أكثر تشبُّثاً بعرى الانتساب إلى قبيلته، لأنَّ ذلك الشعور كان يجعله في منأى عن القلق ومداهمة الآخرين لاستقراره، فالشاعر الجاهليّ كان يشعر بعمق رابطة الانتماء والولاء لقبيلته أو عشيرته، في حين أنَّ قلق الاغتراب يبدأ بالتسرُّب إلى كيانه بمجرَّد التفكير بالرحيل عنها، «فالمكان ضرورةٌ إنسانيّةٌ، وهو في الوقت نفسه مشكلةٌ إنسانيّة، مشكلةٌ تضرب بجذورها في الشعور قبل أن تكون موضوعاً للتفكير، ومعضلةً أرهقت وجدان الشعراء»[43].

ولم يكن ابتعاد الشعراء عن أوطانهم ينسيهم إيّاها، بل على النقيض من ذلك، كان الوطن يتمتَّع بحياةٍ مستمرةٍ في أعماق الشاعر وفي خياله، حتّى إنّه يبصره في كلّ الصور، في أماكن الاغتراب، سواء أكانت تلك المشاهد المشابهة لبعض جوانبه، أم كانت تلك المشاهد تناقضها، «ومن ثمَّ يكون الانسحاب الاختياريُّ أو الاقتلاع القسريُّ من المكان الذي يحدث في الواقع موتاً لفكرة الوطن، وإنما تظلُّ الفكرة قادرةً على النموّ في الغربة»[44]. ولا سيّما إذا واجهته الصعوبات في أماكن الاغتراب. «إنَّ معايشة مكان جميل، ونقل تجربته، يثير في الذهن مباشرةً هناءة ذلك المكان، والعكس صحيح، فسلسلة الإحباطات التي يعانيها المرء في مكان ما تجعل من هذا الخير مكاناً عدوانياً»[45].

وربَّما كانت تجربة امرئ القيس مع غربة المكان فريدة، فهي تعادل غربة الموت، وهذا ما نلمحه في قصيدته الرائيَّة، التي تمثّل بشكل واضح رحلة الاغتراب التي سلكها، ذلك أنّها رحلته الأخيرة، فقد عاشها مصوِّراً خلجات نفسه وآلامه في محاولة لاستعادة ملك أبيه الضائع، والانتقام من بني أسد، وقد كان حضور المكان بارزاً فيها:

أَسماءُ أَمْسى وُدُّها قَدْ تغَيَّرا
سَـنُبْدِلُ إِن أَبْدَلْتِ بالحُبِّ آخَرا

تذَكَّرْتُ أَهْلـي الصَّالـحِيـنَ وقَـدْ أَتَتْ
عَلـى خَمَلَى خُوصُ الـرِّكابِ وأَوْجَرا

فَلَمَّـا بَـدَتْ حَـوْرانُ فـي الآلِ دونَها
نَظَـرْتَ فَلَـمْ تَنْظُـرْ بِعَينِكَ مَنْظَـرا

تَقَطَّـعَ أَسْـبابُ اللُّبانَـةِ والـهَـوَى
عَشِـيَّـةَ جاوَزْنـا حَمـاةَ وشَـيْزَرا

بِسَـيْرٍ يَضِـجُّ العَـوْدُ منـهُ يَمُنُّـهُ
أخو الجَهدِ لا يُلوي على مَـنْ تَعَـذَّرا

ولَـمْ يُنْسِـني مـا قَـدْ لَقيتُ ظعائنـاً
وخَمْـلاً لهـا كالقَـرِّ يوماً مُخَـدَّرا

كأثْـلٍ من الأعراضِ من دُونِ بِيْشَـةٍ
ودونَ الغُمَيْـرِ عامـداتٍ لِغَضْوَرا<sup>(46)</sup>

لم يجد امرؤ القيس بدّاً من القيام بهذه الرحلة إلى قيصر، واللافت في هذه الرحلة غياب المحبوبة وحضور المكان، فالشاعر بعيد عن محبوبته وأهله، وبعيد في الوقت نفسه عن الهدف الذي يسعى إليه، يطوي الفيافي والقفار، ويمرُّ بأماكنَ لا عهد له بها، فتنكره وينكرها، وهو دائم التفكير فيما هو مقبلٌ عليه، ودائم التذكُّر للمحبوبة التي خلَّفها من ورائه، وهذه الأميال الطويلة تفصل بينهما.

نسي امرؤ القيس شخصيّة المحبوبة التي قطعت ما بينه وبينها من الودّ، وفرَّر أن يميل بهواه إلى معشوقةٍ غيرها، لأنّها وصلت غيره. وقد حمل الفعل (سنبدل) دلالة واضحة تشير إلى حالة الانفصال

والتحوّل عنها. وربما حاول نسيان ذكرياته مع قبيلته في أثناء توجُّهه إلى قيصر طالباً مساعدته، ولكنّ نوازع الشوق إلى أهله غلبته، فالشاعر يفيض بحدَّة الانفعال التي ولّدتها هزيمة والده أمام بني أسد، فتذكَّر أهله الصالحين، وربّما هم من وقفوا إلى جانبه، وآزروه في محنته. والظاهر أنَّ حالة القلق انتابت الشاعر قبل الوصول إلى غايته، فهو في فقده لأهله وأحبّته فَقَدَ أيضاً العلاقة المرجوَّة في حمص وبعلبك وحوران، ولم تحمل له هذه الأماكن سوى المعاناة والإحساس بالضياع والحرمان. وقد تكون الغربة التي يعانيها الشاعر، وبُعده عن الأهل والأحباب، سبباً لتسجيل هذه الأماكن وإظهار سطوتها عليه. ففي منتصف النهار وفي منطقة حوران كانت الرؤية غير واضحة، فكان كمن يركض وراء سراب، وهذا دليل على غربة المكان.

إنَّ امرأ القيس يشعرنا أنَّه فورَ أن ظهرت حورانُ له داهمه اليأس والإحساس بالغربة والبعد عن أهله، إذ اختفت كلُّ تلك المشاهد الجميلة التي كانت تملأ خياله، وتزوِّده بطاقة من الحبِّ والتفاؤل، وحلَّت محلها مشاهد تثير الدهشة، ولا تحدث الانفعال في وجدانه، إذ انقطع عن عالمه الأول الضاجّ بالحب والأمل، ولمّا تعمّقت المسافة بينه وبين من أحبّ، ويئس من هذا اللقاء راح ينشغل بما هو فيه من مشقّةٍ ومعاناة.

إنّ مقارنة بسيطة بين أماكن الإقامة الاختياريّة قرب أهله ومحبيه، وأماكن الاغتراب التي مرَّ بها في هذه الرحلة (بيشة والغمير وغضور في مقابل حوران وحماة وشيزر)، توضّح لنا حالة الشاعر في غربته، وقد يكون تركيزه على ذكر هذه الأماكن وتشخيصها دليلاً على شدّة الألم وانقطاع الأمل في غربةٍ لا يبدو أنَّ نهايتها سعيدة.

ثم ينتقل امرؤ القيس للحديث عن ناقته النشيطة القويّة التي اختارها وسيلةً لتسلية الهموم:

فَدَعْ ذا وسَلِّ الهمَّ عَنْكَ بجَسْرَةٍ

ذَمُولٍ إذا صامَ النَّهارُ وهجَّرا

تُقَطِّعُ غِيطاناً كَأَنَّ مُتُونَها

إذا أَظْهَرَتْ تُكسَى مُلاءً مُنَشَّرا[47]

فالشاعر يريد أن ينسى همومه في هذه الغربة الموحشة، بالسَّفر على هذه الناقة التي وصفها بأنَّها شديدة السَّير في وقت إعياء الإبل وفتورها، إذا قامت الشمس في وسط السماء، وانتصف النهار. وقد قدَّم الشَّاعر لناقته وصفاً خارجيّاً أظهرَها فيه كناقةٍ أسطوريّة، لا تكلُّ الأسفار، ثم يسترسل في سرد مفاخره وعزمه على استرداد ما سُلب منه، لينتقل بعد ذلك إلى حالة رفيق دربه الشخصيّة الثانويّة في هذه القصّة الدراميّة، وهو عمرو بن قميئة الذي بكى من شدَّة وطأة الغربة عليه، وعميقِ الحنين إلى وطنه، في حوارٍ صُبَّ في ضرورة الصبر والتحمّل لاسترداد ملكه الضائع، فيقول:

بَكى صاحِبي لمَّا رَأى الدَّربَ دونَهُ

وأيْقَنَ أنَّا لاحِقانِ بقَيْصَرا

فقُلْتُ لـهُ: لا تَبْكِ عيْنُكَ، إنَّما

نُحاوِلُ مُلْكاً أو نَموتَ فَنُعذَرا

وإنِّـي زَعيمٌ إنْ رَجَعْـتُ مُمَلَّـكاً
بِسَـيْرٍ تَـرى مِنْـهُ الفُرانِـقَ أزوَرا

عَلـى لاحِبٍ لا يَهْتَـدي بِمَنـارِه
إذا سـافَهُ العَـوْدُ النَّباطيُّ جَرْجَرا

عَلى كلِّ مَقْصوصٍ الذُّنابى مُعاوِدٍ
بَريـدَ السَّـرى باللَّيْلِ مِنْ خَيْـلِ بَرْبَرا

أقَبَّ كسِـرْحانِ الغَضـا مُتَمطِّـرٍ
تَـرى المـاءَ مِـنْ أَعطافِهِ قَدْ تَحَـدَّرا

إذا قُلْـتُ: رَوِّحْنـا، أَرَنَّ فُرانِـقٌ
عَلـى جَلْعَدٍ واهي الأباجِـلُ أَبْتَـرا

لقَـدْ أَنْكَرَتْنـي بَعْلَبَـكُّ وأَهْلُهـا
ولابْنِ جُرَيْجٍ في قُرى حِمْصَ أَنْكَرا <sup>(48)</sup>

بدأ هذا المشهد الدراميُّ حزيناً ببكاء عمرٍو في أثناء سيرهما إلى قيصر، وذلك بعد أن جاوزا بلاد العرب، واتّصلا ببلاد الروم، فقد تملّكته لواعج الشوق والحنين إلى بلاده، فدار حوارٌ مباشرٌ بينهما في محاولةٍ من الشاعر لتسليته عن البكاء، فطلب منه في البداية أن يتوقّف عن هذا البكاء، وأن يصبر على ما أصابه حتّى يدركا ما يطلبان من الملك، بالوصول إلى قيصر والرجوع إلى قتال بني أسد، إلّا أن يقف الموت حائلاً دون ذلك، فيكون لهما العذر إذ لم يقصّرا في الطلب.

وهي دعوة الشاعر لنفسه أيضاً بالتجلُّد والتحمُّل والصبر على عناء السفر وأشواك الغربة. وقد أعلن الشاعر أنَّه يضمن لصاحبه أن يسير في طريق العودة سيراً شديداً يتمايل معه دليلهما في هذه الرحلة، إذا تحقَّقت أهدافها، واستطاع أن يعود ملكاً على قومه من جديد.

يعود المكان ليفرض نفسه في هذا المشهد، فالطريق الذي يسلكانه مليءٌ بالمخاطر، والمسنُّ من الإبل يكره أن يجتازه، بل إنَّه يصوِّت ويرغو لبعده، وما يلقى فيه من مشقَّةٍ، ولهذا آثر الشاعر أن يقطعه على خيل سريعة، خميصة البطن، لتسهل حركتها. وفي أوج هذه الحبكة يطلب الشاعر من دليلهم أن يسليهم، ليخفف عنهم شدَّة السفر ومشقَّته، فلا يلبث أن يبدأ بالغناء والتطريب.

ثم يعود المكان ليبرز من جديد عندما يشخِّصه، فتعلن بعلبكُّ إنكارها للشاعر، وكذلك قرى حمص، فالفعل (أنكرتني) يسوِّغه ملء قلب الشاعر بالهموم والأحزان والغربة والبعد عن الأهل والديار، ويصرِّح امرؤ القيس بذلك مؤكِّداً أنَّه أصبح بعيداً عن أهله ودياره، حتى صار في موضعٍ لا يُعرَفُ فيه، فلا شيء يسرُّ به ويوافقه في هذه الأمكنة، فتتشثَّت ذاته القلقة المتقهقرة في ديار الغربة.

وقد أحسَّ امرؤ القيس باشتداد وطأة الغربة عليه، حين شعر أنَّ المنيَّة قد دنت، خصوصاً أنَّه بعيد عن أهله وقبيلته، فيقول:

أَلا أَبْلِغْ بَنـي حُجْـرِ بْـنِ عَمْـرِو
وَأَبْـلِـغْ ذَلِـكَ الحَـيَّ الحَـرِيـدا

بِأَنِّي قَدْ بَقِيتُ بَقَاءَ نَفْسٍ

وَلَمْ أُخْلَقْ سِلاماً أو حَدِيدا

فَلَوْ أَنِّي هَلَكْتُ بِدارِ قَوْمِي

لَقُلْتُ: المَوْتُ حَقٌّ لا خُلودا

ولكنِّي هَلَكْتُ بِأَرْضِ قَوْمٍ

بَعِيدٍ مِنْ دِياركُمُ بَعِيدا

بِأَرْضِ الرُّومِ لا نَسَبٌ قَرِيبٌ

ولا شافٍ فيُسْنِدَ أو يَعودا

ولَوْ وافَقْتُهُنَّ عَلى أُسَيْسٍ

ضُحَيّاً أو وَرَدْنَ بِنا زَرُودا[49]

طلب امرؤ القيس من صاحبه أن يخبر أهله أنَّ موته كان بأرضٍ غريبةٍ، فقد كان يُمنِّي النفس بالموت في أرض قومه بين أهله وذويه، لكنَّ هذا الموت أصابه ببلاد غربة، ولا يمكن لقومه زيارة قبره.

وتبدو ساحات الوغى في مختلف البلاد أماكن الاغتراب عند عروة بن الورد الذي لامته زوجته كثيراً بسبب مخاطراته تلك، «وكان من الصفات الأساسيَّة في كلِّ صعلوك أن يكون حذراً متيقظاً شديد الحيطة والإحساس بالمخاطر، وقد جعلت هذه اليقظة فيهم ما يشبه الغريزة في الإحساس بالخطر، والتهيُّؤ له، وعدم المفاجأة في وقوعه»[50]. لكنَّها حياة الصعاليك القائمة على الغزو والنهب من

أجل البقاء والحفاظ على الحياة، فهو يغزو من أجل الغنى، ولكن ليس لنفسه، ولكن لمن حوله من الفقراء والمحتاجين من الصعاليك الذين يتضوَّرون جوعاً، ويشرفون على الهلاك، فقد «كانت حياة الصعاليك في المجتمع الجاهليِّ تقوم على الصراع الدامي الذي كان الصعاليك يخوضون غماره في شجاعةٍ وقوَّةٍ، لأنهم كانوا يتمثَّلونه صراعاً بين الحياة والموت»[51]، ولذلك كانت زوجته تلومه خوفاً عليه وشفقةً به، ويجيبها بأنّ ذلك سوف يخلّد ذكراه بعد وفاته، وأنَّه يخوض تلك المغامرات من أجل الفقراء، ليغنيهم ويغنيها، كي لا تشعر بالذلِّ والحاجة من بعده، فيقول معبِّراً عن ذلك:

أَقِلّـي عَلَـيَّ اللـوْمَ يـا بِنْـتَ مُنْـذِرِ
ونامي، وإنْ لَمْ تَشْتَهي النَّوْمَ فاسْهَري

ذَرِينـي ونَفْسِـي أُمَّ حسّـانَ إنَّني
بهـا قبْـلَ ألّا أملِـكَ البَيْـعَ مُشتَـرِ

أحاديـثَ تَبْقَـى والفَتـى غَيْـرُ خالِـدٍ
إذا هُـوَ أمْسَـى هامـةً فَـوْقَ صَيِّـرِ

تُجـاوِبُ أحْجـارَ الكِنـاسِ وتَشْـتَكي
إلـى كُلِّ مَعْـروفٍ رَأتْـهُ ومُنْكَـرِ

ذَرِينـي أُطَـوِّفْ فـي البـلادِ لَعَلَّني
أُخَلِّيكِ أو أُغنِيكِ عن سُـوءِ مَحْضَري

فَإِنْ فَـازَ سَـهْمٌ للمنيَّـةِ لَـمْ أَكُنْ

جَزوعـاً، وهلْ عَـنْ ذاكَ مِـنْ مُتَأَخِّرِ

وإنْ فَـازَ سَـهْمِي كَفَّكُـمْ عن مَقاعِدٍ

لكُـمْ خلْفَ أدبـارِ البيوتِ ومنـزلِ<sup>(52)</sup>

يظهر في هذا المشهد الدراميّ شخصيّتا الزوج المخاطِر وزوجته سلمى التي تلومه على ذلك، وينقل لنا حواره معها طالباً منها الكفَّ عن ذلك، فقد كان الشاعر يعيش حالةً من الصراع بين الإقدام والشجاعة من جهة، وبين الإحجام والترذُّد القائم في نفسه من جهةٍ أخرى، مستخدماً الحوار في إيصال هذه الحالة إلى المتلقّي، وهذا ما أضفى جوّاً من الحيويَّة والتشويق، جعل المتلقي في حالةٍ من التوتُّر والارتقاب لما ستسفر عنه الأحداث القادمة.

تَقـولُ: لَـكَ الوَيْـلاتُ هلْ أَنـتَ تاركٌ

ضَبـوءاً بِرَجْـلٍ تـارةً وبِمَنْـسِرِ

وَمُسْـتَثْبِتٌ في مَالِـكَ العـامَ، إنَّني

أَراكَ عَلـى أَقْتـادِ صَرْمـاءَ مُذْكِـرِ

فَجـوعٍ لأهلِ الصَّالحيـنَ مَزلَّـةٍ

مَخُـوفٍ رَدَاهـا أَنْ تُصيبَكَ فاحْـذَرِ

أَبى الخَفْضَ مَنْ يَغْشاكِ من ذي قَرابةٍ

ومِـنْ كُلِّ سَـوداءِ المَعاصِـمِ تَعْتَري

وَمُسْتَهْنِئٍ زَيْدٌ أَبُوهُ، فَـلا أَرَى
لَهُ مَدفعاً فاقْنَي حَيَـاءَكِ واصْبِري (53)

وضَّح عروة بن الورد فلسفته التي آمن بها، وهي حصوله على
الذكر الحميد، والأحدوثة الحسنة كتمهيدٍ للحديث عن قضيَّة الموت
الوثيقة الارتباط بقضية الخلود، فهو يحاول أن يشتري ويبني مجداً
وذكراً في حياته، وبماله هو لا بمال سواه، فإذا لقي حتفه بقيت
الأحاديث بعده شريفةً، فلا يتعرض للشتم، ولذلك فهو يسعى جاهداً
إلى تحقيق أهدافه قبل أن يحول الموت بينه وبينها، فيتحول إلى هامةٍ
تصوِّت إذا رأت من تعرف ومن تنكر.

إنّ اغتراب الشاعر من أجل أهدافه لا يتحقق في مكانٍ واحدٍ،
وإنّما عليه أن يطوّف بالبلاد كلّها، لعلّه يصيب حاجته فيغني زوجته
وعياله عن سوء محضره، «ويبقى الإنسان سعيداً إذا كانت حياته
في وطنه كريمةً من الناحيتين الاجتماعيّة والاقتصاديّة، وإلّا فعليه
الهرب والبحث عن وطنٍ آخر»(54).

وقد حاول الشاعر من خلال حواره مع زوجته إقناعها بصحّة ما
يذهب إليه، مستخدماً التحليل المنطقي في ذلك، وبيَّن لها ضرورة
المغامرة في سبيل العيش الكريم، لأنَّ الموت محتَّمٌ على كلِّ إنسان،
ولذلك فهو لا يجزع، أما إذا انتصر في مغامراته فهذا يعني العزّة
والكرامة، لأنَّ الزوجة حينها ستترك الجلوس خلف البيوت التي
تطلب منها ما يسدُّ الجوع لأبنائها.

وعلى الرغم من ذلك كانت زوجته العاذلة تصرُّ على استمرارها

في اللوم لكثرة غزواته راجلاً أو راكباً، فقد زادت من خشيتها عليه، وأصبح احتمال ألّا يعود إلى بيته كبيراً، وبدأت تحذّره من تلك الناقة التي أصبحت قويةً بعد انقطاع لبنها، فغدا الهلاك قريباً منه بسببها.

وهنا يُدخِل الشاعر صوتاً جديداً في النصّ، يفسح له المجال لاستكمال محاجّتِهِ من جوانبها كافّةً، فيجدّد تساؤله معها ناقلاً لنا هذا الصوت ليوظّفه في تحقيق هدفه: «أبَى الخَفْضَ من يَغْشاكِ من ذي قرابةٍ»، بالإضافة إلى صوت الرجل الفقير. وبذلك يكشف الشاعر السبب في رغبته في الغزو، وتبدأ العقدة بالحلّ، فربّما يأتي أحدٌ من الأقرباء طالباً العطاء، ولن تكون الزوجة قادرةً على إكرامه إذا ركنت إلى الدَّعَة ولين العيش، وحتى لو جاء شخصٌ فقير يسأل لرفض تقديم العون له، لأنّه لا يملك ما يكرمه به، فيوجّه لها أمراً بأن تحفظ حياءها وتتوقّف عن التدخل في شؤونه.

# ثالثاً: أماكن الانتقال العموميّة

مشهد الرحلة:

أ) رحلة الجماعة (القبيلة):

كثرت الدراساتُ التي تناولت مشهد الرحلة في الشعر الجاهليّ، وانطلقت من مبدأ اعتماد حياة العرب في جزيرتهم على التنقل والترحال سعياً وراء مساقط الغيث ومنابت الكلأ، أو رضوخاً لعوامل قبليّةٍ أو اجتماعيّة، وكان يتبع هذا التنقّل والارتحال حسرةٌ ولوعةٌ في نفوس القاطنين خلف من يرحلون، بعد أن قامت الجسور الوجدانيّة والروابط الإنسانيّة بين المحبّين. ويأتي الشعراء في مقدّمة الذين تتحرّك مشاعرهم وأحاسيسهم بمشاهد الرحيل متفجّرةً شعراً ينطق بألم الفراق، وهكذا يجهد الشاعر نفسه، وهو يتابع ظعائن الراحلين بنظرٍ غائرٍ وقلبٍ تمزّقه الحسرات، فينفث ما شعر به شعراً يرافق هذه الظعائن في حلِّها وترحالها.

ويمكن أن يكون كتاب الدكتور وهب أحمد روميّة (الرحلة في القصيدة الجاهليَّة) واحدة من أهمّ هذه الدراسات التي يقدِّم فيها

تسويغاً لانتشار الرحلة بقوله: «في ضوء العلاقة الحميمة بين الأدب والوجود الاجتماعيّ يمكن للمرء أن يعلِّل أموراً كثيرة، أحدها انتشار الرحلة بلونيها: رحلة الظعائن، والرحلة على الناقة في أدبنا العربي القديم، انتشاراً واسعاً كانتشار القبائل في تلك الصحراء أو انتشار الآل والطلول ومواطن النجعة»[55]. وهو ينظر إلى هذا المشهد على أنّه قصّةٌ قصيرةٌ مصوّرةٌ، فيقول: «ويحكي الشعراء في هذا اللون من الأغاني قصّةً قصيرةً ملمومة الأطراف، شاخصة المعالم، فيها من الوصف أكثر ممّا فيها من القصّ، حتّى توشك أن تكون قصّةً مُصوَّرة، وهي قصة هذه الرحلة في طائفة يسيرة من المشاهد الصغيرة المتتابعة»[56].

وقد دفعتني وجهة نظر الدكتور روميَّة في مشهد الرحلة إلى التعمُّق بدراسة عناصر القصّة فيه. وهذا طفيل الغنويّ يصوّر مشهداً من مشاهد الرحيل، إذ شاقته الأظعان التي حدا بها الحداة، وأطلّ يتابعها ببصره حتى كادت تختفي، يقول:

أَشَـاقَتْكَ أَظْعـانٌ بِجَفْـنِ يَبَنْبَـم

نَعَـمْ بُكُـراً مِثْـلَ الفَسِـيلِ المُكَمَّـم

غَـدَوْا فتَأَمَّلْـتُ الحُـدوجَ فَراعَني

وقَدْ رفعوا في السَّـيرِ إبْـراقَ مِعْصَم

فَقلْـتُ لِحَرّاضٍ وقَد كِـدْتُ أَزْدَهي

مِنَ الشَّـوقِ في إثْرِ الخَلِيطِ المُيَمِّم:

أَلَمْ تَرَ ما أَبصرتُ، أَمْ كُنْتَ سـاهِياً

فَتُشْـــجَى بِشَـــجْوِ المُسْـتَهامِ المُتَيَّـمِ؟

فَقـالَ: أَلا لا لَـمْ تَرَ اليَومَ شُـبْحَةً

وما شِـمْتَ إلّا لَمْـحَ بـرقٍ مُغيَّـمِ

وربِّ الَّذي أَشـرفْنَ مِنْ كُلِّ مذنبٍ

سَـواهِمَ خُوصـاً في السَّـريعِ المُخَدَّمِ

يَـزُرْنَ إلاالاً لا يُنَحِّبْـنَ غَيـرَهُ

بـكُلِّ مُلِبٍّ أَشْـعَثِ الـرَّأسِ مُحْـرِمِ

لقَـدْ بَيَّنَـتْ للعَيـنِ أَحداجُها معاً

عَلَيْهِـنَّ حَوْكِـيُّ العِراقِ المُرَقَّـمِ

عُقارٌ تَظَـلُّ الطَّيرُ تَخْطِـفُ زَهْوَهُ

وعَالَيْـنَ أَعلاقـاً عَلـى كُلِّ مُفْـأَمِ

وفي الظّاعِنينَ القَلبُ قَدْ ذَهَبَتْ به

أَسيلَةُ مَجْرى الدَّمعِ رَيَّـا المُخَدَّمِ [57]

يبدأ الشاعر – وهو الشخصيّة الرئيسة في هذا المشهد – قصّته بحوارٍ داخليٍّ يُظهر ألمه لرحلة الظعائن، وقد حدّد المكان التي جرت فيه الأحداث (جَفْن يَبْنَم)، فمن هذا المكان انطلقت الرحلة، كما حدّد زمانها في الصباح (غَدَوْا)، ووقف الشاعر متأمّلاً مراكب الظاعنين فراعه هذا المشهد، وقد جدُّوا في مسيرهم.

وهنا ظهرت شخصيّة ثانوية في هذه القصّة كانت تقف إلى جانب الشاعر ويدور الحوار الخارجيّ معها، فيوجّه الشاعر إليه سؤالاً مباشراً: هل شاهدت موقف الرحيل مثلي، أم أنّك كنت شارد الذهن؟ ويقدّم الشاعر وصفاً لحالة صديقه، إذ كان قد رأى الموقف، فالحزن سيلمُّ به، وسيبدو كمن فقد عقله وقلبه، ويجيبه صديقه بسؤالٍ يظهر من خلاله بأنّه لم يرَ شيئاً من ذلك، وإنما تراءت له أشباح لا أشخاص حقيقيّون، كما أنه شاهد البرق والغيوم التي غطّت وجه السماء. وعند ذلك يحتدُّ طفيل ويُقسم بالحجّ وجِماله الضامرة الغائرة الأعين، المتوجّهة إلى جبل عرفة، وبرجاله المحرمين الملبّين الذين اغبرَّت رؤوسهم، أنه رأى رأي العَيان حُدوج صاحبته تجلّلها ثياب موشّاة، وأخرى حمراء تتهافت الطيور عليها تحسبها لحماً طريّاً.

يعيش الشاعر صراعاً داخليّاً مريراً بسبب ارتحال الظعائن، إلى درجة أنّه بدا كمن فقد عقله وقلبه، ولم يلحظ صاحبه هذا الصراع، إذ كان ساهياً عن هذا المشهد أصلاً، وفي النهاية تزداد حالة التوتر لدى الشاعر ليعلن أنّ من بين الظاعنين فتاةً جميلةً أخذت قلبه معها، وتنتهي هذه القصّة الدراميّة عند هذا الحدِّ دون أن يَغوص في تفاصيل العلاقة معها.

وبذلك يكون الشاعر قد استوفى العناصر الدراميّة في هذه القصة من شخصيّاتٍ وزمانٍ ومكان، فالشخصيّات هي الشاعر نفسه وصاحبه والظعائن المرتحلة بمن فيها المحبوبة، والحدث هو الرحيل والانتقال، والزمن هو الصباح والمكان هو جفن يَبَنْبَم.

وكان لمشهد الرحلة أيضاً حضوره في شعر امرئ قيس، وتطالعنا

قصة الظعائن في شعره في رائيته التي تحدّث فيها – كما أشرنا سابقاً – عن سفره إلى قيصر الروم طالباً معونته لاسترداد ملكه الضائع، ولن أقف هنا لأكرّر ما كنا قلناه في حديثنا عن أماكن الاغتراب، كي نصل إلى حديث الشاعر عن الظعائن، فيقول:

بعَيْنَيَّ ظُعْنُ الحَيِّ لمَّا تَحمَّلُوا

لَدى جانِبِ الأفلاجِ من جَنْبِ تَيْمَرا

فَشَبَّهتُهُمْ في الآلِ لمَّا تَكَمَّشُوا

حدائقَ دَوْمٍ أَو سَفيناً مُقَيَّرا

أو المُكْرَعاتِ مِنْ نَخيلِ ابنِ يامِنٍ

دُوَيْنَ الصَّفا اللّائي يَلِيْنَ المُشَقَّرا

سَوامِقَ جبَّارٍ أَثيثٍ فُروعُهُ

وعَالَيْنَ قِنواناً من البُسْرِ أَحْمَرا

حَمَتْهُ بنـو الرَّبْداءِ مِنْ آلِ يامِنٍ

لأسْيافِهِمْ حَتَّى أُقِرَّ وأوقَرا

وأرضى بني الرَّبداءِ واعْتَمَّ زهوُهُ

وأَكْمامُهُ حَتَّى إذا ما تَهَصَّرا

أضافَتْ به جَيْـلانُ عنـدَ قِطاعِهِ

تَـرَدَّدُ فيـهِ العَيـنُ حَتَّى تَحَيَّرا[58]

كان امرؤ القيس يتابع رحلة الظعائن بعينيه، وهو يتحرّق حزناً على فراقها، محدّداً طريقها بجانب الأنهار بموقع (تَيْمَر). وقد شبّه هذه الظعائن وهي تسير في السراب بحدائق الدوم أو السفن المطليّة بالقار التي تمخر عباب البحر، ثم يشبّه هذه الظعائن بنخيل ابن يامن، ويستطرد في سرد أقصوصةٍ تتعلّق بهذا النخيل، إذ غرس هذا النخيل في الماء، واكتمل نضجه حتى استطال وارتفع، وقد سهر بنو الربداء على حمايته بسيوفهم، حتى آتى أكله، فطاف به عمّال كسرى يصرمونه.

ومن الواضح أن الشجر رمز للحياة والخصب عند الجاهليين، إذ ترتبط صورته بصورة الماء. ويمكن أن نقدّر معنى هذا في بيئة صحراوية، يقول الدكتور أنور أبو سويلم: «إن اختيار النخل في تشبيهات الظعائن له وظيفة عضويّة في القصيدة الجاهليّة، لأنّه يريدون لظعائن المحبوبة رموز النخلة، وما تعنيه من حياةٍ مستقرّةٍ في أرضٍ خصبة ترويها المياه الدافقة، ويريدون أن يباركوا المحبوبة وظعائنها بشجرة الحياة، لتمنحهم الأمن والحماية والحياة الرفهة، لذلك وصفوا النخل بأنّه محمّل بالثمر والخير، وأنّ الماء يكاد يغمر سيقانه، وأنّ الجُناة يطوفون حوله، ولا تمتدّ أيديهم إليه بمكروه»[59]. وربّما كان الشاعر يقصد من هذا التشبيه إلى إحاطة موكب الظعائن بحالةٍ من الأمن والطمأنينة في الوقت نفسه الذي يفتقد فيه الشاعر هذه الحالة.

ثم يستطرد الشاعر إلى ذكر الظعائن فيقول:

غَرائرُ فـي كِـنٍّ وصَـوْنٍ ونعمةٍ
يُحَلَّيْـنَ ياقوتـاً وشَــذْراً مُفَقَّـرا

وروحِ سَنـاً فـي حُقَّـةٍ حِمْيَرِيَّـةٍ
تَخُصُّ بِمَفْرُوكٍ مِنَ المِسكِ أَظْفَرا

وبانـاً وأُلويّـاً مِـنَ الهِنْـدِ ذاكيـاً
وَرنـداً ولُبنى والكِباءَ المُقَتَّرا

عَلِقْـنَ بِرَهْنٍ من حَبيـبٍ بِـ(ادَّعَتْ
سُلَيمى) فأَمسَى حَبْلُها قَدْ تَبَتَّرا

كانت هذه الظعائن غرائر مصونةً، بناتَ نعمةٍ وترف، ويظهر هذا فيما ارتدين من الياقوت، وفي الرائحة الطيبة التي تفوح منهن، وحينذاك تذكَّرَ الشاعر ما كان بينه وبين سليمى، إذ تقطّعت أواصر المحبة بينهما. وهكذا تستمر مأساة الشاعر، ويجد نفسه وحيداً بعد أن ارتحلت عنه المحبوبة مع الظعائن.

ويفتتحُ عبيد بن الأبرص قصيدته اللاميَّة بتصوير المنازل الخاوية البالية، وأصحابها الراحلين عنها، إذ صوَّر في أوّل المقدّمة حاله وقد وقف على المعاهد الدارسة يبكي على الرغم من محاولته إيقاف دموعه، لأنّه أصلب من أن تستثيره الديار الخاوية وتبكيه، يقول:

أَمِـنْ مَنْزِلٍ عـافٍ ومِنْ رَسْـمٍ أَطْلالِ
بكَيْتَ؟ وهلْ يَبْكي مِنَ الشَّوقِ أَمْثالي؟

دِيارُهُـمُ إذْ هُـمْ جَميـعٌ فأَصْبَحَتْ
بَسابِسَ إلّا الوَحْشَ في البَلَدِ الخالي [60]

وتلحُّ عليه الذكريات الحزينة، ويسترجع الأيّام التي كان فيها أبناء عمومته من بني أسد يعيشون فيها مجتمعي الشمل مطمئنّين، قبل أن تنزل بهم نوائب الدهر، وقبل أن تطويهم يد الردى، فهو لن ينساهم طوال حياته، حيث يقول:

فَقِدْماً أرى الحَيَّ الجَميـعَ بِغِبطةٍ

بهـا، واللَّيالـي لا تَـدومُ عَلـى حـالِ

أَبَعْدَ بَنـي عمِّـي ورَهْطِـي وإِخوَتـي

أُرَجِّـي لَيـانَ العَيْـشِ ضُـلّاً بِتَضْلالِ

فَلستُ وإنْ أَضْحَوا مَضَوْا لِسَبيلِهِمْ

يُناسِبُهُمْ طـولُ الحَياةِ ولا سـالي (61)

ويخلص من ذكرياته إلى سرد قصَّة الظعائن وهي تسير في شعاب الصحراء وسهولها، والحُداة ينهرون الإبل ويستحثُّونها، ويؤلمه ذلك، لأنّه آذَنَ ببُعْدِ محبوبته عنه، وقرّب انفصالهما إلى غير لقاء، حيث يقول:

أَلا تَقِفـانِ اليَـوْمَ قَبْـلَ تَفَـرُّقٍ

ونَـأْي بعيدٍ واختِـلافٍ وأَشْغالِ

إلـى ظُعُـنٍ يَسْـلُكْنَ بَيْـنَ تَبَالَـةٍ

وبَيْنَ أَعالي الخَلِّ لاحِقةِ التَّالي

فَلَمَّا رَأَيْتُ الحادِيَيْنِ تَكَمَّشا

نَدِمْتُ عَلى أنْ يَذْهبا ناعِمَيْ بالِ

رفَعنا عَلَيهـنَّ السِّـياطَ فقَلَّصَتْ

بِنا كلُّ فَتْلاءِ الذِّراعيْنِ مِرْقالِ

خَلُــوجٌ بِرِجْلَيْها كأَنَّ فُروجَها

فَيافيْ سُهوبٍ حينَ تَحْتَثُّ في الآلِ

فَألَحَقـنـا بالقَــوْمِ كُلُّ دِفِقَّـةٍ

مُصَدَّرةٍ بالرَّحْلِ وَجْنَاءَ شِملالِ[62]

تدور أحداث القصّة هنا حول مشهد رحيل الظعائن الذي حاول
الشاعر من خلاله أن يجد لنفسه العزاء ممّا ألَمَّ به. وشخصيّات هذا
المشهد كثيرة، ففي جانبٍ يقفُ الشاعر ورفيقاه، وفي الجانب الآخر
هناك الحاديان والظعائن المرتحلة. وفي البداية يطلب الشاعر من
رفيقيه أن يقفا قبل التفرّق لاستذكار خطِّ سير الرحلة، حيث سلكن
الطريق بين (تَبَالة) وبين (أعالي الخلّ)، واسترجع الشاعر ذكرياته
العذبة، وآلمه أن يذهب الحاديان بحبيبته ناعمِي البال، وازداد عنصر
التوتّر والقلق لدى الشاعر، وهو ما دعاه إلى اتّخاذ قرار مع رفيقيه
باللحاق بهم، فحرّكوا سياطهم على النوق التي انطلقت مسرعةً حتَّى
ألحقتهم بالظاعنين، ويدور بينهم وبين النساء المرتحلات حوارٌ
خارجيٌّ، يقول فيه:

فَأُبْنا ونازَعْنا الحَديثَ أَوانِساً

عَلَيْهِـنَّ جَيْشـانِيَّةٌ ذاتُ أَغْيـالِ


فَمِلْـنَ إلَيْنـا بالسَّـوالفِ وانْتَحَى

بنا القولُ فيما يَشْـتَهي المَرِحُ الخالي


كأنَّ صبـاً جـاءَتْ بريـحِ لَطيمَـةٍ

منَ المسـكِ لا تُسْـطاعُ بالثَّمنِ الغالي


وريـحِ الخُزامى فـي مَذائِـبِ رَوْضَةٍ

جَلا دِمْنَها سارٍ مِـنَ المُزْنِ هطَّالِ [63]


وهنا بدأت حالةٌ من السعادة ترتسم على الشاعر ورفيقيه بعد أن تبادلوا الأحاديث العذبة مع النساء المرتحلات، ممّا أضفى على الحديث جمالاً في ذلك الجوُّ المفعم بالرائحة الطيبة الغالية الثمن التي تصدر عنهنّ، وهذا زاد في أجواء السرور والمتعة التي عاشها الشاعر بعد ساعات القلق والتوتّر منذ أن أعلن الحاديان خبر الرحيل، وبدآ يحثّان الظعائن على الانطلاق. وقد أظهرت أحداث القصّة أنَّ الشاعر اكتفى بتجاذبه أطراف الحديث مع النساء، ووجد في ذلك متنفّساً استوعبَ همومه وآلامه، ولذلك لاحظنا شدّة اندفاعه وراءه.


## ب) رحلة الفرد:


لم تكن رحلة الفرد شائعةً بشكلٍ كبيرٍ في العصر الجاهليّ نظراً لما تنطوي عليه من مخاطر في ظلِّ وجود اللصوص وقطّاع الطرق،

والشائع هو رحلة أبناء القبائل مجتمعين من مكانٍ إلى آخر وفقاً لظروف القبيلة واحتياجاتها. لكنَّ بعض الشعراء كانوا يرتحلون وحدهم رغبةً في لقاء الممدوح والحصول على الأعطيات، أو هرباً من ظلم الملوك وتسلّطهم كما هو حال المتلمّس الضُّبعيّ الذي اشتهرت في الآفاق قصّته مع الملك عمرو بن هند المعروف بشدَّة بطشه وصرامته[64]، فقد استطاع أن ينال من الشاعر طرفة بن العبد وخاله المتلمس.

كانت رحلة المتلمّس الضُّبعيّ من العراق إلى الشام رحلةً فرديّةً هرباً من موتٍ محتَّمٍ، أمر به ملك الحيرة عمرو بن هند الذي حمَّل المتلمّس وابن أخته الشاعر طرفة بن العبد رسالتين إلى عامله في البحرين يأمره فيهما بقتل حامِلَيْ الرسالتين، بعد أن أخبرهما أنّه أمر لهما بالهدايا والأُعطيات، وقد ساور الشكُّ نفس المتلمّس الذي كان يشعر بحقدِ الملك عليه، ففضَّ الرسالة، وعرف مضمونها، وأخبر ابن أخته بذلك، ولكنّ إصرار طرفة على عدم اجتراء الملك على قتله قاده إلى حتفه. وكان الملك قد سمع بهجاءٍ ساخرٍ قاله طرفة بحقّه[65]، فيمَّم المتلمس وجهه شطر الشام، وأقسم ألا يعود إلى العراق، فقدَّم مشهداً دراميّاً بطلاه الشاعر وناقته، فليس من السهل على الإنسان أن يترك المكان الذي وُلد فيه، ونشأ في ربوعه. فقد بدأت لحظة التوتر منذ اللحظة التي عزم فيها المتلمّس على الرحيل:

**كَمْ دونَ أَسْماءَ مِنْ مُسْتَعْمَلٍ قَذَفٍ**

**ومِـنْ فَـلاةٍ بهـا تُسْـتَوْدَعُ العِيـسُ**

وَمِـنْ ذُرا عَلَـمٍ نـاءٍ مَسـافَتُهُ

كَأَنَّـهُ فـي حَبـابِ المـاءِ مَغْمـوسُ

جاوَزْتُـهُ بِأَمُـونٍ ذاتِ مَعْجَمَـةٍ

تَهْوي بِكَلْكَلِهـا والرَّأسُ مَعْكُوسُ [66]

بدأت لحظة التوتر في القصيدة منذ اللحظة التي عزم فيها المتلمّس على الرحيل، فتعدّدت الأماكن في هذا المشهد، إذ بدأت بأرض العراق وموطن المحبوبة أسماء، حيث اعتصر قلب الشاعر ألماً لفراقها، ولكنها الرغبة في العيش الآمن بعيداً عن الظلم والبطش.

بدأ الشاعر هذا المشهد الدراميّ بوصف المكان الذي بات يفصله عن المحبوبة أسماء، فالطريق طويلة، والصحراء مترامية الأطراف، وقمم الجبال بعيدةٌ. كلّ تلك الأماكن قطعها الشاعر على ظهر ناقته، وهي الشخصيّة الدراميَّة الرئيسة الثانية في هذا المشهد بعد الشاعر.

انتقل الشاعر إلى السرد في هذا المشهد بالفعل (جاوزته)، إذ بدأ الزمن يتحرّك مع بدء رحلة الناقة، فهذه الطريق الطويلة، وهذه الفلاة الواسعة التي لا تكاد تنجو منها حتى الجمال القويّة، ولا سبيل إلى النجاة منها إلا بناقةٍ أمونٍ قادرةٍ على إيصاله بأمنٍ وسلامٍ إلى وجهته الجديدة، ومع أنّها كانت تسير باتّجاه الشام إلا أنّ رأسها كان معكوساً ينظر إلى العراق، فقد عاشت حالةً من الصراع بين الانتساب إلى مكانين متناقضين من الناحية السياسية، وهذا كان عامل الأمان الذي بحث عنه المتلمّس، فهو يترك مكاناً فيه حاكمٌ ظالمٌ أصدر أمراً

بقتله، ولكنّه في الوقت نفسه يترك مكاناً فيه أهله وأحبّته وأرضه ووطنه الذي نشأ فيه، ليعيش في مكانٍ جديدٍ ينعم فيه بالأمن والسلامة والطمأنينة والعدل، وهذا المكان وجده عند الغساسنة الذين يرتبطون مع المناذرة بعداءٍ تاريخيٍّ، حيث يشهد التاريخ بينهما على معاركَ كثيرةٍ تناوب فيها الطرفان على تحقيق الفوز. وارتحالُ المتلمس إليهم يعني أنّه سيحقق هدفه من رحلته، مع أنّها رحلةٌ مليئةٌ بالمخاطر نظراً لبعد المكان ومشقّة الرحلة على ناقته التي بدأت بالحنين إلى موطنها بعد ظهور مؤشّراتٍ جعلتها تتذكر العراق وأهله بعد انطلاق الشاعر.

يقول الشاعر المتلمّس:

حَنَّتْ قَلُوصِي بهـا واللَّيْـلُ مُطْرِقٌ

بَعْـدَ الهُـدُوِّ وشَـاقَتْها النَّواقِيسُ

مَعقولَـةٌ يَنْظُـرُ التَّشْـريقَ راكِبُها

كَأَنَّهـا مِـنْ هَوىً للرَّمْـلِ مَسلُوسُ

وقَـدْ أَلاحَ سُهَيْلٌ بَعْدَما هَجَعُوا

كَأَنَّـهُ ضَـرَمٌ بالكَـفِّ مَقْبوسُ

أَنَّـى طَرِبْـتِ ولَـمْ تُلحَيْ عَلـى طَرَبٍ

ودونَ إلْفِـكِ أَمْـراتٌ أَمَالِيسُ

حَنَّتْ إلـى نَخْلَةَ القُصْـوَى فقُلْتُ لَها:

بَسْـلٌ عَلَيْكِ، ألا تِلْـكَ الدَّهارِيسُ

أُمِّـي شَـآمِيَةً ـ إذ لا عِـراقَ لنـا ـ
قَوْمـاً نَوَدُّهـمُ إذ قَوْمُنـا شُـوسُ

لَـن تَسلُكِـي سُبُلَ الـبَوْباةِ مُنْجِدَةً
ما عاشَ عَمْرٌو وما عُمِّرْتَ قابوسُ <sup>(67)</sup>

يرتحل المتلمّس وناقته إلى أرض الشام، ومع حلول الليل، وانتشار الهدوء في الأرجاء، واشتياقها لصوت النواقيس في كنائس العراق، بدأت الناقة تحنّ، واستمرَّ حنينها إلى أن ظهر نجم سُهَيلٍ من جهة الجنوب عند اقتراب الصباح، وهي جهة الحيرة، فكأنّ كلَّ ما حولها يشدُّها إلى موطنها. وفي المقابل هي لا تعرف وجهتها الجديدة، فتأجّجت لواعج الشوق والحنين في داخلها إلى أرض الوطن، كما أنّها لا تعرف سبب رحيلها، وسيكون فرحها غامراً إذا قرّر الشاعر العودة إلى الوطن.

وفي حوار الشاعر معها يتساءل قائلاً: كيف هذا الشوق والحنين يا ناقتي وهناك أرضٌ واسعةٌ باتت تحول دون تحقيق تلك النوازع والأشواق؟ والناقة تردُّ عليه بالحنين إلى موضع (نخلة القصوى). والنخل رمزٌ لأرض العراق، ويعلن الشاعر موقفه بشكلٍ صريحٍ بأنّ هذه الأرض أصبحت محرّمةً علينا، فلا ينبغي أن تتذكّري الوطن أو تشتاقي إليه، لأنَّ العودة ستعني كثرة الدواهي والمنكرات التي سيتعرّض لها في ظلِّ وجود هذا الملك الظالم، ولذلك عليها أن نَنساق مع الشاعر وفقاً لإرادته. ويتوجّه إليها بخطابه قائلاً لها: «أُمّي شآميَةً»، أي اقصدي الشّام؛ لأنَّ الشام ستكون موطننا الجديد بعد أن

خذلنا العراق وأهله، فاختار الشامَ موطناً، وانتسب إلى هذا المكان، إنهاءً لقصته الدراميّة.

آلَيْتُ حَـبَّ العِراقِ الدَّهـرَ أَطْعَمُهُ

والحَبُّ يَأْكُلُهُ في القَرْيةِ السُّوسُ

لم تَدْرِ بُصرى بما آلَيْتَ مِنْ قَسَـمٍ

ولا دِمَشْقُ إذا دِيْسَ الكَدَاديسُ [68]

في هذا المشهد وصل الشاعر إلى مرحلة حلّ العقدة الدراميّة، بإعلانه أنّ الناقة لن تسلك طريق العراق من جديد ما دام عمرو بن هند وقابوس في العراق، ووجّه خطابه إلى عمرو بن هند الذي أقسم ألّا يأكل المتلمّس من حَبِّ العراق وخيره، فعبّر عن استهزائه بهذا القسم، وأعلن أن العراق لا يمتلك أيّة ميزةٍ طالما أنّه يقبع تحت ظلم هذا الحاكم وبطشه، فالحياة في المكان الجديد (الشام) جميلةٌ، بينما هي في العراق مرعبةٌ، ولذلك رفض مجرَّد التفكير بالعودة، وحدَّد أماكن عدَّة في الشام مدّعياً أنها لم تسمع بقَسَمِ الملك (بصرى – دمشق)، زيادةً في الاستهزاء به، فالمتلمّس ينعم بخيرات دمشق وغلالها الكثيرة، ولا حاجة له بأرض العراق ومحاصيله.

225

# رابعاً: أماكن الانتقال الخصوصيّة

## - فضاء الحانة:

إنّ استعراضنا أماكن الانتقال الخصوصيّة يقودنا بالضرورة إلى الحديث عن فضاء الحانة، هذا الفضاء الذي اختاره الشعراء ميداناً للهوهم وعبثهم، وبالتالي يصبح هذا المكان العنصر الدراميَّ الأبرز في قصصهم التي تدور أحداثها فيه. هذه الأحداث التي يعدُّها الشعراء نوعاً من الردّ على اتهام المرأة لهم بالضعف أو ظهور المشيب، أو الكِبَر، ونحو ذلك. ولعلَّ الأعشى أحد أهمِّ أولئك الشعراء الذين عُنُوا بعرض قصصهم اللاهية. ولننظر إلى أبياته الآتية في تصوير لهوه في معرض توجيه الكلام للمرأة:

ومِثْلُكِ مُعْجَبَةٌ بالشَّبا      بِ صاكَ العَبيرُ بأَجْسادها

تَسَدَّيْتُها عادَنِي ظُلْمَةٌ      وغَفْلَـةُ عَيْنٍ وإيقادِها

فبِتُّ الخَليفَةَ مِـنْ زَوْجِها      وسَيِّدَ (تَيَّا) ومُسْتادِها<sup>(69)</sup>

فقبل أن يدخل الشاعر إلى تصوير الزيارة الخمريّة اللهويّة

وعرض فضاء الحانة، قدَّم إلينا قصّةً لهويّة صغيرةً جزئيّةً مع المرأة، حيث ينال الشاعر حبيبته في ظلمة الليل، وغفلةٍ من أعين الحرّاس، فيصبح خليفة زوجها على فراشها. ثم انتقل بعد ذلك إلى عرض قصّةٍ لهويّةٍ أخرى:

| | |
|---|---|
| على العـاذِلاتِ وإرْشـادِها | ومُستَدْبِرٍ بالّـذي عِنْـدَهُ |
| م لا يَتَغَطّى لإنْفادِها | وأَبْيَضَ مُخْتَلِطٍ بالكِرا |
| لِ ليـلاً فقُلْتُ لـهُ: غَادِهـا | أتاني يُوامِرُني في الشَّمُو |
| ح قبلَ النُّفوس وحُسّادِها[70] | أرِحْنـا نباكِـرُ جِدَّ الصَّبُو |

برزت الشخصيّة الثانويّة في هذا القصّة، وأدّى ظهورها في هذه الأثناء إلى تسريع وتيرة الأحداث، والسير بالحبكة نحو عقدتها، إنَّها شخصيّة صديقٍ مولعٍ بالخمرة فما يطيق عنها صبراً، ولا يبالي فيها عذلاً، سيِّدٌ ماجدٌ لا ينادمُ إلا السادة الأمجاد، سخيّ اليد، يأنف أن يتَساكر إذا نفدت الخمرة، ولكنّه لا يزال يلح في طلبها، وقد ألَّف بينه وبين الشاعر حبّها، وسخاء البذل فيها. وقد طاب له أن يدعو الشاعر ذات ليلة إلى حانوت، في وقتٍ لم يكن الديك قد أفاق من إغفائه بعد، معنى ذلك أن زمن القصّة بدأ في الهزيع الأخير من الليل قبل السحر. فلبّى الشاعر دعوته، ومضى معه يباكران الصبوح، ولا يخشيان لوماً، ولا يحذران حسداً. وهنا نجد قيمة الصحبة في مشهد اللهو وأهميّتها في الصورة المعبِّرة عن جزءٍ من حياة الشاعر:

| | |
|---|---|
| إلى جَوْنَـةٍ عِنْـدَ حَدَّادِها | فقُمْنَا ولمَّا يَصِحْ ديكُنَا |

تَنَخَّلَها من بِكارِ القِطاف      أُزَيْـرِقُ آمِـنُ إِكْسـادِها

فَقُلْنَـا لـهُ: هـذهِ هـاتِها      بِأُدْماءَ في حَبْـلِ مُقْتادِها

فَقَالَ: تَزيدُونَني تِسْعةً      وَلَيْسَـتْ بِعَـدْلٍ لأنْدادِهـا

فَقُلْتُ لِمِنْصَفِنا: أَعْطِهِ      فَلمَّا رَأى حَضَرَ شُـهّادِها

أَضـاءَ مِظَلَّتَهُ بِالسِّـرا      ج والـلَّيْـلُ غَامِـرُ جُدّادِها

دَراهِمُنـا كُلُّهَـا جَيِّـدٌ      فَـلا تَحْبِسَـنَّا بِتِنْقَادِها<sup>(71)</sup>

وُضعت الخمرة المعتَّقة في خابيةٍ سوداءَ عليها لباسٌ من قارٍ، تخيَّر لها الخمّار ــ وهو الشخصيّة الثالثة في هذه القصّة ــ صفوةً من بواكير القطوف، نافقةً لا يخشى عليها الكساد، ولا يسمح بها إلّا لمن هو أهل لها. فجاءه الهتاف: اسقنا من خمرك هذه، ولك بها ناقة بيضاء، ويقودها قائدها إليك، زمامها بيده، وهي منك قريب. فطلب أن يزيده تسعة دراهم، لأنّ خمره أنفس من أن تجزئ الناقة فيها والدراهم. وبعد انتهاء هذه المساومة بين البطل والخمّار يوافق الأعشى على كلّ ما يطلبه الخمّار ثمناً للخمر بلا اعتراضٍ، ويطلب من وصيفه القائم على تدبير الأموال بأن ينقده ما طلب. فلمَّا أصبحت الدراهم في يده، أقبل على السراج فأضاءه، يريد أن ينتقدها، إذ كان اللَّيل لا يزال يغشى الخباءَ بظلمته من ظاهرٍ وباطنٍ، فلم يكن من الشاعر إلّا أن ضاق به ذرعاً، وصاح به منكراً تلكُّؤه: دراهمنا جيادٌ، فهلمَّ إلينا، لا تمهلنا، فما بنا أن نصبر حتَّى تنقدها:

فقَـامَ فصَبَّ لَنَـا قَهْوَةً      تُسَـكِّنُنَا بعـدَ إرعادِها

كُمَيْتاً تَكَشَّفُ عَـنْ حُمْرَةٍ      إذا صَرَّحَـتْ بَعْدَ إزْبادِها

كَحَوْصَلَـةِ الـرَّأل في دَنِّها      إذا صَوَّبَـتْ بَعْدَ إقْعادِها

فجـالَ عَلَيْنـا بإبريقِـه      مُخَضَّبُ كَفٍّ بفِرصادِها[72]

جاءهم صاحب الحانة بخمرٍ لها في المفاصل دبيبٌ وإرعاد، وللذّتها من بعد سكونٍ واستسلامٍ تأثيرٌ عجيبٌ عليهما، حمراء تميل إلى السواد، فإذا مزجت بالماء وهدأ زبدها بدت حمراء صافيةً، كما بدت وهي مترسّبةٌ في قرارة الدَّنِّ بعد طول استقرار كحوصلةِ فرخ النَّعام. وجعل الخمّار يطوف عليهما بإبريقه، يخضِّبُ شعاعها كفَّه، بمثل حمرة التوت الأحمر لشدَّة صفائها وتألُّق لونها:

فباتَـتْ رِكابٌ بأكْوارِها      لَدَيْنـا وَخَيْـلٌ بألْبادِهـا

لِقَوْمٍ فكانوا هُـمُ المُنْفِدينَ      شَـرابَهُمُ قَبْـلَ إنْفادِها

فَرُحْنـا تُنَعِّمُنـا نَشْـوَةٌ      تَجورُ بنا بَعْدَ إقْصادِها[73]

وما زال يسقيهما منها، ويمتّعهما بها حتى أنفداها قبل أوان إنفادها، ثم نهض الشاعر وصاحبه إلى ركائبهما من الإبل والخيل، وكانت لا تزال كما تركاها قبالة الحانوت: الإبل في الأكوار، والخيل في الألباد، فامتطياهما وهما في حالةٍ من النشوة والسعادة، وما زالت بهما بقيّة من العقل، إذ لم تغلبهما الخمرة على الرغم من إكثارهما منها، فانطلقا على غير هدى ومن غير قصد.

ويُراوح الأعشى في قصّته هذه بين الوصف والحوار، لكنَّ

للوصف مكاناً أوسع، ونصيباً أوفر. إنَّه لم يدع شيئاً بين يديه ولا من حوله إلا وصفه، وصف الليل، فإذا هو حالك الظلام مشدود الرواق، وعيَّن وقت البكور إلى الصبوح، فإذا هو قبل أن يتنفَّس الصبح، ووصف صاحبه، فإذا هو سريٌّ يهيم بالخمرة، وينفق فيها بغير حساب.

ووصف الخمّار، فإذا في طبعه حرصٌ وطمعٌ وسوء ظنٍّ. جدَّ الأعشى بالطلب، فغالى هو بالثمن، وأُعطي الدراهم التي طلبها فأبى إلا أن ينقدها، وكأنّه قد أُعطيَها هَوْناً في غير تردّد. لم يصدق أنّها جياد، ولكنه مع ذلك كان كيِّساً حاذقاً في صنعته، يختار لخمره أطيب الكروم وأصلحها، ثم لا يعجلها، ولكن يتأنّى بها حتى يجتمع كيانها، وتشتدّ سورتها.

ووصف الخمرة بأنّها معتَّقةٌ كُمَيْتٌ، لها زبدٌ يفور، فإذا خالطها الماء رقّت وصفت، وبدت حمراءَ خالصةً لها شعاعٌ وَهّاجٌ، يتراءى على يد الساقي صبغاً أحمرَ كالفرصاد، إلا أنّ تركيز الشاعر كان منصبّاً على فضاء الحانة الذي جرت فيه الأحداث، فقد عكس هذا الفضاء صورةً من حياة المجتمع الجاهليّ. ولكنَّ اللافت هنا هو غياب المرأة القَيْنة، والسبب ــ كما أعتقد ــ أنّ الشاعر كان يهدف إلى تحقيق سعادته من خلال احتسائه الخمرة مع صديقه وحده، بينما لم يقتصر الأمر على صديقٍ واحدٍ عندما جاء إلى الحانة برفقة عدد مع أصدقائه:

**وقَدْ أَقـودُ الصِّبـا يَوْمـاً فَيَتْبَعَني**

**وقَدْ يُصَاحِبُني ذو الشِّرَّةِ الغَزِلُ** (74)

الشخصيّة التي تصاحب الشاعر في هذا البيت هي صاحب الشاعر، البطل ذو الهيئة الحَسَنَة أو (ذو الشِّرَّة الغَزِل)، فهو يرافق البطل إلى الحانة:

وقَدْ غَدَوْتُ إلى الحانوتِ يتبَعُني
شاوٍ مِثلٌ شَلُولٌ شُلْشُلٌ شَوِلُ

في فِتيةٍ كَسُيوفِ الهِنْدِ قَدْ عَلِموا
أنْ هالِكٌ كُلُّ مَنْ يَحْفَى وينتَعِلُ [75]

حيث يستجيب البطل لرفقة صاحبه الغَزِل، ويتّجه إلى الحانة مصطحباً شاوياً يشوي اللحم، ومرافقاً فتية أوفياء مؤمنين أنْ لا أحد يستطيع أن يردّ القدر.

يجلس أولئك الأصحاب، وهم يتبادلون الرياحين والخمرة، لا يقطع شربهم إلا كلمة (هات) إن تأخَّر عنهم الساقي ذو الأقراط، ويظلّ الساقي يدور عليهم، وقد شمَّر عن أسفل سرواله:

نازَعْتُهُمْ قُضُبَ الرَّيْحانِ مُتَّكِئاً
وقَهْوةً مُزَّةً راوُوقُها خَضِلُ

لا يَسْتَفيقونَ مِنْها وهْيَ راهِنَةٌ
إلّا بِـ(هاتِ)، وإنْ عَلُّوا وإنْ نَهِلُوا

يَسْعى بها ذو زُجاجاتٍ لَـهُ نُطَفٌ
مُقَلَّصٌ أَسْفَلَ السِّرْبالِ مُعْتَمِلُ

232

وَالسَّــاحِباتِ ذُيـــولَ الرَّيــطِ آوِنَــةً
إذا تُرَجَّـعُ فيهِ القَيْنـة الفُضُـلُ

ومُسْـتَجيبٍ تَخـالُ الصَّنْـجَ يُسْـمِعُهُ
والرَّافعـاتِ علـى أَعْجازِهـا العِجَلُ

مِـنْ كُلِّ ذلِـكَ يـومٌ قَـدْ لَهَـوْتُ بِـهِ
وفي التَّجـارب طولُ اللَّهو والغزَلُ<sup>(76)</sup>

أصدقاء الشاعر في حالة سكرٍ دائمٍ، لا يصحون إلا عندما يتوقف
تقديم الخمرة التي يقدّمها شخصٌ (الساقي)، ويبدو أنّه لا ينتمي إلى
ثقافة المنطقة، فالزيّ الذي يلبسه لا يعرفه سكّان المنطقة (الأقراط
والسروال المرفوع). واللافت في فضاء الحانة هنا هو بروز
شخصيّة القَيْنة التي تعزف على آلة الصنج، ترافقها مجموعة من
النساء اللواتي يرفلن بأثوابهنَّ، وقد شكّلن مع القَيْنة حالةً إغرائيَّةً
للشاعر وأصدقائه. وقد غاب عن هذا المشهد عنصر الحوار، فلجأ
الشاعر إلى سرد الأحداث معتمداً على وصفها. وفي هذا الفضاء
لا يتحقَّق الحصول على المرأة إلا من خلال جلسة الخمرة المشار
إليها، حيث تبرز المرأة بصفة مغنّيةٍ تلبس ثوباً ذا درعٍ لإضفاء مزيدٍ
من الإغراء عليه، حيث تبدو مفاتنها الجسديّة بارزةً أمام الشاعر
وصحبه. وقد أطلق الدكتور عبد الرزاق الخشروم على هذا الفضاء
اسم (القاع)<sup>(77)</sup>، وعرَّفه بأنَّه: «السلوك الذي يخرج به الإنسان عن
كل المواصفات الاجتماعيّة والأخلاقيّة، ويعيش أحاسيسه ويعبر عنها
في أقصى درجات التطرُّف دون أن يكون معنيّاً بأيّ رقابة خارجيّة،

ويجعل من متعته الخاصّة والتعبير عنها قانوناً جديداً، ومواصفات أخرى يضعها لمجتمع القاع هذا. والقاع في معلَّقة الأعشى هو الحانة، وفي الحانة تسود علاقاتٌ وتقاليدُ خاصّة، سلوكٌ مغاير لما هو خارجها»[78]. ورأى أنَّ الشخوص في مجتمع القاع على قسمين: «قسمٌ يقدّم اللّذة، ويقبض ثمنها وهم التّاجر والسُّقاة والنِّساء، والثاني يحصل على اللذة، ويقدّم ثمنها، وهم الزبائن»[79].

ولا يختلف فضاء الحانة عند لبيد كثيراً عمَّا هو عليه الحال عند الأعشى، لأنَّ لبيداً شاء أن يذهب وحيداً إلى الحانة من غير صديق ولا مرافق، وأن يكون واهب الخمرة هو الخمّار نفسه: فيقول موجِّهاً خطابه إلى محبوبته نوار:

بَـلْ أَنْـتِ لا تَدْرِينَ كَـمْ مِـنْ لَيْلةٍ

طَـلْـقٍ لَـذيذٍ لَـهْوُها ونِدامُها

قَـدْ بِـتُّ سـامِرَها، وغايَـةِ تاجِرٍ

وافَيْتُ إذ رُفِعَتْ وعَزَّ مُدامُها[80]

وجَّه الشاعر خطابه إلى صاحبته (نوار) التي قطعت ما بينه وبينها من علاقة بهجرتها وانقطاعها عنه، وهي لا تدري أنَّها وإن كانت قد شغلت عنه بالرحلة والانتقال، فهو كذلك مشغولٌ عنها، فهذه لياليه يقضيها في سمرٍ ممتعٍ شهيٍّ. ويشير البطل إلى ليلةٍ لذيذةٍ عاشها، كان هو محور السُّمَّار فيها، حين توجَّه إلى حانةٍ، وقد عزَّت الخمرة لكثرةِ طالبيها، وارتفع سعرها، هكذا يأخذ الواهبُ صفة الخمّار

234

(التاجر)، وتومئ الجملتان: (رُفِعَتْ وعَزَّ مُدَامُها) إلى مساومةٍ جرت بين الخمّار والبطل، تؤكّدها جملة (أُغْلِي السِّباء) في البيت اللاحق، ويوافق البطل أخيراً على السِّعر الذي يفرضه التاجر:

أُغْلِـي السِّـبـاءَ بِـكُـلِّ أَدْكَـنَ عاتِـقٍ

أو جَوْنَةٍ قُدِحَتْ وفُضَّ خِتامُها[81]

وقد أفادت جملة (أُغلي السِّباء) أمرين، الأول: ارتفاع سعر الخمرة. والثاني: موافقة البطل على السعر الغالي الذي لم يكن بمقدور الرجل العادي أن يحصل عليها أو يقتنيها، ويأتي البيتان اللاحقان ليفيدا أنَّ البطل حصل على الخمرة، وشربها صافيةً:

وصَبــوحٍ صافِيَـةٍ وجَـذْبٍ كَرينَةٍ

بِـمُـوَتَّـرٍ تَـأَتـالُـهُ إبـهامُـها

بـادَرْتُ حاجَتَها الصَّباحَ بِسُـحرَةٍ

لِأُعَلَّ منها حينَ هبَّ نِيامُها[82]

كان شرب الخمرة يستمرُّ إلى الصباح، وكان حضور المغنِّية بارزاً في هذا الفضاء، فهي تشكِّل جزءاً أساسيّاً فيه، لا يستقيم اللهو بغيابها، وقد استطاع الشاعر أن يميِّز نفسه عن الشخصيّات الأخرى داخل الحانة من خلال ظفره بما لم يستطع أحدٌ أن يظفر به، ونوال ما لم يكن بمقدور أحدٍ غيره أن يناله، لا لأنَّه يدفع في الخمرة ثمناً غالياً فحسب، ولكن لأنَّه يملك من المقوِّمات ما يساعده على الانتصار في هذا الصِّراع.

235

## هوامش الفصل الثاني:

1 – لحمداني، د. حميد (1993م)، بنية النص السردي، المركز الثقافي العربي للطباعة والنشر، بيروت، الطبعة الثانية، ص 53.

2 – فوغالي، د. باديس (2008م)، الزمان والمكان في الشعر الجاهلي، جدار للكتاب العالمي، عمان، الأردن، وعالم الكتب الحديث، إربد، الأردن، الطبعة الأولى، ص 174.

3 – انظر: باشلار، غاستون (1980م)، جماليَّات المكان، ترجمة: غالب هلسا، دار الجاحظ للنشر، وزارة الثقافة والإعلام بغداد: ص 73 – 78.

4 – الشعر والشعراء: الجزء الأول، ص 74 – 75.

5 – العمدة في صناعة الشعر ونقده: الجزء الأول، ص 362.

6 – اليوسف، يوسف (1983م)، مقالات في الشعر الجاهلي، دار الحقائق بالتعاون مع مديرية المطبوعات الجامعيَّة بالجزائر، الطبعة الثالثة،: ص 201.

7 – انظر: المرجع السابق: ص 141.

8 – خليف، د. مي يوسف (د. ت)، القصيدة الجاهليَّة في المفضليات: الناشر مكتبة غريب، ص 152.

9 – حسن، د. عزة (1986م)، شعر الوقوف على الأطلال من الجاهليَّة إلى نهاية القرن الثالث، مطبعة الترقي، دمشق، ص 113 – 114.

10 – انظر: الرؤى المقنَّعة، ص 66.

11 – العجان، أمجد لطفي (2012م)، البناء الدرامي في الشعر الجاهلي – شعر امرئ القيس نموذجاً، رسالة ماجستير أجازتها جامعة عين شمس.

12 – رينيه ويليك، وأوستن وارين (1985م)، نظرية الأدب، ترجمة: محيي الدين

صبحي، مراجعة: د. حسام الخطيب، المؤسسة العربية للدراسات والنشر، الطبعة الثالثة، ص 231.

13 – حسن البنا، د. عز الدين (1989م)، الكلمات والأشياء: التحليل البنيوي لقصيدة الأطلال في الشعر الجاهلي، دار المناهل، بيروت، الطبعة الأولى، ص 105.

14 – الخشروم، د. عبد الرزاق (1982م)، الغربة في الشعر الجاهلي، اتّحاد الكتّاب العرب، دمشق، ص 244.

15 – العمدة في محاسن الشعر وآدابه ونقده: الجزء الأوّل، ص 351.

16 – عطوان، د. حسين (1970م)، مقدمة القصيدة العربية في العصر الجاهلي، دار المعارف بمصر، ص 81.

17 – عبد الرحمن، د. نصرت (1982م)، الصورة الفنية في الشعر الجاهلي في ضوء النقد الحديث، مكتبة الأقصى، عمان، الطبعة الثانية، ص 165.

18 – ديوان امرئ القيس: ص 8 – 9.

السِّقْط: منقطع الرمل.

اللِّوى: حيث يلتوي الرمل ويرق.

الدَّخول وحَوْمَل: موضعان.

تُوْضِح والمِقْراة: موضعان.

لم يعف رسمها: لم تتندثر آثارها.

نسجتها: تعاقبت عليها.

الأرآم: الظباء البيض.

العَرَصات: الساحات.

البين: الفراق.

السَّمُرات: شجر الصمغ العربي.

ناقف الحنظل: الذي يستخرج حبَّه.

المطي: الإبل.

وقف الدابة: حبسها.

مهراقة: مسفوحة.

معوَّل: من العويل والبكاء.

الدِّين: العادة.

مأسل: موضع.

الصَّبابة: رقة الشوق.

المحمل: سيرٌ يحملُ به السيف.

19 ـ شرح ديوان لبيد بن ربيعة العامري: ص 297.

مَحَلُّها ومُقامها: مكان الحلول والإقامة.

مِنى: جبل أحمر عظيم يشرف على ما حوله من الجبال.

تأبَّد: توحَّش.

الغول: ما انهبط من الأرض، وقيل: هو موضع.

الرجام: الهضاب.

المَدَافع: الأمكنة التي يندفع منها الماء.

الرَّيّان: واد.

الوحيّ: جمع وحي، وهو الكتابة.

السَّلام: الحجارة.

حِجَج: أي اكتملت سنوات عليها منذ أن كان يسكن القوم.

20 ـ المصدر السابق: ص 298 ـ 299.

مرابيع: أمطار الربيع.

صابها: جادها وأصابها.

الودق: المطر.

الجود: المطر الشديد الكثيف.

الرُّهام: المطر اللَّيّن.

المدجن: ذو الغيم المتلبِّد المتكاثف.

سحابة عشيَّة: أي جاءت عشاء.

الإرزام: حنين الناقة، وقد استعاره للسحابة فمعناه أنها راعدة.

علا: شبَّ وارتفع.

الأيهقان: جرجير البحر.

الجَهْلتان: جانبا الوادي.

العِيْن: البقر.

ساكنة: مطمئنة.

عوذاً: حديثات النتاج.

تأجل: تسير أو تجتمع أجلاً أجلاً أي قطيعاً قطيعاً.

البِهام: أولاد الضَّأن واستعاره لبقر الوحش.

21 – ديوان النابغة الذبياني: ص 202.

22 – ابن منظور: لسان العرب، دار المعارف بمصر: مادة (خلط).

23 – انظر: حسن، د. عزة (1986م)، شعر الوقوف على الأطلال من الجاهليَّة إلى نهاية القرن الثالث، مطبعة الترقي، دمشق: ص 9.

24 – ديوان امرئ القيس: ص 105 – 107.

ألَّما على الربع: انزلا عليه.

عسعس: موضع.

المعرَّس: هو النزول في أول الليل أو في آخره للاستراحة.

غولا فألعس: موضعان ارتبعوا فيهما.

تأوبني: جاءني.

فغلَّسا: أي أتاه ليلاً في الغلس، وهو الظلمة.

المرجَّل: المسرَّح الجمَّة مدهونها.

الكواعب: جمع كاعب، وهي الجارية التي قد كعب ثديها، أي نهد وارتفع للخروج.

أملسا: من الملاسة، يعني أنَّه شابٌّ ناعمٌ.

عيط: الإبل التي اعتاطت، فلم تحمل سنتها، وقيل: هي الطوال الأعناق.

الأعيس: البعير الأبيض الذي يضرب بياضه إلى الحمرة والشقرة.

التبريح: إفراط المشقَّة.

25 – ديوان امرئ القيس: ص 168 – 169.

انعم صباحاً: كانت تحية أهل الجاهليَّة.

الحمول: الإبل التي يحتمل عليها.

الأعراض: أودية، واحدها عرض.

غير منبق: يعني غير مزٍ، نبق النخل: إذا أزهى.

وإزهاؤه: خروج ثمره.

الحوايا: جمع حوية: وهو مركبٌ من مراكب النساء.

حوك العراق: يعني مما يحاك بالعراق.

المنمَّق: المزيَّن.

غِزْلة: جمع غزال.

الجآذر: جمع جؤذر، وهي أولاد البقر.

تمخَّضن: تلطخن وتطيَّبن.

طرفي: عيني.

غوارب رمل: أوائله.

الألاء: شجر، واحده ألاءة.

الشبرق: شجر أيضاً، وأكثر ما يكون في الرمل.

عامدين لنيَّةٍ: الوجه الذي يريدونه.

حلوا: نزلوا.

مطرق: واد.

ثنيَّة: عقبة منه فيها فرجة.

العقيق: اسم مكان.

26 – ديوان طرفة بن العبد: ص 74 – 77.

الرَّبع: المنزل، وهو محلُّ القوم زمن الرَّبيع.

حممه: فحمه.

رقَّشه: زيَّنه.

الرهم: جمع رهمة، وهو مطرٌ ضعيفٌ كالديمة.

الكثيب: رمل مجتمع.

المعشب: ذو العشب.

الأنف: الذي لم يرع.

التناهي: جمع تنهية، وهي بطنٌ ينتهي إليه السيل فيحتبس.

مرتكمه: مجتمعه ومتراكمه.

حمَّ كلكلها: قصده ومعتمده، والكلكل: الصدر.

الديمة: المطر الدائم.

تثمه: تدقّه وتكسره لشدة مطرها.

لربيع: مزنة ربيع، والربيع هنا الزمان.

لم أرمه: لم أبرح منه.

27 – انظر: الصمـد، د. واضح (1995م)، السـجون وأثرها في الآداب العربية مـن العصر الجاهليّ حتى نهاية العصر الأموي، المؤسسـة الجامعية للدراسـات والنشر، بيروت، الطبعة الأولى، ص 16 – 20.

28 – لفتة، ضياء غني (2009م)، البنية السـردية في شعر الصعاليك، دار الحامد، عمان، الأردن، ص 130.

29 – المرجع السابق: ص 129 – 130.

30 – الصمـد، د. واضح: السجون وأثرها في الآداب العربية من العصر الجاهلي حتى نهاية العصر الأموي، ص 21.

31 – انظـر: الأصفهاني، أبو الفرج (2002م)، كتاب الأغاني، تحقيق: د. إحسـان عباس ود. إبراهيم السعافين، وأ. بكر عباس، دار صادر، بيروت، الطبعة الأولى، المجلـد 16، ص 228. وفي خزانة الأدب: الجزء الأول، ص 410 – 413. والجزء الثاني، ص 195 – 203.

32 – المفضليات: ص 155 – 157.

شِمالي: شمائلي.

أبو كرب: بشر بن علقمة بن الحارث.

الأيهمان: الأسود ابن علقمة بن الحارث، والعاقب وهو عبد المسيح بن الأبيض.

قيس: هو ابن مَعْدِي كَرِب الكندي.

الكُلاب: يوم الكُلاب الثاني، كُلاب أهل اليمن وتميم.

النهدة: المرتفعة الخلق.

الحوة: الخضرة، والأحوى من الخيل: ما ضرب لونه إلى الخضرة.

الذمار: ما يجب على الرجل حفظه.

النِّسْعة: سير من جلد.

أسجعوا: سهلوا ويسروا في أمري.

أخاكم: هو النعمان بن جساس.

البـواء: مـن قولهم: باء فلان بفـلان، إذا قتل وصار دمه بدمه، يريـد أنِّي لم أقتل صاحبكم حتى تريدوا قتلي به.

الرعاء: جمع راع.

العزب: المتنحي بإبله.

المتالي: الإبل التي نتج بعضها، وبقي بعض.

33 – المصدر السابق: ص 158.

عبشـميَّة: نسبة إلى عبد شمس، والذي أسر عبد يغوث فتى من بني عمير ابن عبد شـمس، وكان أهوج، فقالت أمُّه لعبد يغوث، ورأته عظيماً جميلاً: من أنت؟ قال: أنا سيد القوم. فضحكت وقالت: قبحك الله من سيد قوم حين أسرك هذا الأهوج!

34 – المصدر السابق: ص 158.

المطيَّة: البعير لأنَّ ظهره يمتطى.

الشَّرْب: جمع شارب.

أصدع: أشق.

القينة: المغنية، يريد أن يعطي كلاً منهما شطر ردائه.

شمَّصها: نفَّرها.

اللبق: الظرف والرفق والحذق، ومن اللبق واللبيق.

وعادية: يريد وخيلٍ عادية.

سوم الجراد: انتشاره في طلب المرعى، يريد أنَّ الخيل كالجراد في كثرتها.

وَزَعْتُها: كففتها.

أنحوا إليَّ: وجهوا إليَّ.

السباء: اشتراء الخمر.

الروي: أراد به الممتلئ.

الأيسار: الذين يضربون القداح.

35 ــ ديوان الهذليين (1965م)، الناشـر: الدار القوميَّة للطباعة والنشـر، القاهرة، نسخة مصوَّرة عن طبعة دار الكتب: القسم الثالث، ص 76 ــ 77.

أقتد: موضع.

الروائع: الواحدة رائعة، أي ما يروع الأسير.

تناجوا: وسوسوا.

سلكى: أجمعوا على أمرٍ ليس فيه اختلاف.

قاطع: قاطع للرحم.

بواقر: جمع باقر.

جلح: بقر لا قرون لها.

المراتع: مواضع ترتع.

الرغيب: الكثير.

جامل: جمع جِمال، أي سأعطيكم.

البلهاء: ناقته، وكانت نجيبة فارهة.

أعراسها: أصحابها وألّافها.

أوَّل سؤلة: أول ما سألنا.

والله عني يدافع: والله يدفع عني الأسر.

ربتني: يعني امرأة الذي أسره، قالت: اقتلوه سرّاً، لا تخبروا بقتله أحداً.

بئســما أنت شافع: أي شافعٌ قولك هذا بتكراره مرَّة أخرى، لأنَّ امرأته كانت قالت اقتلوه.

شعل: لقب تأبَّط شرّاً.

36 ـ المصدر السابق: ص 77 ـ 79.

سرا: نزع.

وقَّر: صارت به وقرات وهزمات.

تحدوك أم عويمر: تتبعك الضَّبع.

ظالع: ضعيف.

رجال ونسوان: يعني بناته وأهله.

راية: موضع.

أكنافها: ما حولها.

حثن: موضع.

من البارقات: سحائب فيها برق.

لوامع: تلمع بالبرق.

النوازع: تنزع إلى أوطانها.

المخاض: إبلٌ حوامل.

مرب: أي مجتمع للناس،

ومرب الإبل: الموضع الذي ارتبت فيه أي أقامت.

37 ـ انظر مقدمة: ديوان عدي بن زيد العبادي (1965م)، حققه وجمعه: محمد عبد الجبار المعيبد، دار الجمهورية للنشر والطبع، وزارة الثقافة والإرشاد، بغداد، ص 10 ـ 12. وانظـر: كتاب الأغاني: الجزء الثاني، ص 109 ـ 110. وانظر: الغربة في الشعر الجاهلي: ص 184 ـ 192.

38 ـ ديوان عدي بن زيد العبادي: ص 93 ـ 94.

المألكة: الرسالة.

يكرب نفسي بثها: يشتد عليَّ حزنها.

أحكأ: أحكم الشد.

الهنء: العطاء.

استهنأ الرجل: أعطاه.

الأيدي الكبار: المنن.

39 – المصدر السابق: ص 150 – 151.

الإشناق: أن تغلَّ اليد إلى العنق.

الأزم: الشدَّة.

القسطاس: القبان.

الحرام: يعني الشهر الحرام.

40 – انظر: علي، د. جواد (1954م)، تاريخ العرب قبل الإسلام، المجمع العلمي العراقي، بغداد: الجزء الرابع، ص 222.

41 – النص، د. إحسان (1973م)، العصبيَّة القبليَّة وأثرها في الشعر الأمويّ، دار الفكر، دمشق، الطبعة الثانية، ص 141.

42 – الخشروم، د. عبد الرزاق: الغربة في الشعر الجاهلي. ص 45.

43 – الخليـل، أحمـد (1989م)، ظاهـرة القلق في الشـعر الجاهلـي، دار طلاس للدراسات والترجمة والنشر، دمشق، الطبعة الأولى، ص 117.

44 – عثمـان، اعتـدال (1988م)، إضاءة النـص، دار الحداثة للطباعة والنشـر والتوزيع، بيروت، الطبعة الأولى، ص 7.

45 – كحلوش، فتحيَّة (2008م)، بلاغة المكان؛ قراءة في مكانيَّة النص الشـعري، مؤسسة الانتشار العربي، بيروت، الطبعة الأولى، ص 27.

46 – ديوان امرئ القيس: ص 61 – 62.

خملي وأوجر: موضعان بالشام.

الخوص: غائرات العيون.

الآل: منتصف النهار.

بسير يضجّ العود منه يمنُّه: أي يذهب بمنّته ويضعفه.

تعذَّر: تخلَّف وبقي.

القرّ: من مراكب النساء على الإبل.

مخدَّرا: جعل في هيئة الخدر، والخدر: الهودج.

الأثل: شجر.

الأعراض: جمع عرض وهو الوادي.

بيشة والغمير وغضور: مواضع فيها ماء يقام عليها.

عامدات: قاصدات.

47 – المصدر السابق: ص 63.

الجَسْرة: الناقة الطويلة.

الذمول: التي تسير سير الذميل، وهو سير سريع.

صام النهار: قام واعتدل.

هجّر: من الهاجرة وشدَّة الحر.

غيطان: واحدها غائط، ما انخفض من الأرض واطمأنَّ.

متونها: ما ارتفع من الأرض وصلب.

ملاء منشَّراً: الملاحف البيض المنشورة.

48 – المصدر السابق: ص 65 – 68.

الدرب: ما بين بلاد العرب والعجم.

الزعيم: الكفيل والضامن.

الأزور: المائل الذي يسير في جانبٍ من شدَّة السير.

الفرانق: الذي معه دليلٌ أو غيره.

سافه العود: شمَّه المُسِنُّ من الإبل.

جرجر: صوَّت ورغا.

النباطيّ: منسوب إلى النبط، أشدّ الإبل وأصبرها، وقيل هو الضخم.

اللاحب: الطريق الواضح.

معاود بريد السرى: أي قد استعمل في سير البريد وعاوده.

خيل بربر: أجود الخيل وأصلبها.

أقب كسرحان الغضا: خميص البطن كالذئب.

الغضى: شجر.

المتمطِّر: السابق الماضي على وجهه.

أرنَّ: أرجع صوته بالغناء.

الجلعد: الغليظ الشديد.

واهي الأباجل أبتر: يريد أنَّه ليِّن العروق والمفاصل.

الأباجل: عروق في الرجل.

الأبتر: المقطوع الذنب.

49 – المصدر السابق: ص 213 – 214.

الحريد: الذي ينزل ناحية منفرداً.

السِّلام: الحجارة، الواحد سلمة.

أسيس وزرود: موضعان.

50 – حنفي، د. عبد الحليم (1987م)– شعر الصعاليك؛ منهجه وخصائصه، الهيئة المصرية العامة للكتاب، القاهرة، ص 234.

51 – الشعراء الصعاليك في العصر الجاهلي: ص 47.

52 – شعر عروة بن الورد العبسي (1995م)، تحقيق: د. محمد فؤاد نعناع، مكتبة الخانجي بالقاهرة، الطبعة الأولى، ص 41 – 44.

الصَّيِّر: القبر.

الكناس: موضع.

الجـزوع: الكثيـر الجزع، وهو نقيـض الصبر، إنَّما هذا مثـلٌ تَمَثَّل به، يقال للذي يَخْرُج سهمه في القداح أوَّلاً.

53 – المصدر السابق: ص 44 – 45.

الضبوء: اللصوق بالأرض.

الرَّجل: الرَّجالة.

المنسـر: وهو ما بين الثلاثين إلى الأربعين، وإنما سـمِّي منسـراً لأنه مثل منسر الطائر يختلس اختلاساً ثم يرجع ولا يزاحف، أي يثبت.

أقتار: جمع قتر، الناحية.

الصرمـــاء: الناقـة التي صرمت أطباؤهـــا، أي قطعت لينقطع لبنها فتشـــتد قوتها، ويشتد لحمها.

المذكر: التي تلد الذكور.

الفجوع: كثير الفجع.

مزلة: تزل بأهلها.

مخوف رداها: أي يخاف الهلاك من قبلها.

من كلِّ سوداء المعاصم: يريد أنها جهدت من الجدب والجهد والهزل.

الخفض: الدعة ولين العيش.

تعتري: تأتي طالبةُ المعروف.

مستهنئ: هو المستعطي.

زيد: جد عروة.

اقني حياءك: احفظيه وأمسكيه عليك.

54 ــ الغربة في الشعر الجاهلي: ص 41.

55 ــ روميَّة، د. وهب أحمد (1976م)، الرحلة في القصيدة الجاهليَّة، اتحاد الكتاب والأدباء الفلسطينيين، الطبعة الأولى، ص 19.

56 ــ المرجع السابق: ص 21.

57 ــ الغنوي، طفيل (1997م)، ديوان طفيل الغنوي، تحقيق: حسّــان فلاح أوغلي. دار صادر، بيروت، الطبعة الأولى، ص 99 ــ 102.

المكمَّم: المغطى.

جفن يبنبم: موضع.

رفعوا: جدُّوا.

ازدهى: استخفّ.

حرّاض: صاحبه.

المستهام: الذاهب العقل.

المتيّم: الذاهب الفؤاد.

249

تشجى: تحزن.

الشُّبْحة: الشيء يتشخص.

الشيم: النظر.

مغيم: ملبس بالغيم.

الساهم: الضامر.

الخوص: الغائرة العين.

المخدم: ذوات الخدم في أرجلها.

الإلال: جبل عرفة.

لا يُنَحِّبْنَ غيره: لا يجعلن في أنفسهن غيره.

ملبٍّ: من التلبية.

أشعث: أغبر.

الحوكي: ثياب عراقيَّة.

مرقم: منقط.

العقار: ثياب حمر.

زهوه: حمرته.

الأعلاق: العتاق.

المفأم: الذي عرض ووسع.

الأسيلة: السهلة الخد.

58 – ديوان امرئ القيس: ص 57 – 58.

الأفلاج: الأنهار.

تيمر: موضع.

المكرعات: النخيل المغروسات في الماء.

الصفا والمشقر: نهران بناحية اليمامة.

السوامق: المرتفعات الطوال.

الجبار: الذي فات اليد لطوله.

القنوان: العذوق.

البسر: ما احمرَّ من التمر.

أوقر: حمل.

اعتمَّ: كمل وتمَّ.

الزهو: الأحمر والأصفر من البسر.

تهصَّر: تثنَّى وتدلَّى.

جيلان: قومٌ اتخذهم كسرى ليصرموا النخل.

59 ـ أبو سـويلم، د. أنور عليان (1983م)، الإبل في الشـعر الجاهلي ـ دراسة في ضـوء علم الميثولوجيا والنقـد الحديث. دار العلوم، الرياض: القسـم الأول، ص 199.

60 ـ ديوان عبيد بن الأبرص: ص 112.

البسابس: جمع بسبس، وهي الأرض القفر.

61 ـ المصدر السابق: ص 113.

ليان العيش: رخاؤه.

62 ـ المصدر السابق: ص 113.

تَبالة: موضع باليمن.

الخل: طريق في الجبل.

تكمَّش: جدَّ وأسرع.

قلصت: أسرعت في السير.

فتلاء الذراعين: قويّتهما.

مرقال: سريعة.

الخلوج: المضطربة المتحركة.

الدفقَّة: الناقة التي تتدفَّق في سيرها تدفق الماء.

الوجناء: العظيمة.

الشِّملال: الخفيفة.

63 – المصدر السابق: ص 114.

الجيشانيَّة: برود حمرٌ وسود تنسب إلى رجل من اليمن.

الخزامى: نبت طيب الرائحة.

المذائب: الجداول الصغيرة.

64 – انظر: الحاج حسـن، رائـد: (2005م)، الناقة: الواقع والرمز – دراسـة في الشـعر العربي حتى نهاية القرن الأول الهجري، رسالة ماجستير أجازتها جامعة حلب، ص 109.

65 – ابن قتيبة: الشعر والشعراء، الجزء الأول، ص 183.

66 – الضُّبعيّ، المتلمِّس (1970م)، ديوان شـعر المتلمِّس الضُّبعيّ، تحقيق: حسن كامل الصيرفي، معهد المخطوطات بجامعة الدول العربية: ص 100 – 102.

المستعمل: الطريق الموطأ.

قذف: بعيد.

حباب الماء: فقاعاته.

67 – ديوان المتلمس الضبعي: ص82 – 93.

مطرق: شديد السواد.

المسلوس: الذاهب العقل.

تلحي: تلامي.

الطرب: الفرح.

أمرات: جمع مرت، وهي الأرض لا نبت فيها.

الأماليس: جمع إمليس، وهي الأرض المستوية.

بسل: حرام.

الدهاريس: الدواهي المنكرات، واحدها دهرس.

نخلة القصوى: موضع.

شوس: الشَّوَس، النظر بمؤخر العين تكبّراً وتغيّظاً.

البوباة: ثنيّة في طريق نجد ينحدر منها صاحبها إلى العراق.

68 ــ المصدر السابق: ص 95 ــ 96.

آليت: أقسمت.

الكداديس: جمع كدس، وهو ما تكدّس من الحنطة فتكوّم.

69 ــ ديوان الأعشى الكبير: ص 69.

صاك: لصق.

العبير: أخلاط من الطيب تجمع بالزعفران.

70 ــ المصدر السابق: ص 69.

المستدبر: الذي يعرض عن عواذله ويوليهنَّ دبره.

لا يتغطَّى: لا يتساكر إذا نفدت لئلا يشتري.

يؤامرني: يشاورني.

غدا على الشيء: بكَّر إليه.

أرحنا: أراح الرجل، رجعت إليه نفسه بعد الإعياء، وصار مستريحاً.

الجد: العجلة.

الصبوح: خمر الصباح.

71 ــ المصدر السابق: ص 69 ــ 71.

الجَوْنة: خابية الخمر تطلى بالقار.

حدَّادها: صاحبها.

تنخُّلها: تخيَّرها.

أزيرق: هو الخمار نفسه، جعله أزرق، لأنَّه عِلْجٌ ليس عربيّاً.

أدماء: ناقةٌ صادقة البياض سوداء الأشفار.

المِنْصَف: الخادم الذي يتولَّى الأمور الماليَّة، فيُنْصِف فيها.

الشهاد: الدراهم.

الجداد: الهدب الذي يبقى في أسفل النسيج.

72 ــ المصدر السابق: ص 71.

كميت: حمراء تضرب إلى السواد.

صرحت: ذهب زبدها.

الرأل: ولد النعام.

صوبت: أمليت وصبَّت.

إقعادها: طول بقائها في الدَّنِّ.

الفرصاد: التوت وهو أحمر.

73 – المصدر السابق: ص 71.

الأكوار: جمع كور، وهو الرحل.

الألباد: جمع لبد، وهو الصوف المُتَلَبِّد.

جارَ: مال عن القصد.

أقصده: أصابه فقتله.

74 – المصدر السابق: ص 59.

الشِّرَّة: نشاط الشباب.

75 – المصدر السابق: ص 59.

الشاوي: الذي يشوي اللَّحم.

المِشَلّ: الجيد السوق للإبل. وكذلك الشَّلُول.

والشُّلْشُل: الخفيف السريع.

الشَّوِل: الذي يحمل الشيء.

76 – المصدر السابق: ص 59.

قُضُبَ الرَّيْحان: حَسَنَ الأحاديث وطريفها.

راووقها: إناؤها.

خَضِل: نَدِيّ.

لا يستفيقون منها: أي شرابهم دائم.

راهنة: دائمة.

النهل: الشرب الأول.

والعَلّ: الشرب الثاني.

النُّطَف: جمع نطفة، وهي اللؤلؤة.

مُقَلَّص: مشمّر.

السِّرْبال: القميص.

مُعْتَمِل: نشيط.

مستجيب: العُود.

الصَّنْج: دوائر صغار من النحاس يصفق بإحداها على الأخرى، وتمسكان بأصابع اليد.

القينة: الأمَة، مُغنِّية كانت أو غير مغنِّية.

الفضل: التي في ثياب فضلتها، أي مباذلها.

الرافلات: النساء اللواتي يرفلن بثيابهن، أي يجررنها.

العجلــة: القربة الصغيرة، يشــبه أردافها المرتجة بالقربــة الصغيرة يترجرج فيها الماء.

77 – انظر: الخشــروم، د. عبد الرزاق (1993م)، القاع في معلّقة الأعشــى. مجلة بحوث جامعة حلب، سلسلة الآداب والعلوم الإنسانيَّة، العدد: 24، ص 101 – 118.

78 – الخشروم، د. عبد الرزاق، واسليم، د. فاروق (2008م)، دراسات في الشعر الجاهلي، منشــورات جامعة حلب، المديرية العامة للمطبوعات والكتب الجامعيَّة، ص 171.

79 – المرجع السابق: ص 173.

80 – شرح ديوان لبيد بن ربيعة: ص 313 – 314.

ليلة طَلْق: لا حَرَّ فيها ولا برد.

النِّدام: المنادمة.

وغايةٍ: معطوفة على (ليلةٍ).

والغاية: الرَّاية التي ينصبها تجّار الخمر ليستدلّ بها الشّاربون.

تاجرٍ: تاجر خمر.

عزَّ مُدامُها: ارتفع ثمنها.

81 – المصدر السابق: ص 314.

السباء: الشراء.

الأدكن: الزِّقّ الأغبر.

العاتق: الخالص.

الجونة: الخابية المطليَّة بالقار.

قدحت: غرف منها ومزجت أو بزلت.

فضَّ: كسر.

ختامها: طينها.

82 – شرح ديوان لبيد بن ربيعة: ص 314 – 315.

الكرينة: المغنية.

الموتر: ذو الأوتار.

تأتاله: تصلحه.

الدجاج: الديكة، أي صياحها.

العلل: الشرب مرّة بعد مرة.

الفصل الثالث:

# علاقة الزمان بالحدث في القصيدة الجاهليّة

- أولاً: الزمن في القصّة الشّعريّة.
- ثانياً: السرد الاسترجاعي.
- ثالثاً: الحذف أو الفجوة.

# أوّلاً: الزَّمن في القصّة الشعريّة

إنَّ للقصّة عامّةً زماناً ومكاناً واقعيين أو تخيليين، يتتابعان في مجرى الأحداث، ويتوازيان كخطّين، فلا يمكن لأحدهما أن يستقلّ عن الآخر؛ لأنهما وليدا واقعةٍ لا تجري في فراغ. وتتحدَّث الدكتورة نبيلة إبراهيم عن تجربة الإنسان مع الزمان والمكان، فترى أنَّها «تعتمد إلى حدٍّ كبيرٍ على ميل الحسِّ الإنسانيِّ نحو الزمان أو المكان، فإذا كان الإنسان أكثر ميلاً لمراقبة الأشياء في حركة الزمن المستمرَّة، فإننا نتحدّث عن الحسّ الزمنيّ عند الكاتب، وإذا مال الكاتب إلى إيقاف حركة الزمن ليعايش الأشياء في امتداداتها المكانيّة وعلاقاتها بالأشياء الأخرى المتجاورة وغير المتجاورة من ناحية، ثمَّ بموقف الكاتب النفسيّ من ناحية أخرى، فإنَّنا نتحدث عن معايشته للامتداد المكانيّ»[1].

وفي القصَّة الدراميَّة يمكن لأحداثٍ كثيرةٍ أن تجري في وقتٍ واحدٍ، ولكنَّ الخطاب ملزمٌ بأن يقدّمها مرتبةً ترتيباً متتالياً، يأتي الواحد منها بعد الآخر «وليس من الضروريّ – من وجهة نظر النقد – أن تتطابق

أحداث القصّة مع الترتيب الطبيعيّ لأحداثها، لأنَّ الراوي لا يستطيع أبداً أن يروي عدداً من الأحداث في آنٍ واحدٍ»[2]؛ لذا ينبغي التمييز بين زمنين في القصّة «زمن القصّة، وزمن السرد»[3].

وزمن القصّة هو المدّة التي استغرقتها الأحداث كما حصلت فعلاً في الواقع، أمّا زمن السرد فيتمثَّل في الزمن الذي يستغرقه الشاعر في السرد. ويعرَّف بأنَّه «زمنٌ حاضرٌ تحديداً يبدأ بلحظة بدء النطق، وينتهي لحظة توقف الشاعر»[4]. ويشير إلى ذلك مؤلفا نظريّة الأدب: «زمن الحكاية هو مجموع الفترة التي تستغرقها القصّة، غير أن زمن السرد هو الذي يتناسب مع (البنية السرديّة) إنّه زمن القراءة أو (زمن التجربة)، وهو زمن يسيطر عليه طبعاً الروائيّ الذي يطوي السنين بجملٍ قليلة»[5]. ويرى بعض النقاد أنّه: «عندما لا يتطابق نظام السرد مع نظام القصّة، فإننا نقول: إنّ الراوي يولِّد مفارقات سرديّة»[6]، ويرى فتحي النصري أنَّ «وضوح الزمنيّة في النصّ يتيح لنا تبيّن تسلسل أحداث القصّة، ولعلَّ من مظاهر هذا الوضوح في الزمنيّة وفرة القرائن اللغويّة الدالّة على الزمن»[7].

وقد ظهر عنصر الزمان واضحاً في أغلب المشاهد الدراميّة التي تناولناها، فالزمان في قصة الثور الوحشيّ يستغرق ليلةً وصباح اليوم الذي يليه، وغالباً ما يكون ذلك في فصل الشتاء، حيث الأمطار والبرد. أمّا قصّة الحمار الوحشيّ فيكون عنصر الزمان فيها أطول نسبيّاً، حيث يستغرق فصلاً كاملاً، إذ تبدأ في فصل الربيع، وتنتهي في فصل الصيف عند اشتداد الحرِّ.

ومما تجدر الإشارة إليه أنَّ عنصري الزمان والمكان – في بعض الأحيان – يمكن تلمُّسهما بطريقةٍ استدلاليّةٍ من قرائن أخرى، فامرؤ القيس غالباً ما يخرج إلى الصيد، ولا تزال الطيور في أوكارها، فنستدلُّ على أنَّ خروجه كان ليلاً، وقبل أن ينبلج الصباح، لأنّ الطيور لا تكون في أوكارها إلّا في الليل، وهو في هذا المشهد قبل ظهور الصباح كان يعيش حالة صراعٍ مع الزمن نفسه متمثّلاً بالليل الذي أرَّقه كثيراً فلم يعرف للنوم سبيلاً، يقول:

ولَيلٍ كمَوْجِ البَحْرِ أَرْخى سُدولَهُ

عَلـيَّ  بأنْـواعِ  الهُـمـوم  لِيَبْتَـلي

فقلْـتُ لَـهُ لمَّـا تَمَطَّى بصُلْبِـه

وأَرْدفَ  أَعجـازاً  ونـاءَ  بكَلْكَلِ

أَلا أَيُّهـا اللَّيْـلُ الطَّويـلُ أَلا انْجَلِ

بصُبْحٍ ومـا الإصْبـاحُ مِنْكَ بأَمْثَلِ

فيـا لَـكَ مِـنْ لَيْـلٍ كَأَنَّ نُجومَـهُ

بـكُلِّ  مُغارِ  الفَتْـل  شُـدَّت بِيَذْبُلِ

كأنَّ الثُّرَيَّـا عُلِّقَتْ مِـنْ مَصامِّها

بأمْـراسِ كِتَّـانٍ إلى صُـمِّ جَنْـدَلِ

وقَـدْ أَغْتَدي والطَّيرُ في وُكُناتِها

بـمُنْجَرِدٍ قَيْدِ الأوابِدِ هَيْكَلِ

مِكَرٍّ مِفَرٍّ مُقْبِلٍ مُدْبِرٍ مَعـاً
كَجُلْمُودِ صَخْرٍ حَطَّهُ السَّيْلُ مِنْ عَلِ[8]

الصراع الدراميّ في هذا المشهد لم يحدث بين شخصين أو بطلين، يحاول كلُّ منهما الانتصار على الآخر، وإنّما وقع بين الشاعر والزمن نفسه، بين الشاعر الذي أحاطت به الهموم من كلّ جانب، وبين الليل الذي بدا ثابتاً لا يتزحزح، ويبدو من خلال هذه الأبيات أن الليل خرج منتصراً، فحركة الزمن تكاد تكون متوقّفة، حيث غطَّى بظلامه على عيني الشاعر، وحجب الرؤية عنهما، وهذا زاد في معاناة الشاعر الذي لم يجد وسيلة للمواجهة سوى الصيد، ويلجأ الشاعر إلى الحوار الدراميّ علَّه يجد فيه سبيلاً للخلاص من همومه، ففي الوقت الذي بدا فيه الليل قويّاً جاثماً على صدر الشاعر، طلب إليه الشاعر أن يزول، ويفسح المجال للصباح كي يظهر، إذ اعتقد الشاعر أن الصباح سيخفّف من همومه، ليقرّر في البيت نفسه أن همَّ الصبح يماثل همَّ الليل (وما الإصباح منك بأمثل).

لم يجد الشاعر بدّاً من محاورة الليل وهو في أوج قوّته وجبروته، كأنّه الجمل الجاثم بصدره على جسد الشاعر، ليعود مرة ثانيةً ويؤكد خسارته للمواجهة، فنجوم الليل ثبتت في أماكنها لا تبرحها، وكأنّها رُبطت بحبال قويّةٍ في جبل يذبل، وبدت الثريّا ثابتة في مكانها أيضاً، وكأنّها قد رُبطت بحبالٍ من كتّانٍ إلى حجارةٍ صُلبةٍ، وقد علَّق الدكتور إبراهيم عبد الرحمن محمّد على ذلك بقوله: «وكلّ هذه الصور تعكس هذا التوتّر النفسيّ الذي كان يطبق على الشاعر، وهو توتُّر حمله على أن يتمنّى زوال هذا الليل ترقّباً لما قد يحمله إليه النهار من أملٍ،

ولكنَّه عاد فتشكَّك في أن يكون هذا الصبح الذي يتمنّى مجيئه جديد يغيِّر حياته»(9).

إنَّ هذا الثبات في الزمن وعدم تحرّكه زاد في توتّر الشاعر – البطل، فتوقَّفت الأحداث الدراميّة بتوقُّف الزمن، ولجأ الشاعر إلى الوصف في مرحلة ثبات الزمن، لكنَّ الشاعر بدأ بحلِّ عقدة ثبات الزمن بظهور الصباح، فما إن لاحت خيوط الفجر الأولى حتى انطلق الشاعر في مغامرة الصيد على صهوة حصانه، حتّى قبل أن تخرج الطيور من أعشاشها، فأخيراً تحرَّك الزمن حركته الطبيعيّة، وطلع الصباح، ومع طلوعه تحرَّكت الأحداث باستخدام حصانه السريع، فالشاعر لا يريد أن يخسر معركة الصراع مع الزمن، فبطء الحركة في الليل قابله سرعتها الهائلة في الصباح، فالوحوش السريعة بدت واقفةً أمام سرعة الحصان الذي تراه يكرُّ ويفرُّ في اللحظة نفسها، وهذا دليل على شدَّة نشاطه.

أراد الشاعر من خلال هذا الصراع بين حركتي الليل والصباح أن يخرج منتصراً، وكان له ما أراد بخروجه المبكر إلى الصيد.

ولا يكاد الزمن عند النابغة الذبيانيّ يختلف عن الزمن عند امرئ القيس، حيث يقول:

كَليني لهمٍّ يـا أُمَيمـةُ نـاصِـب
ولَيْلٍ أُقاسيهِ بَطيءِ الكَواكِب

تطاول حَتَّى قُلْتُ لَيْسَ بمنقضٍ
ولَيْسَ الَّذي يَرْعى النُّجومَ بآيِب


263

وَصَـدْرٍ أَرَاحَ اللَّيْـلُ عَـازِبَ هَمِّهِ
تَضاعفَ فيهِ الحُزْنُ مِنْ كُلِّ جانب<sup>(10)</sup>

حركة الزمن عند النابغة الذبيانيّ تبدو بطيئةً جدّاً، فهو يطلب إلى زوجته أميمة أن تتركه يصارع همومه وآلامه من جهة، وليله الذي استطال ولا يكاد ينقضي، ويبدو أن هذا الليل وعاء للهموم والأحزان التي اجتمعت على الشاعر، ويبدو أن عنصر الزمن لعب دوراً درامياً في التأثير بنفس الشاعر الذي تضاعفت أحزانه فيه.

ويظلُّ للزمن في الأعمال السرديّة أهميّة قصوى، وقد أولاه النقد قديماً وحديثاً عنايةً ملحوظةً؛ لأنّ الزمن هو الإيقاع الذي يضبط أحداث الحياة، والشاهد الحيُّ على مصير شخصيّاتها، والعنصر الفعّال الذي يغذّي حركة الصراع<sup>(11)</sup>. فالنصُّ غالباً ما يتضمّن أفعالاً لأشخاصٍ أو أحداثاً يضطربون فيها، وهذه الأفعال والأحداث تمرُّ في مراحل زمنيّة من العمر، ومن ثَمَّ فإنَّ هذه الأحداث حين تُصاغ في نصٍّ لا تأخذ شكلاً ثابتاً بقدر ما يحدّدها السياق، وغالباً ما يفتتح الشاعر النصّ بحسب تسلسل الحكاية زمنيّاً، أي بدايتها فوسطها فنهايتها، ومن الممكن تقطيعه عبر أزمنة متأخّرة أو متقدّمة على حاضر النصّ، ومن ثَمَّ يمكن استرجاع شرائحه المتقطّعة أو تكرارها بحسب متطلّبات السياق. وهذا يعني أنَّ سرد الأحداث أو الأفعال أو المواقف قد صيغت من بداية الحدث أو وسطه أو نهايته. ويظهر ذلك في مشهد الصيد عند زهير بن أبي سلمى:

إذا مـا غَدَونا نَبْتَغي الصَّيْدَ مَرَّة
مَتـى نَـرَهُ فـإنَّـنا لا نُخـاتِلُـهْ

فبيْنا نُبَغِّي الصَّيْدَ جاءَ غُلامُنا
يَدِبُّ ويُخفِي شَخصَهُ ويُضائِلُهْ

فقـالَ: شِياهٌ راتِعاتٌ بقَفرَةٍ
بمُستأسِدِ القُريانِ حُوِّ مَسائِلُهْ

ثلاثٌ كأقْواسِ السَّراءِ ومِسحَلٌ
قـدِ اخضرَّ من لَسِّ الغَميـرِ جَحافِلُهْ

وقدْ خـرَّمَ الطُّرَّادُ عَنْهُ جِحاشَـهُ
فلَـمْ يَبْـقَ إلّا نَفْسُهُ وحَلائِلُهْ

فقالَ أَميري: ما تَرَى رأْيَ ما نَرى
أَنَخْتِلُـهُ عَـنْ نَفسِـهِ أم نُصاوِلُهْ

فبِتْـنا عُراةً عِنْدَ رَأْسِ جَوادِنا
يُزاوِلُنـا عَـنْ نَفسِـهِ ونُزاوِلُهْ

ونَضْرِبُـهُ حَتَّى اطمَـأنَّ قَذالُهُ
ولَـمْ يَطمَئِنَّ قَلْبُهُ وخَصائِلُهْ

ومُلجِمُنا ما إنْ يَنـالُ قَذالَـهُ
ولا قَدَمـاهُ الأرضَ إلّا أَنامِلُهْ

فلأياً بـلأيٍ مـا حَمَلْنا ولِيدَنا
على ظَهـرِ مَحبوكٍ ظِماءٍ مَفاصِلُهْ

وقُلــتُ لـهُ: سَــدِّدْ وأَبْصِـرْ طَريقَهْ

ومــا هُوَ فيـهِ عـن وَصاتِيَ شــاغِلُهْ

وقُلْـتُ: تَعَلَّـمْ أنَّ للصَّيـدِ غِـرَّةً

وإلّا تُضَيِّعْها فإنَّكَ قاتِلُـهْ

فتَبَّـعَ آثَـارَ الشِّـياهِ وَليدُنـا

كَشُؤُبوبِ غَيْثٍ يَحفِشُ الأكْمَ وابِلُهْ[12]

يقدّم زهيرٌ قصّته، ويكثر من عرض تفاصيلها التي تتفاعل فيها بطولته مع بطولة جواده ورفاقه وغلامه، ومع البطولات الثانويّة التي نهضت بها حمر الوحش وبقر الوحش وغيرها من حيوان الصيد.

بدأ الشاعر قصّته بتحديد زمان بدايتها في الصباح الباكر، حيث خرج طالباً الصيد، وفي تلك الأثناء جاءه غلامه الذي ذهب يستطلع الحيوانات الوحشيَّة، وتتسارع الأحداث مع عودة الغلام متخفّياً يدبُّ في مشيه في حرصٍ شديدٍ، ويضائل شخصه، ويحاول جاهداً أن يداريه عن العيون، حتّى لا تحسّ حمر الوحش بقدومه، وأخبر أصحابه بوجود قطيع من البقر الوحشيّ وحمر الوحش، وحدّد لهم موضع الصيد في روضٍ مربعٍ بين صفوف تلك الجحافل من الأتن والحمر التي سارت عبر المروج الخضراء.

ويكاد زمن السرد يتوقّف بسبب الحوار الذي يدور بين شخوص ثلاثة: زهير (الشاعر) الشخصيّة الرئيسة في هذا المشهد، والغلام الذي ذهب يستطلع قطيع الحيوان الوحشي، ويتعرّف إلى منطقة

الصيد، ثم يعود بالأخبار إليهم، والشخصية الثالثة هي مشيرهم في الصيد.

ويؤدي الغلام دوره في تسريع حركة السرد من خلال تسارع الأحداث المرافقة لحركته، إذ عاد ليخبرهم بوجود الحمار الوحشيّ وحيداً مع أتنه بعد أن تمكّن الصيّادون من صغاره، واستطاع هذا الغلام أن يرى اللون الأخضر على شفتي الحمار الذي تناول النبات الأخضر الطريّ، ونقل مشاهداته إلى زهير وصاحبه، وهنا يدور الحوار بينهما في طريقة الصيد، وتبادلا الرأي بين الصيد حيلة وخداعاً، وبين الصيد مصاولةً وجهراً، واستقرّا على الصيد عدواً إليه، فأقبلوا على الجواد يعدّونه للأمر الذي اتّفقوا عليه.

ويؤكّد زهير من جهةٍ أخرى على نشاط الفرس وحيويته، ومدافعته لمعالجيه، ويبرز العناء الذي أصابهم في حمل الغلام على صهوته «فلأياً بلأيٍ ما حملنا وليدنا»، كما يبرز الحوار والنقاش الذي دار بين الغلام وبينه، حين أخذ يرسم لنا صورة الوصيّة التي بلّغها لهذا الغلام المدرّب الذي يؤدّي مهنته بمهارةٍ فائقة، كي يتمكن من تحقيق غايته، مستخدماً الهيئات الجسديّة، كقوله عن الغلام: «يَدِبُّ ويُخفي شَخْصَهُ ويضائلُه»، وهي صورةٌ حركيّة تصوّر الحذر البالغ والحيطة الشديدة في مثل هذه المواقف والهيئات النفسيّة لأصحابه حين بدؤوا يروّضون الفرس، وحالة القلق تسيطر عليهم لشدة حرصهم على الصيد والحصول عليه، وقد انتقلت الحالة النفسيّة إلى الفرس نفسه، فبدا قلقاً وأخذ يعالج مدافعتهم، ويعالجون إلجامه، حتى اطمأنّ ظهره، ولكنّ قلبه لم يطمئنّ بعد، ولم تهدأ أعصابه بسبب شدّة نشاطه، وهذا

ما أتعبهم وهم يحملون الغلام على ظهره، وصوَّر الحالة النفسيّة للغلام المشغول عن وصايا الشاعر بما يخالج نفسه من المخاوف وما ينتظره من صراع «وما هُوَ فيهِ عن وَصاتِيَ شاغِلُهْ»، إلى غير ذلك من الصفات التي تفصح عن طبع الرزانة والتعقّل عند الشاعر، والتي كان الحوار وسيلته إليها، فالحوار يكشف عن الشخصيّات ببُعديها الداخليّ والخارجيّ، والإسهام في بناء الحدث ونموّه، فضلاً عن التلاحم بين عناصر العمل القصصيّ، وكذلك يصعّد الحوار من وتيرة الصراع بنوعيه الداخليّ والخارجيّ.

ويكمل زهير قصّته مقدّماً الحلَّ بعد أن تشابكت الأحداث، فيقول:

نَظَـرْتُ إِلَيـهِ نَـظْـرةً فَرَأَيْتُـهُ

عَلى كـلِّ حـالٍ مـرَّةً هُوَ حامِلُهْ

يُثِـرْنَ الحَصى في وجهِـهِ وَهْوَ لاحِقٌ

سِـراعٌ تَـواليهِ صِيابٌ أَوائِلُـهْ

فـرَدَّ علينـا العَيْـرَ مِـنْ دونِ إِلْفِـهِ

عَلى رُغْمِهِ يَدْمى نَساهُ وفائِلُهْ

فَرُحْنـا بـهِ يَنْضو الجِيـادَ عَشِيَّـةً

مُخَضَّبـةً أَرْسـاغُهُ وعَوامِلُـهْ[13]

تابع زهير فرسه بالوصف من خلال هذا المشهد، وفي أثناء مطاردة حمار الوحش، فالفرس لفرط نشاطه وشدّة عدوه وقوة

اندفاعه ينتقل بالغلام من حالٍ إلى حال، يقصد إلى الصيد حيناً كي يطمِّعه فيه، ويميل عنه حيناً آخر إلى درجة اليأس منه، ويجمح حيناً ثالثاً حتى يخيَّل إليه الهلاك، على أنَّ حدَّة الفرس لم تفتر، ونشاطه لم يقلّ، فقد ظلّ يطارد جماعة الوحش التي ولّت ممعنةً بالفرار، وبدأ الحصى يتطاير إلى وجهه وقدميه، فتخضّبت قدماه بدمائه من كثرة الحصى الذي ضربهما لشدة سرعته.

لقد بدا الشاعر شديد الإعجاب بفرسه، يكاد يذهب وحده بنصف القصّة، وحرص على متابعته بأدقّ حركاته، وكلما انصرف عنه لداعيةٍ أو خطرةٍ عابرة رجع إليه بسرعةٍ، فهو الذي يوجّه أحداث القصّة، والشخصيّات تتحرّك من أجله، وتتسارع حركة الزمن مع تسارع الأحداث وانتهاء الصراع، وتصل القصة الدراميّة إلى مرحلة حلِّ العقدة برميةٍ نافذةٍ في جوف الحمار يأتي بعدها انتصار الصيّاد، وكأنّ هذه النهاية جاءت لتحقّق الاسترخاء النفسيّ للشاعر بعد توتّرٍ عصبيٍّ طيلة فترة الانتظار والترقّب. ويسترخي بعدها الغلام ورفاقه، وكذلك فرسه، ويهدأ التوتّر والانفعال، وهنا تنتهي أحداث القصّة نهاية مفرحةً للشاعر ورفاقه.

خضع زمن القصّة للتتابع المنطقيّ للأحداث، وتقيَّد السرد بهذا التتابع المنطقيّ في هذه القصيدة، فقد ابتدأ السرد بما يطابق زمن القصّة. ومن الضروريّ الإشارة إلى أنّ هذا التقيّد في السرد غير ملزمٍ للشاعر؛ لأن أحداث القصّة تكون متداخلةً.

ولعلَّ مشهد الصيد في القصيدة الجاهليَّة يكون من أكثر المشاهد

درامّيةً، واللافت في هذا المشهد شخصيّاته المتنوّعة بين الإنسانيّة والحيوانيّة، يتقدَّمها الصيّاد بكلابه المدرَّبة، ليواجه الثور الوحشيّ، أو قطيعاً من الحمر الوحشيّة، أو ظليماً. ويبدي الدكتور نوري حمودي القيسي رأيه في هذه اللوحة قائلاً: «تشغل لوحة الصيد في القصيدة الجاهليّة مكاناً عريضاً، وتشكِّل أبعادها المتحرِّكة تناسقاً فنّياً ملوناً من خلال الملامح المشرقة التي يوحي بها، أو يعبّر عنها الشاعر الجاهليّ، لأنّها لوحةٌ متحرِّكةٌ وصورةٌ لامعة، يهيِّئ لها من الوسائل ما يضمن تألُّقها، ويغني مضمونها، ويجعلها جزءاً فنّياً مقبولاً»[14].

وقد كانت حياة الإنسان الجاهليّ قائمة على التنقّل والحركة، تعينه ناقته الضخمة الصلبة على تحقيق غرضٍ من أغراض حياته في الصحراء، كطلب الماء، ورعي الغيث، وتسلية الهمِّ، وإدراك الثأر، والفخر بالفتوَّة والجاه، ولعلّها كانت وسيلة الشاعر في الوصول إلى ممدوحه، وما كان ليحقّق غايته لو لم تُعِنْهُ ناقته على حمل أثقاله، واجتياز المسالك والطرق الوعرة الملتوية. «والشاعر يدرك ما ستؤدّيه هذه الناقة من واجبات، وما يجابهها من صعوبات، فلا بدَّ من تجميع صور التعب، وتوفير لوازم الإجهاد، وتهيئة الأشكال والصِّيغ التي يمكن أن تُقال في هذا المشهد»[15]. ولا تلبث هذه الناقة أن تتحوَّل إلى حيوانٍ آخر، يتّصف بالسرعة والنشاط والقدرة على مواجهة الخطوب، واجتياز المسالك الصعبة، وبلوغ الأهداف، وتحقيق الغايات. وما إن يذكر الشاعر هذا الحيوان حتى يبدأ بعرض قصّته مع الصيّاد أو القانص الذي يترصَّده بكلابه المدرَّبة عند مناقع المياه، وفي مواقع الرياض عند الأشجار التي تنبت على الرمال، ويلجأ إليها

270

الحيوان مستكناً أو مستظلاً، وإذا ما انقضى الليل، نشب الصراع بين الصيّاد أو كلاب القانص وبين الحيوان، ويستطرد الشاعر إلى سرد خبر هذا الصراع، حتّى يبلغ نهايته، وقد فاز ذلك الحيوان بالحياة، لأنّها لا تكون إلّا للأقوياء، ولمن يملك مع القوّة السرعة والنجاة. وفي خلال سرده يتعرَّض لما يلجأ إليه القاصّ من رسم شخصيات قصّته، وما وقع لها من أحداث لها طابع الحركة والتطوّر والتشابك والالتحام، حتى تقترب من النتيجة أو الختام.

والبطل في هذه القصص من الأوابد ثورٌ وحشيٌّ أو حمارٌ أو بقرةٌ أو نعامة وظليم، ممّا يختار الشاعر ليعقد وجه شبهٍ بينه وبين ناقته التي تمضي مسرعةً في الطريق، بالغةً نهايته مهما اعترضَها من صعابٍ، أو قاسته من جهدٍ وتعب.

وتكاد قصّة الثور الوحشيِّ تتشابه عند الشعراء، فقد أبدوا إعجابهم بقوائمه الموشّاة، وخدّه الأسفع أو الأحمِّ، وخطّة ظهره البيضاء، كما التفتوا إلى ملاحظة بعض خصائصه وطباعه، فهو ذكيٌّ دقيق الحسِّ، فيه عزّة وكبرياء وقوّة، وله سمعٌ حادٌّ، وهو وَحَدٌ مقفرٌ، مُفزَّعُ الفؤاد إذا أحسَّ نبأةً للصيّاد وكلابه، وقد ركَّزوا على قرنيه الأملسين الطويلين الصلبين[16].

ثم مضوا يرسمون بقيّة شخصيّات القصّة، فالكلاب غُضْفُ الآذان، مائلتها نحو أقفيتها، كما أنّها ضوارٍ غَرْثى، واسعةُ الأشداق، مشقوقتها، وفيها دهاء الذئاب وخبثها وخفّتها. أمّا الصيّاد فشخصه ضئيلٌ نحيلٌ، محترف الصيد، فقيرٌ يحرص على أن يعود بصيده

إلى امرأته البائسة وعياله الذين ينتظرون منه صيداً وفيراً.

ثم يحرِّك الشاعر الأحداث، ويسجِّل مراحل الصراع حتى آخر المطاف، وذلك من غير أن يهمل عنصر توالي الوقائع وتسلسلها وتطوّرها، حتى يمكن أن يقال: إنَّ الحبكة هنا فطريّة في أبسط صورها. والشاعر عندما يصف الريح السموم، وحرارة الجوَّ في القيظ، ولمع الآل، وخفق السراب، وجفاف النبت في المراعي، والمياه في الحدائق والرياض، أو عندما يصف الليل بالطول، والجوَّ بالبرودة، ويصف إطباق السحب في الفضاء، وسقوط المطر، وتلألؤ البروق، فإنَّه يحدِّد الزمان والمكان، ويبيِّن لنا دوافع لجوء الثور الوحشيِّ إلى شجرة الأرطى.

فإذا ما كانت خاتمة الصراع ـ وهو صراعٌ من أجل البقاء ـ بدت النهاية سارّةً للبطل (الثور)، عندما يتغلَّب على أعدائه (الكلاب)، وقد أشبعها طعناً نافذاً في الصدور، أو القلوب أو الفرائص والظهور، تسيل منها الدماء، ويتركها صرعى بين قتيلٍ وجريحٍ، ثم ينصاع انصياع الكوكب ماضياً مشرق اللون، مثيراً الغبار الذي يُظهر شخصه أحياناً، ويخفيه أحياناً أخرى، وهو فَرِحٌ لأنَّه يستقبل الحياة، وكأنَّه وُلِدَ من جديد في هذا العالم الذي ترسَّخ فيه أنْ لا بقاء إلّا للأقوى، «فمشهد الثور الوحشيّ يظهر حبَّ الانتصار وتقديسه مثلما يظهر القلق من الفشل الذي أماته مرّاتٍ كثيرةً قبل نشوب المعركة؛ فكان يصيخ السمع لعلَّه يحسُّ بنبأةٍ من مُكلِّبٍ في ليلة ترقُّبٍ وخوفٍ»(17).

وتبدأ اللوحة الدراميّة عند النابغة الذبيانيّ بعرض صورة الثور

الوحشيُّ قلقاً وحيداً، يسيرُ ضامراً أبيض كالسيف، لكنَّ في قوائمه نقطاً سوداً، وقد غمرته مزنةٌ شماليّةٌ بزخّة برد، يقول:

كَأَنَّ رَحْلِي وقَدْ زالَ النَّهارُ بنـا

يَـوْمَ الجَليـلِ عَلـى مُسْـتَأْنِسٍ وَحَدِ

مِـنْ وَحْـشٍ وَجْـرَةَ مَوْشِـيٍّ أكارِعُهُ

طاوي المَصيرِ كَسَـيْفِ الصَّيْقَلِ الفَرِدِ

أمسَـتْ عليـهِ مـن الجوزاءِ ساريةٌ

تُزْجِي الشَّـمالُ عليه جامِـدَ البَرَدِ [18]

إنَّنا نرى صورةً رائعةً من صور الصراع من أجل الحياة، فصورة الثور هنا ما هي إلّا رمزٌ لحياة البادية التي يتوجَّبُ فيها التزوُّدُ بكلِّ وسائل الدفاع عن النفس ضدَّ مظاهر الطبيعة القاسية، فالصحراء عالمٌ محفوفٌ بالمخاطر من كلِّ جانب، ومن ثمَّ كان لا بدَّ للثور من أن يكون ثوراً قادراً على احتمال وعورة الصحراء، ومقاومة هذه الحياة والتغلُّب عليها، من أجل هذا جاءت صفات هذا الثور على نحوٍ يوافق طبيعة الصراع بين الإنسان والبيئة.

فهذا الثور (مستأنس)، ينظر هنا وهناك حتى يأمن من الخوف، لأنه يعدو وحده في الصحراء نشيطاً، حادَّ النفس مذعوراً ممّا تعوّد أن يثيره كالصيّاد والكلاب، ثم لاحظ الشاعر جمال وشي قوائمه، حيث نُقِّشت ببياضٍ خالطته نقطٌ سودٌ، كما بدا له أنَّه ضامر البطن (طاوي المصير)، دقيق الظهر لامعه، كأنَّه السيف الصقيل الذي لا

نظيرَ له في الجودة، وقد نسب هذا الثور إلى (وَجْرَة)، وهي مَثْوَرَةٌ بين مكَّة والبصرة، وما دامت كذلك فهي قصد كلِّ صيّاد، ومسرحٌ لأحداث الصراع التي تقع بين الثيران والصيّادين والكلاب، ووقوعها بشمال الجزيرة العربيَّة يعرِّضها لسقوط أمطار الشتاء القادمة من جهة الشام.

ولكنَّ هذا الثور الآمن لا يلبث أن يرتاع من صوت الصيّاد (المعتدي)، فيتهيَّأ للمواجهة، فيبيت واقفاً على قوائمه من غير أن يكون بها مرضٌ ولا عيبٌ، بل استعدادٌ للمواجهة المرتقبة:

فارتـاعَ مِـنْ صَـوْتِ كَلَّابٍ فبـاتَ لهُ

طَوْعَ الشَّوامِتِ مِنْ خَوْفٍ ومِنْ صَرَدِ

فبَـثَّـهُـنَّ عَـلَـيْـهِ واسـتَـمَـرَّ بـهِ

صُمْعُ الكُعوبِ بريئـاتٌ مِنَ الحَرَدِ [19]

أراد الشاعر أن يستثير الثور، وبدأ بتحريك الأحداث عندما تملَّك الفزعُ قلبَ الثور من هذه السحابة السارية ليلاً، ولم يحدِّثنا الشاعر هنا عن إيوائه المعهود إلى حُفيرته عند شجرة الأرطى إلى أن يكفَّ المطر وينقضي الليل، ولكنَّه أعجل عنه إلى ذكر بداية الصراع مع الكِلاب، فتحدَّث عن الروع الذي أحدثه صوت الصيّاد وكلابه الضاريات، ويلعب الزمن دوراً مهمّاً في تحديد معالم هذا الصراع، حيث بات الثور ليلته قلقاً قائماً يتوقَّع الشرَّ فلا ينام، ولم يمهله الصياد بعد البيات؛ إذ صبَّحه بأن بَثَّ كلابه عليه، فانتشرت حوله في خفَّة، وكانت دقيقة

العظام والمفاصل، مشدودة أعصاب اليد، وكأنَّ الشاعر اكتفى بهذا الوصف من غير أن يتقيَّد بالمألوف من أنّها (مُغْرَثَة)، وجوعها حافزٌ لها على الصيد وتحرِّيه مهما تبلغ شدَّة الصراع بينها وبين الثور.

وتأتي لحظة المواجهة، وتتشابك الأحداث، وتتعقَّد الحبكة الدراميّة، وتبدأ المعركة قويَّةً بين الطرفين، فقد وضعت البطل في مواجهة المعتدي الذي أغرى كلبه (ضمران) بمهاجمة الثور، فكان أن تصدَّى له الثور طاعناً، كما يفعل المقاتل الشجاع المضطرُّ إلى خوض المعركة. لقد طعن جنبَ الكلبِ بقرنه فنفَذَ فيه كما ينفذ مِبْضَعُ البيطار في لحم الدابة، ثمَّ خرج القَرْنُ من جنب الكلب مطليّاً بالدَّم كسُفُّودٍ نسيه الشاربون على النار، فظلَّ الكلب يغالب وجعه، عاضّاً على طرف القرن الصلب:

وكانَ ضُمْرانُ مِنْـهُ حَيـثُ يوزِعُـهُ

طَعنَ المُعـارِكِ عنـدَ المُحْجَـرِ النَّجـدِ

شَـكَّ الفَريصـةَ بالمِـدْرى فأنْفَذَها

شَـكَّ المُبَيْطِـرِ إذ يَشْـفِي مِـنَ العَضُـدِ

كَأنَّـهُ خارجـاً مِـنْ جَنْـبِ صَفْحَتِـهِ

سَـفُّودُ شَـرْبٍ نَسُوهُ عِنـدَ مُفْتَـادِ

فظـلَّ يعجِـمُ أَعْـلـى الـرَّوْقِ منقبضاً

في حالكِ اللَّونِ صَدْقٍ غَيْرِ ذي أَوَدِ [20]

بدأ الكلب (ضمران) هذا الصراع عندما أغراه به صاحبه القانص إلى الحدِّ الذي يكون منه بمنزلة المقاتل الشجاع عند غريمه، ولكنَّ هذا الثور أعجله بطعنةٍ نافذةٍ من قَرْنِهِ الأسود المستوي الصُّلْب الذَّلِيق، الذي يشبه مِبْضَعَ البيطار حين يُنفِذُهُ في موضع الداء الذي يأخذ بالعَضُد، أو يشبه السُّفُّودَ الذي تنتظم فيه قطع اللحم المشويِّ، فتقبَّض الكلب ممّا أصابه، فصار يبذل محاولات الخلاص، فيُعْجِمُ أعلى القرن الذي نفذ في جنبه دون جدوى حتَّى مات.

وينتصر الثور انتصاراً جزئيًّا بموت (ضمران) كلب الصيّاد، ويعلن ذلك الانتصار الكلب الآخر (واشق) وهو يرى صاحبه يُقتل من غير دِيَةٍ أو قصاص:

لمَّا رَأى واشِــقٌ إقعــاصَ صاحِبِهِ

  ولا سَبيلَ إلى عَقْلٍ ولا قَوَدِ

قالَتْ لهُ النَّفسُ: إنِّي لا أَرى طَمَعاً

  وإنَّ مولاكَ لَمْ يَسْلَمْ ولَمْ يَصِدِ [21]

أثار موت الكلب الأول (ضمران) خوف الكلب الآخر (واشق)، والذي رأى أنْ لا سبيل إلى القصاص من هذا الثور العنيف، ولا إلى أخذ الدِيَةِ منه، (ويلاحَظُ أنَّ الشاعر نقل الصورة ممّا يحدث بين الناس من أخذ دِيَةِ القتيل أو الاقتصاص من القاتل). ومن أجل ذلك آثر (واشقٌ) الفرار، ولا مطمع له حينذاك إلّا في السلامة والنجاة، لينتهي هذا المشهد الدراميّ بانتصار الثور بشكلٍ مطلقٍ، وخيبة أمل المعتدي

(الصياد) الذي خسر أحد كلبيه، وفرَّ الثاني من المواجهة.

انتهت قصّة هذا الصراع في تركيزٍ وإيجازٍ، فالمقطع كلّه عدد أبياته أحد عشر بيتاً، ووصف فيه الثور والسحابة التي مطرته، والروع الذي أصابه، ووصف الكلبين، ولاحظ عزمهما على منازلة الثور ومقاتلته، كما يفعل المتعاركون، واستوفى ذلك في ستّة أبيات قبل أن يتناول الحديث عن الصراع الذي استغرق خمسة أبيات.

ويبدو لنا أنَّ النابغة كان على عجلةٍ من أمره، فقد كان حريّاً به، وهو المصوِّر القصّاص، أن يولي بقيّة عناصر قصّته قدراً أكبر من ملاحظاته، وأن يسجّل بعدسته صورة الثور، وهو يحتفر لنفسه مَكْنِساً يأوي إليه بجوار شجرة الأرطى، وأن يقف ولو قليلاً عند وصف الكلاب بأنَّها غضف الآذان، مقلَّدة، ضامرة، مجوَّعة، محدَّدة الأسنان، ليمدَّها بالأسلحة لمنازلة الثور والنيل منه بالمهارشة والمناوشة، ثم ما يبديه الثور أوّل الأمر من الصبر والمثابرة إلى آخر ما يلحُّ على ذكره الشعراء، ليطلبوا الصراع، ويملؤوا اللوحة بالحركة والحيويَّة، وإبراز فنون القتال، وسائر ما يلائم الغرض القصصيّ الدراميّ من تعداد المواقف، وذكر التفاصيل، وتصوير الصراع.

كما لم يحدِّثنا الشاعر عن حال الثور بعد أن فاز، والمألوف أن ينتفض بعده انتفاض الكوكب، أو ينصاع جذلان فرحاً، وتلك هي الخاتمة الطبيعيّة الملائمة لتشبيه الناقة بالثور الوحشيِّ وقد قاوم الأخطار، وأزال من طريقه الصعاب، ومضى يثير الغبار، ولكنَّ النابغة ــ كما قلنا ــ كان معجلاً إلى غرضه من مدح النعمان:

فَتِلْكَ تبلِغُني النُّعمـانَ إنَّ لـهُ

فَضْـلاً عَلى النّاس في الأَدْنى وفي البُعدِ[22]

ويبدأ مشهد الصيد عند امرئ القيس بعدّة أبيات يصف فيها شخصيّة البطل، متمثّلاً بثورٍ ضامر البطن، يتوجّس خيفةً مما يتسمّعه أو يراه، يقول:

كأنِّـي ورَحْلي فَوْقَ أَحْقَبَ قارِح

بِشَرْبَةَ أو طاوٍ بِعِرنانَ مُوجِسِ

تَعَشَّى قَليـلاً ثُـمَّ أَنْحى ظُلُوفَهُ

يُثيرُ التُّرابَ عَنْ مَبيتٍ ومَكْنِسِ

يَهيلُ ويُـذْري تُرْبَها ويُثيـرُهُ

إثارةَ نَبَّاتِ الهَواجِرِ مُخْمِسِ

فبـاتَ عَلى خَـدٍّ أَحَـمَّ ومَنْكِبٍ

وضَجْعَتَهُ مِثلُ الأَسيرِ المُكَرْدَسِ

وبـاتَ إلـى أَرْطـاةِ حِقْـفٍ كأَنّها

إذا أَلْثَقَتْها غَبْيَةٌ بَيْتُ مُعْرِسِ[23]

ظهر الحمار الوحشيُّ في البداية كمُشبَّهٍ للناقة، لكن الشاعر طوى ذكره بسرعةٍ، وانتقل إلى تصوُّرٍ آخر لرحلة فوق ظهر ثورٍ وحشيٍّ، والذي ما إن يشمله الظلام أو الليل (العشاء) حتى يحاول أن يهيّئ

لنفسه مبيتاً، فيحفر بظلوفه كناساً بجوار شجرة الأرطى، مثيراً التراب الذي يهيله ويَذْرُوهُ حتى يبلغ به الثرى النديَّ، وقد نَدَّاه هطول دفعةٍ من المطر عليه، نشرت بالمكان رائحةً طيِّبةً كتلك الرائحة التي تفوح من بيت عروسٍ، يشعر معه المعرس بطيب الإقامة والأمن والنعيم، ولكنَّ نعيم الثور لم يدم طويلاً، إذ لا يكاد الصبح يتنفَّس، ويرتفع قرص الشمس في الغداة، حتَّى تفاجئه كلاب الصيَّاد:

فصَبَّحَهُ عِنْدَ الشُّروقِ غُدَيَّةً

كِلابُ ابنِ مُرٍّ أو كِلابُ ابنِ سِنْبِسِ

مُغَرَّثةً زُرْقاً كَأَنَّ عُيونها

مِنَ الذَّمرِ والإيحاءِ نوَّارُ عِضْرِسِ

فأَدْبَرَ يَكْسوها الرَّغامُ كَأَنَّهُ

عَلى الصَّمْدِ والآكامِ جَذْوَةُ مُقبِسِ

وأيْقَنَ إن لاقَيْنَهُ أَنَّ يَوْمَهُ

بذي الرَّمثِ إن ماوَتْنَهُ يَوْمُ أَنْفُسِ

فأدرَكْنَهُ يأخُذْنَ بالساقِ والنَّسَا

كما شبرقَ الوِلْدانُ ثَوْبَ المُقَدِّسِ

وغوَّرنَ في ظِلِّ الغَضَى وتَرَكْنَهُ

كقَرْمِ الهِجانِ الفادِرِ المُتَشَمِّسِ [24]

برزت في هذا المشهد الدراميِّ كلاب الصيّاد ابن مُرٍّ، أو كلاب صيّادٍ آخر هو ابن سِنْبِسٍ، كأنَّه لم يكفه كلاب صيّادٍ واحدٍ حتى يثير ذعره، وكانت تلك الكلاب مُغَرَّثَةً، قد عمد صاحبها إلى تجويعها فيما يبدو لتكون أشدَّ حرصاً على الصيد، وأقوى رغبةً في النيل مما تصطاد، وبدا لونها أزرق، كما بدت عيونها محمرَّة بعد أن أُثيرت وقُلبت جفونها. وكان هذا الإغراء بداية للصراع بينها وبين الثور الذي ولَّى عنها مدبراً مثيراً التراب في وجهها، وظهر لونه وسط الغبار أحمر كأنَّه جذوة نارٍ، ولما رأى أنَّه أمعن هرباً أمعنت وراءه طلباً، وأنَّ عدوَه هذا يحفّزها إلى الجري خلفه بصورةٍ أشدّ، ويغريها به أكثر، تيقَّن عند ذلك أنَّ يومه هذا بمكان (ذي الرمث) يوم مقاتلةٍ وطعان تُزهَقُ فيه الأرواح، فهو إن قاتلها قاتلته، وإن صرعها حاولت أن تنال منه، ولمّا كانت أخفّ منه حركةً وأسرع كرّاً وفرّاً، أدركته وأخذت تنهشه وتعضه بساقه ووركه محدثة بجلده من التمزُّق مثل ما يحدثه الصبيان الذين يتبركون بثوب المقدِّس، فيشدّون منه شدّاً عنيفاً، ويحدثون به تمزيقاً.

وعندما أحسَّت الكلاب أنَّها تعبت كفَّت عنه، ودخلت الغور لتستريح في ظلّ شجر الغضى، كما كفَّ هو عنها، ولم يستمرَّ في مقاتلتها أو تتبّعها طعناً بقرنيه، كما فعل ثور النابغة الذبيانيّ، ولم يفعل أكثر من أن نزع عنها، وكأنَّما رضي بذلك خاتمةً لهذا الصراع، ولم يعد بحاجةٍ إلّا إلى الراحة يلتمسها أينما كانت، ولو تحت أشعَّة الشمس المحرقة، وحسبه أنَّه نجا، واحتفظ بحقِّه في الحياة كما أراد له الشاعر أن يكون، لأنَّه يرغب في أن تنجو ناقته كذلك من مخاطر الطريق، وأن تبلغ غايته.

تابع امرؤ القيس سرد الأحداث، وعمل على أن تتلاحق في إيجازٍ، ورسم بعض شخوص قصَّته بلا تركيز، وأعجل عن تصوير الصياد والكلاب والسِّهام والنِّصال، وأهمل ذكر باقي صفات الثَّور التي تردَّدت على ألسنة الشعراء، ولكنَّه أبرز تسلسل الأحداث، وركَّز على الصراع بين الشخصيّات.

وتختلف الأصول الفنّيَّة في قصة الثور الوحشيّ عنها في قصّة الحمار الوحشيّ، وهذا ما لحظه الدكتور نوري حمودي القيسي بقوله: «الحديث الذي خصَّ به الشعراء الحمار الوحشيّ، فهو وإن كان جزءاً من لوحة الصيد العامّة، إلّا أنّهم كانوا يضعون لها أبعاداً تخالف في أسلوبها وجزئيّاتها وأطرها العامة ما يضعونه للوحة الثور الوحشيّ» [25]. وقد كان الشاعر الجاهليُّ يفرد للحمار الوحشيّ أوصافه الخاصّة، ويمنحه المدلولات الشعريّة المتميزة، ويتخيَّر له الأشكال المناسبة التي تنسجم مع صورته القويّة ومطاردته الصعبة.

وتتلخَّص قصة حمار الوحش في ملاحظة الشكل واللون والحركة والسرعة، وتحكُّم الحمار في أتانه أو أتنه، وخصوصاً من شذَّ عن جماعتها (العانة)، وكيف يقلّبها كما أراد متّجهاً بها إلى عين الماء لتشرب بعد أن أجهدها الظمأ إبّان القيظ، إذا لم تجد من النبات ما يغنيها عن الماء. وتواصل السير، وتقضي أيام الصيف بمكان لترتبع في مكانٍ آخر، وقد تدرك الشتاء، ولا تنقطع عن ارتياد المراعي، ومنابت الشجر في النهار، فإذا جنَّ عليها الليل داخلتها المخاوف، وإذا طلع الصباح، ولمحت عيون الماء، وأُغريت بالتوجه إليها لرعي ما قصر وطال من النبات، فإنها تتجمَّع مترددةً متلفّتةً عن يمينٍ وشمالٍ

خوفاً من صيَّادٍ أو قانصٍ يكون مختفياً في قترته، وهي بيته الذي يختفي فيه ليرمي الوحش مخاتلاً له، يتحيَّن منها غرَّةً، وهي تأكل أو تشرب أو تلهو وتلعب، فيرميها عن قوسه وسهامه التي أحسن إعدادها، وهو الرامي الحاذق من تلك القبيلة المشهورة بإجادة الرمي ودقَّة الإصابة، ولكنَّ القدر يشاء لها أن تسلم وتنجو ويبطل كيده وتدبيره، فيعود خائب السعي، يعضُّ إصبع الندم، أو يلهّف أمَّه، بينما تنطلق الحمر ناجيةً مسرعةً لصوتها بلابل، ومن وقع حوافرها يثور الغبار، «والحمار الوحشيّ يظهر مستبدّاً مسيطراً، لا يترك واحداً من إناثه تنفرد برأيٍ، أو تحتجّ على تصرّفاته، وإن آذته، لأنّه معنيٌّ بالتساوي بين الضرائر وإيصالها إلى الأمان حتى لا تقع في حبائل غفلتها التي تراها بالراحة»[26].

ونلحظ في هذه الأصول أيضاً، اعتماد كثيرٍ من الشعراء على وصف المناظر الطبيعيّة في تلك البيئة الصحراويّة من خلال هذا العرض القصصيّ، وذلك من غير أن يغفلوا عن لمح انفعالات الصيّاد والحيوان وحديث النفس عمّا جرى، وعمّا ينبغي أن يكون، وفي النهاية قد يعود الشاعر إلى ذكر ناقته، كان يقول: «فذلك بعد الجهد شبَّهت ناقتي»، أو يقول: «أولئك أشباه القلاص...». إذا كان الشاعر على رحيلٍ، ويستهدف غرضاً آخر، وكثيرون منهم لا يعود على ذكرها إذا كان القصد على التغنّي بهذا الشعر، أو الاستمتاع بالعرض القصصيّ لإشباع رغبته في التصوير، يريد بذلك أن يتخفَّف من أعباء حياته المرهقة، ووطأة الواقع على نفسه الشاعرة، ويجد في هذا الفنِّ متنفَّسه ورضاه[27].

وتشكّل قصيدة أوس بن حجر (الفائية) تعبيراً عن مرحلة متطوّرة في وصف هذا الحمار وقصّته مع أتانه والصيّاد، والتي مطلعها:

تَنَكَّرَ بَعْدي مِنْ أُمَيْمـةَ صائِفُ

فَبِرْكٌ فَأَعْلى تَوْلَبٍ فالمَخالِفُ[28]

ويقول بعد أن فرغ من مقدّمته واصفاً ناقته:

وعَنْسٍ أمونٍ قَدْ تَعَلَّلْتُ مَتْنَها

على صِفةٍ أو لَمْ يَصِفْ لِيَ واصِفُ[29]

إنّه يصف ناقته كالمعتاد بالقوّة والصلابة إلى آخر هذه الصفات التي يريدها البدويّ لنفسه، لتعينه على مواجهة الحياة، فمضى ملحّاً في وصفها كذلك بالسرعة وائتلاف الحركة بقوائم عوجٍ وأخفاف صلابٍ، وهو ما جعل سيرها مأموناً خفيفاً ليّناً، ويمكّنها من القدرة على اجتياز المسافات في مرح ونشاط. ويندفع بعد خمسة عشر بيتاً في أوصاف ناقته إلى تشبيهها بالحمار الوحشيّ:

كَأَنّي كَسَوْتُ الرَّحْـلَ أَحْقَبَ قارباً

لـهُ بِجَنـوبِ الشَّـيِّطَيْن مَسـاوِفُ

يقلِّبُ قَيْدوداً كَأَنَّ سَـراتَها

صَفا مُدْهُنٍ قَدْ زَحْلَفَتْهُ الزَّحالِفُ

يُقَلِّـبُ حَقْبـاءَ العَجيـزةِ سَمْحَجاً

بهـا نَدَبٌ مِـنْ زَرِّه ومَناسِفُ

وأَخْلَفَهُ مِنْ كُلِّ وَقْطٍ ومُذْهِنٍ
نِطافٌ فمَشْروبٌ يَبابٌ وناشِفُ

وحَلَّأَها حَتَّى إذا هِـيَ أَحْنَقَتْ
وأَشْرَفَ بَيْنَ الحالِبَيْنِ الشَّراسِفُ

وخَبَّ سَفَا قُرْيانِهِ وتَوَقَّدَتْ
عَلَيْهِ مِنَ الصَّمَّانتَيْنِ الأَصالِفُ

فَأَضْحى بِقاراتِ السِّتارِ كَأَنَّـهُ
رَبيئَةُ جَيْشٍ فهْوَ ظَمآنُ خائِفُ

يقولُ لـهُ الرَّاؤونَ: هـذاكَ كَوْكَبٌ
يؤبِّنُ شَخْصاً فَوْقَ عَلْياءَ واقِفُ

إذا اسْتَقْبَلَتْهُ الشَّمسُ صَدَّ بوَجْهِه
كما صَدَّ عَنْ نارِ المُهَوِّلِ حالِفُ

تَذَكَّرَ عَيْنـاً مِـنْ غُمـازَةَ ماؤُها
لهُ حَبَبٌ تَسْتَنُّ فيهِ الزَّخارِفُ

لـهُ ثَأَدٌ يَهْتَزُّ جَعْدٌ كَأَنَّـهُ
مُخالِطُ أَرْجاءِ العُيونِ القَراطِفُ

فَأَوْرَدَها التَّقْريـبُ والشَّـدُّ مَنْهَلاً
قَطاهُ مُعيدٌ كَرَّةَ الوِرْد عاطِفُ[30]

بدأ الشاعر مشهده القصصيّ بتشبيه ناقته بالحمار (الأحقب) الذي يتعجَّل ليلة وروده الماء، هو وأتانه التي راح يصرفها على هواه ذات اليمين وذات الشمال، وصفها بالطول فهي (قَيْدود) ذات ظهرٍ أملس صلب كبعض حجارة الماء أو (صفا مُدْهُنٍ) كما قال. وهي أيضاً في مثل لونه (حقباء). ثم مضى الشاعر يوالي تحريك الأحداث بتحريك شخوص قصّته، إذ جعل الحمار حيث يطمع في موارد المياه (النطاف) ليطفئ حرارة الصيف، فيطرد أتانه أمامه مستعملاً القوّة معها، إذ ترك بها آثار عضّه، ولا يزال بها حتى هزلت وضمرت، واتّصلت أطراف ضلوعها أو أشرفت على حالبَيْها من شدّة الضمور، وقد ألجأه أيضاً إلى ورود المياه الصافية في أرض غير الأرض أنه لم يستسغ أشواك تلك الأشجار التي كان يرعاها في القُرْيان، وقد طالت حتّى إنها كانت تؤذيه، كما أحسّ توقُّد الحجارة في ذلك المكان الصلب، وبذلك صمّم على الرحيل، حتّى أضحى بقارات الستار، وقد علا فوق إحداهنّ، وكأنّه ربيئة جيش عندما كان يستطلع المياه، ويتعرّف إلى ما قد يكون هناك من خطر يتهدَّدهما مثل الصيّاد الذي اعتاد أن ينصب قترةً في مثل هذه المواضع، وقد نقل لنا الشاعر صورة الحمار في هذا الموقف، فحقَّق هيئته عندما استقبلته الشمس فصدَّ عنها بوجهه معرضاً، كما يعرض المريب عن الحلف بتلك النار المقدسة (نار المُهَوِّل)، وسرعان ما تذكَّر عيناً كان قد وردها من قبل هي (عين غُمازة) قرب (هَجَرَ) بالبحرين، وقد أغراه بها ما علم غزارة مائها، فماؤها ــ كما قال ــ له: «له حَبَبٌ تستنُّ فيه الزخارف»، وتضطرب طرائقه، كما أعجبه أنَّ الثرى هناك نديٌّ

وليّنٌ، وكأنّه كساء قطيفةٍ ذات خملٍ، ولذلك أوردها معه هذا المنهل بسيرٍ منوّعٍ، فتارةً هو تقريبٌ، تُرفع فيه اليدان معاً، وتارةً هو شدٌّ وعدوٌ سريعٌ، حتى بلغاه وهما يعلمان أنّه كذلك دائم المياه، ترده القطا باستمرار دون أن تضلَّ الطريق إليه.

وبعد أن صوّر الشاعر هواجس هذا الحمار وصراعه القاسي مع الطبيعة من أجل الحصول على الماء، لم يدعه ينعم بهذا الماء، وإنّما ما زال عليه أن يواجه كثيراً من التحدّيات، ويخوض معارك دامية في سبيل البقاء على حياته:

فلاقــى عَلَيْهـا مِنْ صُبـاحَ مُدمِّراً

لِنامُوسِهِ مِنَ الصَّفيحِ سَقائفُ

صَدٍ غائِـرُ العَيْنَينِ شَـقَّقَ لَحْمَهُ

سَمائمُ قَيْظٍ فَهْوَ أَسْوَدُ شاسِفُ

أَزَبُّ ظُهُـورِ السَّــاعِدَينِ، عِظامُهُ

عَلى قَدَرٍ، شَثْنُ البَنانِ، جُنادِفُ (31)

مضى الشاعر يحرّك الأحداث في اتّجاه الصراع الدراميِّ عندما شرع في تصوير شخصيّة الصيّاد الذي لاقاه الحمار على عين غُمازة، وقد نسبه أوّلاً إلى قبيلة (صُباح) المشهورة بالصيّادين المهرة، ووصفه لذلك بأنّه (مدمِّرٌ)، وأنّه اتّخذ لنفسه قترة وبيتاً له سقائف من حجارة رقاق، وأنّه كان من شدّة العطش والجهد غائر العينين، وأنّه من شدة الحرارة وهبوب الرياح السَّموم عليه تشقَّق

286

جلده واسودَّ، ويبس لحمه، ولمح الشاعر غزارة شَعْرِ ساعديه، فقد كان يشمِّر عنهما، ولحظ خشونة كفَّيه وغلظهما، وأنَّه في شكله العامّ كان قصيراً غليظاً مجتمع الخلق، ولأنَّه كان محترفاً للصَّيد لم يُرَ إلّا ملازماً لقتراته، ولمّا انتهى من رسم صورته جملةً وتفصيلاً راح يجعل لديه حافزاً قويّاً للصيد، فقال:

أخـو قَتَـراتٍ قَـدْ تَيَقَّـنَ أنَّـهُ

إذا لَمْ يُصِبْ لَحْماً مِنَ الوَحْشِ خاسِفُ

مُعاوِدُ قَتْـلِ الهادِيـاتِ شِـواؤُهُ

مِنَ اللَّحمِ قُصْرى بادِنٍ وطَفاطِفُ(32)

وإنّه لذلك يعاود قتل الهاديات المتقدِّمات من جماعة الحمر، كما أنَّه اعتاد أن يأكل منها أطيب لحمها وليِّنه، وقد ذهب الشاعر في تحديد مواضع هذا اللحم مذهب التحقيق، فقال: «شواؤه من اللَّحْمِ قُصرى بادنٍ وطفاطفُ» إلى ما يلي الأضلاع من الكشح ولحم الخاصرة ولحم الجنب، ثم أمعن في وصف الصياد صاحب الشخصيّة الثانية، وأدرك من تتبع أحواله أنَّه كان لا يبيت مع أهله إلا لماماً لانقطاعه عنهم بأماكن الصيد، لذلك كان لا يأكل إلا ممَّا يصطاده، كما كان على استعداد دائماً لممارسة حرفته، فيهيئ لها أنواعاً من السِّهام، يصنعها، ويبريها، ويطليها بالغراء، ويلصق على صدرها الريش في دقَّةٍ ونظام، كما عبَّر عن ذلك بقوله:

قَصِـيُّ مَبِيـتِ اللَّيلِ للصَّيدِ مُطْعَمٌ

لأسْـهُمِـهِ غـارٍ وبـارٍ وراصِفُ

287

فيَسَّرَ سَـهماً راشَـهُ بمَناكِب

ظُهارٍ لُوَامٍ فَهْوَ اَعْجَفُ شارِفُ (33)

لقد حقّق الشاعر صورة الصيّاد في أبيات عدّة، قبل أن يحرّك الأحداث باتّجاه الصراع الذي بدأه بإعداد الصيّاد لسهامه المأخوذة من شجر الضالّ، وهو خير أنواع شجرها، ولم يتحدّث عن قوسه قبل أن يمهل صيده حتى يطمئنّ، ويصير في الماء بمنزلة من يغترف منه بيده. ويمكن ملاحظة هذه الصورة: صورة الحمار يمدّ عنقه ليشرب، وصورة الإنسان يمدّ يده ليغترف منه، فالوضع قريبٌ بعضه من بعض، والهيئة دالّةٌ على الشعور بالأمن والاطمئنان. وعندها اعتقد أنَّ إصابة صيده في مقتله بتمكُّن سهامه من أطراف ضلوعه وجوفه لا شكَّ فيها، ولكنَّ ما حسبه يقيناً كان وهماً من الأوهام، فقد جرى القدر بغيره في قوله:

فيَسَّرَ سهماً راشَـهُ بمَناكِب

ظُهارٍ لُوَامٍ فَهْوَ أعجَفُ شارِفُ

عَلـى ضَالَـةٍ فَـرْعٍ كَأَنَّ نَذيرَها

إذا لَمْ تُخَفِّضْهُ عَنِ الوَحْشِ عازِفُ

فأَمْهَلَـهُ حَتَّـى إذا أنْ كَأَنَّـهُ

مُعاطي يَدٍ مِنْ جَمَّةِ الماءِ غارِفُ

فأَرْسَلَهُ مُسْـتَيْقِنَ الظَّـنِّ أنَّـهُ

مُخالِطُ ما تحتَ الشَّراسيفِ جائفُ

فمَـرَّ النَّضِـيُّ للـذِّراعِ ونَحْرِهِ
ولِلْحَيْنِ أحياناً عَنِ النَّفسِ صارِفُ

فعَضَّ بإبهـامِ اليَميـنِ نَدامَـةً
ولَهَّفَ سِرّاً أمَّهُ وَهْو لاهِفُ <sup>(34)</sup>

تصل هذه القصة الدراميّة إلى ذروتها مع وصول الحمار إلى الماء، ففي الوقت الذي يجد فيه ما يبحث عنه من ماء يجد الصيّاد ما يبحث عنه من طعام، فأرسل الصيّاد سهماً موقناً أنَّه صائبٌ، لا يمكن أن يخطر بباله أن يخطئ، فالأمور لا تحتمل الخطأ، فحياته رهنٌ بموت الحمار، وحياة الأخير رهنٌ بإخطاء الأول، وعلى الرغم من أنّ الصيّاد قد أعدّ للأمر ما يستطيع، وعلى الرغم من الدوافع الكثيرة المهمة التي تحتم عليه إصابة الحمار، فإن سهمه يخطئه، فيفرّ الحمار تاركاً الصيّاد وفي نفسه لهفةٌ وحسرةٌ، ويعضّ على إبهامه اليمنى ندماً وأسفاً، ويلهّف أمَّه متحسّراً على فوت ما ظنَّه سهلاً ممكناً، وينجو الحمار وأتانه، ويجولان في منقطع الأرض الخضراء مثيرين صفّيْنِ عاليَيْنِ من غبار الحصى، يجمع بينهما تسابقٌ في الجري على مثال الصورة التي رسمها الشاعر، وهي أن تكون الأتان في المقدّمة، بحيث تكون رجلاها عند يديه، وكأنَّ رأسه رحلٌ صغيرٌ في ظهرها عند العجز. ولا بدَّ أن يجعل الحمار حذراً وهو يجري، إذ لاحظ أنَّه يتلّقت يميناً وشمالاً يستمع الصوت، مادّاً عنقه في استواءٍ كأنَّه السَّهم، وقد ظهرت عليه هو الآخر آثارٌ كآثار القذف في الحجارة، كما لم يتخلَّ عن عادته التي ذكرها الشاعر في أول أبيات المقطع، إذ هو دائم

شمّ الأبوال هنا، كما كان له بجنوب الشَّيطَيْنِ (مساوف)، هناك وقد سالت خياشيمه بالماء سائفاً أو معشّراً بنهيق متصلٍ ملأ به الأرض البراح، وكأنَّه كان يعلن عن فرحته بالنجاة، أو يهتف باستقبال الحياة:

وجــالَ ولَـمْ يَعْكِـمْ وشَـيَّعَ إلْفَـهُ

بمُنْقَطِـعِ الغَضْراءِ شَـدٌّ موالِـفُ

فمــا زالَ يُفري الشَّـدَّ حَتَّى كأنَّما

قوائِمُهُ فـي جانِبَيْهِ الزَّعانِـفُ

كَأَنَّ بجَنْبَيْـهِ جَناحيـنِ مِنْ حَصىً

إذا عَدْوُهُ مَـرَّا بِـهِ مُتَضايِفُ

تُواهِـقُ رِجلاها يَدَيْـهِ ورَأْسَـهُ

لها قَتَبٌ فَـوْقَ الحَقيبـةِ رادِفُ

يُصَرِّفُ للأَصْـواتِ والرِّيـحِ هادياً

تَميـمَ الـرَّدِيِّ كَدَّحَتْـهُ المَناسِفُ

ورَأْسـاً كَـدَنِّ التَّجرِ جَأْباً كأنَّما

رَمـى حاجِبَيْـهِ بالحِجـارَةِ قـاذِفُ

كِلا مِنْخَرَيْـهِ سـائفاً ومُعَشِّـراً

بِما انفَضَّ مِنْ ماءِ الخَياشيمِ راعِفُ[35]

استطاع الحمار وأتانه أن ينجوا من الصيّاد، وعادا أدراجهما وقد

كتبت لهما الحياة، ولكنَّ القصّة ـ قصّة الصراع من أجل البقاء ـ لم تنته بعد، فما زال على الحمار أن يبحث عن موردٍ آخر للماء ليبقي على حياته وحياة أتانِه، وعلى الصيّاد أن يبحث أيضاً عن صيدٍ آخر، ليسدَّ رمقه، ويحفظ حياته.

إنَّ أوس بن حجر يرسم لنا في هذه الرحلة ـ رحلة الحياة ـ صوراً من الكفاح والصراع ضدَّ الطبيعة في سبيل الحياة والبقاء، ويبرز لنا قضاء الأيّام بين أهلها، حيث ترهن سعادة بعضهم بشقاء آخرين، كما رأى الدكتور وهب روميَّة: «إنَّها الحياة تسخر من أبنائها في غير حقدٍ، وتضيِّقُ عليهم في غير كره، وتداول بينهم كأس الصفا في غير إسراف، هل أخطئ إن قلت: إنَّه شراع الحياة يغالب الموج، ويقاوم العاصفة، ويفتح صدره للشمس وطير البحر، ويحلم بمدينة الأسرار، وجزيرة الحبِّ البيضاء؟ إنَّه شراعٌ عاشقٌ فتنه الرحيل، فهو في سفرٍ دائمٍ حتى يبلغ الشاطئ الآخر»[36].

إنَّنا نلحظ أنَّ الشاعر استوفى كلَّ العناصر المرعيّة في مثل هذه القصيدة الدراميّة، إذ رسمَ شخوصها، ودقَّق في إبراز ملامحها وصفاتها الخارجيّة، ووقف طويلاً عند تصوير الحمار بخاصّة، ثم صوَّر الصيّاد في جملةِ أبياتٍ هي أقلُّ عدداً من الأبيات التي صوَّر فيها الحمار، وجعل للحركة قدراً كبيراً من عنايته، كما تبدو في مثل هذه الأفعال: يقلب قيدوداً، أو يقلب حقباء العجيزة، وأنَّه حلَّأها، ثم أضحى بقارات الستار، وأنَّه لاقى عند عين ماء غُمازة الصياد الذي اعتاد قتل الهاديات، كما اعتاد أن يقضي الليل بعيداً عن أهله، وأنَّه كان يصنع سهامه ويبريها ويريشها، ثم ييسرها للرمي، ولما أخفق

في صيده عضَّ إبهام الندم، ومن ثمَّ لم يلبث الحمار وأتانه أن تباريا بشدٍّ مؤالفٍ وجريٍ سهلٍ سريع خفيف تبدو معه القوائم كالزعانف...
إلى تلك الأفعال التي تصوّر الحركة الأساسيّة في القصيدة، وهي تصوّر شخوصها في نسقٍ واطراد تتطلَّبها طبيعة السرد القصصيّ دون إغفال عنصر الصراع الدراميّ، ثم إنّ الشاعر أدرك أنَّ تلك الحالات النفسيّة التي أبداها الصياد، وخصوصاً عندما صوَّر حرصه على أن يصيب صيدَه، وإلّا بات مهزولاً جائعاً، وعندما صوَّره نادماً أسفاً حينَ أخفق في صيده مستعيناً بأمه في فزع. ورأينا كيف كانت عين الشاعر أيضاً على هذه الأشخاص، وتلك الأحداث أكثر مما كانت على المناظر الطبيعيّة التي حَرَصَ آخرون على تصويرها، فجمَّلوا لوحاتهم وأثروها بها، لأنَّه كان مهتمّاً بإكمال قصته وسرد أحداثها وفقاً للتسلسل الزمنيّ الطبيعيّ لها، مهما كان هذا الزمن طويلاً فالزمن هنا يستغرق وقتاً أطول بكثير من الزمن الذي استغرقته قصّة الثور الوحشيّ، فتوالت الأحداث بانسجامٍ بعد البداية التي لم تبد فيها الأحداث متلاحمةً وفق ما يتطلَّبه الفنّ القصصيّ الدراميّ، وفي النهاية لم يكن في القصّة حديثٌ عن عودته إلى ناقته التي بدأ منها رحلته، وشبَّهها بذلك الحمار، وإنَّما آثر أن ينهي هذه القصيدة عند انتهاء قصة الحمار الوحشيّ الدراميّة.

# ثانياً: السَّرد الاسترجاعيُّ

الاسترجاع تِقْنِيةٌ فنّيةٌ يستخدمها الكاتب في عمله الأدبيّ، ويعني أيَّ حدثٍ أو مشهدٍ يقع في زمنٍ سابقٍ على الزمن الذي يصفه العمل الأدبيّ، فغالباً ما يسير الخطُّ الزمنيُّ في شكله المألوف في اتّجاهٍ واحدٍ من الماضي إلى الحاضر فالمستقبل، أمّا خطُّ الزمن الذي يستخدم تقنية الاسترجاع فإنَّه يسير في اتّجاهٍ عكسيٍّ من النقطة الزمنيّة التي يصفها العمل إلى ما قبلها، بمعنى أنّه يعود إلى الوراء. ويرى جينيت أنَّ «كل استرجاع، بالقياس إلى الحكاية التي يندرج فيها، حكاية ثانية زمنيّاً، تابعة للأولى» [37]. وهناك أسبابٌ عدَّة تدعو الكاتب لاستخدام هذه التقنية، ومنها توضيح بعض الأحداث المهمّة التي لها أثرٌ كبيرٌ في سير أحداث القصّة، أو لتعميق إحساسٍ معيَّنٍ يعيشه بطل القصّة في تلك اللحظة، أو لبيان مفارقةٍ صارخةٍ بين الزمنين في تأثيرهما في الشخصيّات.

ويعمد الشاعر الجاهليّ إلى استخدام تِقْنِية السرد الاسترجاعيّ في قصيدته التي تتضمّن مشاهد دراميّة، خصوصاً إذا كان ذلك الشاعر متقدّماً في السنّ، ويؤيّد هذا الرأي ما ذهب إليه الدكتور عبد الرزاق

الخشروم، حيث يقول: «ولا يكاد شعرٌ جاهليٌّ قيل في الشيخوخة أن يذكر أيّام الصبا والشّباب، ولكنَّ هذا لا يمنع من وجود نماذج من البشر تناول فيها شعراؤها مرحلة الشباب أكثر من غيرهم، وهذا يتبع حرارة الحياة في نفس إنسانٍ ما، وتمسّكه بها أكثر من غيره، وربّما إصراره على التمسُّك بها وعلى رفض الاستسلام للعجز»[38].

ولعلّنا لا نبتعد كثيراً إذا رأينا أنَّ ذلك يوافق ما نذهب إليه في عرض العناصر الدراميّة في القصيدة الجاهليّة، فالشاعر عبيد بن الأبرص الذي تقدّمت به السنون تلقّى طلب الطلاق من زوجته، فبدأ يوظّف تقْنية الاسترجاع ليذكّرها بأيّام الشباب:

تِلكَ عِرسِي غَضْبى تُريدُ زِيالي

أَلِـبَـيْـنٍ تُـريدُ أَمْ لِـدَلالِ

إنْ يَكُـنْ طِبُّكِ الفِـراقَ فـلا أَحْـ

فِل أَنْ تَعْطِفي صُدورَ الجِمالِ

أَوْ يَكُـنْ طِبُّكِ الـدَّلالَ فلَـوْ فِـي

سالِفِ الدَّهرِ واللَّيالي الخَوالي

ذاكَ إذْ أَنْـتِ كالمَـهَـاةِ وإذْ آ

تيكِ نَـشْـوانَ مُرخِياً أَذْيالي

فدَعِي مَطَّ حاجِبَيْكِ وعيشِي

مَعَنا بِالـرَّجاءِ والتَّـأمالِ

294

زَعَمَتْ أَنَّني كَبِرْتُ وأَنِّي

قَلَّ مالي وضَنَّ عَنِّي المَوَالي

وصَحا باطِلي وأَصْبَحْتُ شَيْخاً

لا يُـواتـي أَمْـثـالـها أَمْـثـالـي

أَنْ رَأَتْني تَغَيَّرَ اللَّوْنُ مِنِّـي

وعَـلا الشَّيْبَ مَفْرِقي وقَذالي

فارفُضـي العاذِلـيـنَ واقنَـيْ حَياءً

لا يَـكـونـوا عَـلَـيْكِ خَـطَّ مِثـالِ

وبحَظٍّ مِمَّـا نَعيشُ فـلا تَـذْ

هَبْ بكِ التُّرَّهاتُ في الأَهْوالِ<sup>(39)</sup>

يدور الحوار بين الشَّاعر وزوجته حول الفارق الزمنيّ في العمر
بينهما بطريقةٍ غير مباشرة، فلا يلجأ إلى الصيغة المعروفة بـ(قال،
قالت، قلت)، وإنّما يلجأ إلى عرض موقف كلٍّ منهما من الآخر،
فيذكر الشاعر أنّ سبب غضب زوجته، وطلبها الطلاق، هو كبر سنّه
وقلّة ماله، فيسترجع لها أيام الشباب علّها ترجع عما تريد أن تذهب
إليه. فدار بينهما حوارٌ طويلٌ، أعرب فيه الشاعر عن دوافع غضبها
بعد أن قدّم لها تساؤلاً حول ذلك: أعن كراهيّة بسبب كبر السنِّ، أم
هي الرغبة في إظهار الدلال والتمنُّع على الشاعر؟ والشاعر يحدّثنا
عن الدلال جاهلاً أو متجاهلاً الحقيقة الأساسيّة التي من أجلها طلبت

زوجته الطلاق، وإن كانت تريد الطلاق فهذا أمرٌ قد مضى أوانه، وقد كان عرض الشاعر لموقفها وتحليل سلوكها كما يراه سبباً في التحاور معها، فتوجّه إليها بالخطاب التهكُّميّ الساخر، طالباً منها التوقف عن هذا السلوك العابث واستهانتها به في (مطِّ حاجبيها) ورفضها للعيش معه، وفي مزاعمها حول كبره، واشتداد فقره، وانصراف الأصدقاء عنه، وضنِّهم بمواساته، وأنَّه بذلك غدا لا يناسبها، ولا ترغب في الاستمرار معه.

يطلب الشاعر منها أن تصغي لصوت العقل، فلا تختلق الأسباب لهجره، ويحاول إقناعها بضرورة بقائها في بيتها، ويحذرها من الوقوع تحت تأثير الوشاة ولوم اللائمين الذين يزيّنون لها مسألة هدم بيتها، وتنغيص حياتها.

ويوزّع الشاعر لغة الحوار بما يتناسب مع الموقف بين حديث بضمير الغائب، فهي غضبى تريد فراقه، وزعمت أنَّه قد كبر، إلى لغة الخطاب: «إن يكن طِبُّكِ الفراقَ، أن تَعْطِفي، أو يكُنْ طِبُّكِ الدَّلالَ» إلى عرض ذكريات الماضي مستخدماً تقنية الاسترجاع من خلال نفس الدرجة من الصياغة «إذ أنتِ كالمهاة»، إلى تداعي صيغ الأمر التهكُّميَّة الساخرة، «فدعي مَطَّ حاجبَيْكِ وعِيْشِي»، إلى ما عرضه من مزاعمها الباطلة «زعمَتْ أنَّني كَبِرْتُ»، ولذلك يعود إلى لغة الأمر في مجال النصح والإرشاد: «فارفضي العاذلين، واقنَيْ حياء، ولا تذهب بك النُّرُهَاتُ في الأهوالِ». ويطول نَفَسُ الشاعر ويستمر في استخدام تقِّنية الاسترجاع، وكأنَّه يدخل في حكاية جديدة مختلفة عن الحكاية الأصلية، وبزمنين مختلفين لكلٍّ منهما، وذلك عندما قدّم لها

جانباً من ذكرياته ولهوه أيّام الشباب، منتصراً على شيخوخته، فذكر لها مغامراته مع النساء، ودعم بها موقفه:

ولَقَدْ أَدْخُلُ الخِبـاءَ عَلى مَهْـ

ـضومةِ الكَشْحِ طَفْلَةٍ كالغزالِ

فَتَعاطَيْتُ جِيْدَها ثمَّ مالَتْ

مَيَـلانَ الكَثيب بَيْنَ الرِّمـالِ

ثمَّ قالَتْ: فِدىً لنَفْسِكَ نفسي

وفِـداءٌ لِمـالِ أَهْـلِكَ مـالي (40)

والشاعر يتّخذ من الحوار أداةً فنّيّةً في إبراز أفكاره، سواء أكان ما يعرضه منها في إطار تجربةٍ واقعيّةٍ يعكسها سلوك زوجته، أم تجاوز ذلك إلى معاودة الماضي واسترجاع الذكريات، من خلال مغامرة، أو مغامرات مع غيرها من الفتيات في شبابه، حيث إنّ «الحنين إلى الماضي محاولةٌ للانعتاق من وطأة الحاضر، وهو غربةٌ عن الواقع، فحين يشعر المرء أنّ حياته قد قست عليه، فإنّه يجد متنفّساً بالهروب منها إلى الماضي» (41). وهذا كان حال الشاعر عبيد بن الأبرص في استرجاعه مغامراته السابقة.

ويلجأ عبيد بن الأبرص إلى استخدام تقنية السرد الاسترجاعيّ في قصيدةٍ مشابهة في موضوعها، حيث يقول:

ألا عَتَبَتْ عَليَّ اليَـومَ عِرْسي

وقَـدْ هَبَّتْ بِـليلٍ تَشْتَكيني:

297

فقَـالَـتْ لـي كَبِـرْتَ فقُلْـتُ حقّاً

لقَدْ أَخْلَفْتُ حيناً بَعدَ حينِ

تُرينـي آيَـةَ الإعْـراضِ مِنها

وفَظَّتْ في المَقالَةِ بَعدَ لينِ

وَمَطَّت حاجبَيها أَنْ رَأَتني

كَبِرتُ وأَنْ قَدِ ابيضَّتْ قُروني

فقُلْتُ لها رُويـدَكِ بَعضُ عَتبي

فَإنِّي لا أَرى أَن تَزدَهيني

وعِيشـي بالَّـذي يُغْنيكِ حَتّى

إذا مـا شِئْتِ أَنْ تَنـأَيْ فبيني

فـإِنْ يـكُ فاتَنـي أَسَـفـاً شَـبابي

وأَضْحى الرَّأْسُ مِنِّي كاللُّجَينِ

وَكانَ اللهـوُ حالَفَنـي زَمانـاً

فأَضْحى اليَومَ مُنْقَطِعَ القَرينِ

فقَـدْ أَلِـجُ الخِبـاءَ عَلـى العَذارى

كَـأَنَّ عُيونَهُنَّ عُيونُ عِينِ

يَمِلْـنَ عَلَـيَّ بالأَقـراب طَـوْراً

وَبالأَجياد كالرِّيطِ المَصُونِ<sup>(42)</sup>

يتكرَّر الصراع عند الشاعر بين زمنين في حياته، بين الشيخوخة والمشيب والعجز وبين الشباب والتدفّق والحيويّة، ويظهر ذلك من خلال الحوار الخارجيِّ الذي دار مع زوجته التي راحت تذكّره بحاضره المؤلم مركّزةً على صفاته الجسديّة والنفسيّة (بياض الشعر – التقدم في السنّ – العجز)، وكأنها تستهزئ به بسبب عجزه في الزمن الحاضر، إذ فاته شبابه، ولم يعد الشاعر قادراً على الصبر على تصرفاتها وأقوالها، فطلب إليها أن ترحل إذا أرادت ذلك، لأن حياة اللهو التي صاحبته زمناً طويلاً أصبحت بعيدةً عنه الآن.

ولم يجد الشاعر سبيلاً لتسجيل الانتصار في هذا الصراع سوى العودة إلى الماضي الجميل، محاولاً أن يثبت رجولته أمامها من خلال الصراع بين زمانين هما الحاضر الكئيب الذي يمثّل عجزه، والماضي السعيد الذي كان فيه يدخل خيمة العذارى، ويمارس صنوف اللهو المختلفة معهنَّ.

ظهر البطل في حاضره عاجزاً عن التواصل مع امرأةٍ واحدة، ولم يكن قادراً على التصرف إزاءها، ولكنَّه في المقابل كان يدخل خيمة العذارى، ويلهو بمجموعة من النساء، وهو ما يريد الشاعر أن يبقى حاضراً أمام ناظريه مهما تقدَّم به العمر.

وهذا عبد يغوث بن وقَّاص الحارثيّ يسترجع ذكريات الشباب بعد أن وقع في الأسر، فيقول:

وقَـدْ عَلِمَتْ عِرسـي مُلَيْكَـةُ أَنَّني      أَنـا اللَّيْـثُ مَعْدُوّاً عَلَـيَّ وعادِيـا

299

وقَدْ كُنْتُ نَحَّارَ الجَزورِ ومُعْمِلَ الـ

ـمَطِيِّ وأَمْضــي حيثُ لا حَــيَّ ماضِيا

وأَنْحَـرُ للشَّــرْبِ الكِـرامِ مَطِيَّتي

وأَصْـدَعُ بيـنَ القَيْنَتَيْـن رِدائِـا

وكُنْتُ إذا ما الخَيْلُ شَــمَّصَها القَنا

لَطيفـاً بتَصْريـفِ القَنـاةِ بَنانِيـا

كَأَنَّــيَ لَــمْ أَرْكَبْ جَـواداً ولَـمْ أَقُلْ

لخَيْلِـيَ: كُرِّي نَفْسِـي عَنْ رجالِيـا

ولَمْ أَسْـبَأ الـزِقَّ الـرَّويَّ ولَـمْ أَقُلْ

لأَيْسارِ صِدْقٍ: أَعْظِموا ضَوْءَ نارِيا[43]

ورد في (المفضليّات) أنَّ الشاعرَ بطلَ هذه القصّة وقعَ في أسر بني تميم، وقد شدُّوا لسانه كي لا يهجوهم، ولمَّا لم يجد من الموت بدّاً طلب إليهم أن يطلقوا لسانه، ليذمَّ أصحابه الذين تقاعسوا عن فكِّ أسره، وينوحَ على نفسه، وأن يقتلوه قتلةً كريمةً، فأجابوه. ثم تضيف الرواية أنهم سقوه الخمر، وقطعوا له عرقاً يقال له: (الأكحَل)، وتركوه ينزف حتى مات[44].

بدأ السرد الاسترجاعيّ عند الشاعر بتقديم الشخصيّة الثانية في هذا المشهد، وهي زوجنه (مُلَيْكة)؛ لأنها أدرى الناس بسجاياه النبيلة المتمثلة في الكرم والسخاء لأضيافه في زمن الرخاء، حيث تخطّى

ذلك الكرم ما هو شائعٌ بين الناس، والشجاعة في ميادين النزال ومقارعة الفرسان، فأبناء قومه يعتمدون عليه في التصدي للمعتدين مهما كَثُرَ عددهم.

كان إدراك الشاعر لحتميّة الموت في الأسر قد جعله يستخدم تقنية السرد الاسترجاعيّ ليقدّم لنا جانباً من بطولاته في الأيام الخوالي، تخلّد ذكره بعد موته، وكأنَّه يرثي نفسه قبل الرحيل في مشهدٍ دراميٍّ مؤثر.

ويقدّم الأعشى قصّته مستخدماً التقنية نفسها، حيث يقول بعد أن خذلته المحبوبة، وأخلفت وعدها معه:

أَثْـوَى وقصَّـرَ لَيْلَـهُ لِيُـزَوَّدا
فمَضَتْ وأَخْلَفَ من قُتَيْلةَ مَوْعِدا

ومَضـى لحاجَتِـهِ وأَصْبَـحَ حَبْلُها
خَلَقاً وكـانَ يَظُنُّ أن لَـنْ يُنْكَدا

وأَرى الغواني حَيثُ شِبْتُ هَجَرْنَني
أنْ لا أكـونَ لَهُنَّ مِثْلِيَ أَمْـرَدا

إنَّ الغَوانـي لا يُواصِلْـنَ امـرَأً
فَقَدَ الشبابَ وقد يَصِلْنَ الأمرَدا

بلْ لَيْتَ شِـعْري هلْ أعودَنْ ناشِئاً
مِثْلي زُمَيْنَ أَحَـلُّ بُرْقَةَ أَنْقَدا

إذْ لِمَّتــي سَـوداءُ أَتْبَـعُ ظِلَّهـا
دَدَنـاً قُعُودَ غَوَايَةٍ أَجـري دَدَا

يَلويننـي دَيْنـي النَّهـارَ وأجتَزي
دَيْني إذا وَقَذَ النَّعاسُ الرُّقَّدا[45]

تبدأ القصّة بتخلُّف البطل عن سفره رغبةً في لقاء المحبوبة (قتيلة) والتمتع بها، فتخلفه الوعد بعد أن كان على يقين في نفسه أنّها لن تخلفه أبداً، ويدرك سبب ذلك ويعلنه في قصيدته، إذ بدأ الشيب يتسرَّبُ إلى شعره، وفارق نضرة الشباب، وآذن ذلك بالتفات الغواني عنه، وانفضاضهنَّ من حوله، وهي عادةٌ لاحظناها عند غيره من الشعراء، فهنَّ لا يواصلْن إلا الفتيان في أوّل الصبا، وأنّى له أن يستعيد شبابه الضائع، ففي تلك الأيام كان يختال ويلهو، ويتسلّل إلى العذارى تحت ستارٍ من الليل، ويقضي حاجته منهنَّ. ويحسُّ البطل بالألم الشديد الذي انتابه لفقدان الشباب، فيتحسَّر عليه، ويبكيه بكاءً حاراً، ويجزع من المشيب جزعاً شديداً. وفي غمرة الدموع والأحزان يلجأ إلى السرد الاسترجاعيّ، فيتمثَّل ذكرياته الماضية، وذكريات الصبا، بما يطوى فيها من لهوٍ ومتعةٍ تظهر في تعقُّب النساء ومعاقرة الخمر، وما يطوى فيه أيضاً من فتوَّةٍ وفروسيَّةٍ تتمثَّل في الكرم والنجدة، ومنازلة الأقران، والخروج للصيد، وقطع المفاوز والقفار.

وقد وظَّف امرؤ القيس تقنية السرد الاسترجاعيّ في ردّه على (سباسة) التي راحت تعيِّره بتقدُّمه في السنّ:

أَ لا زَعَمَتْ بَسْباسةُ اليَـومَ أَنَّني

كَبِرْتُ وألَّا يُحسِنُ اللَّهْوَ أَمْثالي

كَذَبْتِ لقَدْ أُصْبى على المَرْءِ عِرْسَهُ

وأَمْنَعُ عِرسي أنْ يُزنَّ بها الخالي

ويـا رُبَّ يَـومٍ قَدْ لَهَوْتُ ولَيْلـةٍ

بـآنِـسَةٍ كَـأنَّـهـا خَـطُّ تِـمْـثـالِ

يُضيءُ الفِراشَ وَجْهُها لِضَجيعِها

كَمِصْباحِ زَيْتٍ في قَناديلِ ذُبَّالِ

كَأَنَّ على لَبَّاتِـها جَمْرَ مُصْطَلٍ

أَصابَ غَضىً جَزْلاً وكُفَّ بأَجْذالِ

وهَبَّتْ لهُ ريـحٌ بمُخْتَلَفِ الصُّوى

صَباً وشَمـالٌ في مَنـازِلِ قُفّالِ

ومِثْلُـكِ بَيْضـاءِ العَوارِضِ طَفْلَةٍ

لَعوبٍ تُنسِّيني إذا قُمْتُ سِرْبالي

كَحِقْفِ النَقا يَمْشي الوَليدان فَوْقَهُ

بما احتَسَبا مِنْ لِينِ مَسٍّ وتَسْهالِ

لَطيفَةِ طَيِّ الكَشْحِ غَيْرِ مُفاضةٍ

إذا انفَتَلَتْ مُرْتَجَّةٍ غَيرِ مِتْفالِ

إذا ما الضَّجيعُ ابتَزَّها مِنْ ثِيابِها

تَميلُ عَلَيهِ هَوْنةً غَيرَ مِجْبالِ[46]

أصبح البطل عاجزاً في نظر بطلة قصّته في الزمن الحاضر، والصراع بينهما يميل لصالحها، إذ ادَّعت أنّه لم يعد قادراً على اللهو، فأصبح الشاعر يعيش صراعاً درامياً بين حاضره الذي لم يعد فيه قادراً على مجاراة النساء، وماضيه، حيث كان يفيض حيويَّةً ونشاطاً، وقد حاول جاهداً أن ينتصر عليها من خلال صراخه بأعلى صوته: (كذبتِ)، وحاول أن يقدّم المسوّغات التي تسانده في هذا الصراع، فاسترجع ذلك الزمن الجميل الذي كان فيه منتصراً دائماً في كل مواقفه الغزليّة، وعرض أمامها سجلَ انتصاراته في ميدان النساء، ومغامراته اللهويّة.

ويوظّف امرؤ القيس تقنية السرد الاسترجاعيّ مرة ثانية في مشهدٍ آخر من القصيدة نفسها؛ لإبراز حاجته إلى الشباب في قصّة دخوله إلى بيت العذارى، فيقول:

وبَيْتِ عَذارى يَومَ دَجْنٍ وَلَجْتُهُ

يُطِفْنَ بِجَمّاءِ المَرافِقِ مِكْسالِ

سِباطِ البَنانِ والعَرانينِ والقَنا

لِطافِ الخُصورِ في تَمامٍ وإكْمالِ

نَواعِمَ يُتْبِعْنَ الهَوى سُبُلَ الرَّدى

يَقُلْنَ لأَهْلِ الحِلْمِ ضُلّاً بِتَضْلالِ

صَرَفْتُ الهوى عنهنَّ من خشيةِ الرَّدى
وَلستُ بمَقْلِيِّ الخِلالِ ولا قالِ

كأنِّيَ لَمْ أركبْ جواداً للذَّةٍ
ولَمْ أتَبَطَّنْ كاعباً ذاتَ خَلْخَالِ

ولَمْ أسبأِ الزِّقَّ الرَّويَّ ولَمْ أقُلْ
لخَيْلِيَ: كُرِّي كرَّةً بَعدَ إجْفالِ

ولَمْ أشْهَدِ الخَيلَ المغيرَةَ بالضُّحى
عَلى هَيْكَلٍ نَهْدِ الجُزارَةِ جَوَّالِ

سَليمِ الشَّظى عَبْلِ الشَّوى شَنِجِ النَّسا
لـهُ حَجَبـاتٌ مُشْـرِفاتٌ عَلـى الفَـالِ

وصُمٍّ صِـلابٍ ما يَقينَ مِـنَ الوَجى
كَأَنَّ مَكانَ الرَّدفِ منْـهُ عَلى رالِ <sup>(47)</sup>

بدأ الشاعر قصّته بتحديد المكان والزمان، فالمكان هو بيت العذارى،
والزمان في يومٍ مظلمٍ من شدَّة الغيوم التي حجبت أشعّة الشمس. ويقدِّم
لشخصيّات قصّته من خلال الوصف الخارجيّ للشخصيّات، فالعذارى
ليّنات الأصابع، مُلْسُ الأنوف، لطيفات القامات والخصور، قد اكتملت
نضارتهنّ، يضلّلن أهل العقول، ويَقُدْنَ من أحبّهنّ إلى مسالك الردى.
وهنا تزداد حدّة الصراع في نفس الشاعر في مواجهة امرأةٍ تامّة
الخلق مكتملته، فأردافها تامّة، وكذلك صدرها ومناكبها كاملة.

ويبدو أنَّ البطل خسر المواجهة بسبب تقدّمه في السّنّ، فراح يسترجع ذلك الزمن الجميل، علّه يكون سبيلاً لتسلية النفس بعد أن فَقَدَ شبابه وحيويّته، وما كان منه سوى الابتعاد عنهنّ كأنّه لم يلتق بامرأةٍ من قبل، ولم يخض مغامرةً للوصول إليها والتلذُّذ بها، ولم يركب جواداً للصَّيْد، ولم يشتر الزقّ المملوء بالخمر، ولم يخض معركةً بطريقة الكرّ على الأعداء بعد انسحاب أصحابه في وقت الضحى.

نسي الشاعر أمر العذارى تماماً، وراح يقدّم وصفاً خارجيّاً لحصانه النشيط الذي امتلك صفات القوّة والسرعة، وذلك من أجل تعويض الخسارة التي ألمّت به في حاضره. ويمكن ملاحظة أنّ الزمن يتوقّف في موقف الوصف، وقلّما نستطيع الحصول على نصٍّ سرديٍّ خالٍ من الوصف. وللوصف وظيفتان حدّدهما الدكتور حميد لحمداني بقوله: «وتتحدَّد وظائف الوصف – بشكلٍ عامٍّ – في وظيفتين أساسيّتين: الأولى جماليّة، والوصف يقوم في هذه الحالة بعملٍ تزيينيّ، وهو يشكّل استراحةً في وسط الأحداث السرديّة، والوظيفة الثانية توضيحيّة أو تفسيريّة أي تكون للوصف وظيفة رمزيّة دالّة على معنى معيّنٍ في إطار سياق الحكي»[48].

ولم يجد الشاعر سبيلاً لتعويض ذلك النقص إلا من خلال استخدام تقنية السرد الاسترجاعيّ، فنقلنا بين موقفين متناقضين بسبب اختلاف الزمن، فالبطل في الحاضر خاسرٌ ومنهزم، وفي الماضي فائزٌ ومنتصرٌ، فالمفارقة الزمنيّة تحدّدت بين بداية اللحظة المُفارِقَة في زمن القصّة، وبين بدايتها في زمن السرد الاسترجاعيّ.

# ثالثاً: الحذف أو الفجوة

يختلف زمن الحكاية عن زمن السرد بسبب تغيّرٍ في سرعة الرواية، والسرعة درجاتٌ أقصاها الحذف، وهو حذف فترةٍ طويلةٍ أو قصيرةٍ من زمن القصة، وما جرى فيها من أحداث ووقائع، وهو يحدث عندما يسكت السرد عن جزءٍ من القصة، أو يشير إليه بعباراتٍ زمنيّةٍ تدلُّ على موضع الحذف أو الفجوة.

ويميّز جينيت بين زمن الحكاية وزمن القصة، فيرى أنَّ مقارنة مدة الحكاية بمدة القصة التي ترويها هذه الحكاية عمليّةٌ صعبةٌ إلا في المشهد الحواريّ، وهذا التبدّل في السرعة يسمّيه جينيت حركة السرد، ويجدها متدرجة من تلك السرعة اللامتناهية التي هي سرعة الحذف، حيث لا يوجد مقطعٌ سرديٌّ يوافق مدّةً ما في القصّة، إلى ذلك البطء المطلق الذي هو الوقفة الوصفيّة، حيث لا يوافق مقطع ما من الخطاب السرديّ، أي مدّة في القصّة. والحذف عند جينيت ثلاثة أنواع، هي: الحذف الصريح، وهو الحذف الذي يصدر عن إشارةٍ محدّدةٍ أو غير محدّدة، والحذف الضمنيّ، وهو الحذف الذي لا يعلنه النصّ، وإنما يستنتجه القارئ من خلال ثغرةٍ في التسلسل الزمنيّ

للحكاية، والحذف الافتراضيّ، وهو أكثرُ أشكال الحذف ضمنيّة، ينِمُّ عنه بعد فوات الأوان استرجاعٌ من الاسترجاعات[49].

وبذلك يكون الحذف حركة سرديّة سريعة، يحيل إلى مدّة زمنيّة من القصّة لا يوافقها حيّزٌ في النص الأدبيّ، «ويلجأ الشاعر إلى هذه التِقْنية ليتخطّى الفترات الزمنيّة غير المؤثّرة في حياة الشخصيّة»[50]، وكذلك التي لا تقع فيها أحداثٌ مهمّة بالنسبة إلى القصّة الدراميّة، وذلك من أجل الوصول إلى الأحداث المهمّة في حياة الشخصيّة ودورها الذي تؤدّيه، فالزمن على مستوى الوقائع يكون طويلاً، بينما لا يكاد يقاس على مستوى القول. «وهناك نوعٌ من الفجوات التي لها طابعٌ زمنيٌّ أقلّ صرامةً، والتي لا تقوم على إلغاء مقطعٍ تزمّني، بل على إسقاط أحد العناصر المشكلة للوضع، في مرحلةٍ تشملها الحكاية مبدئيّاً»[51].

ويتحكّم الشاعر في زمن القصّة الشعريّة فيختصر أحياناً الوقت الذي تستغرقه في القصّة عدداً من الأشهر والسنوات، فيمكن تقديمه في بيتين من الشعر، وقد يكون توسيعاً للوقت الذي تستغرقه القصّة في دقائق فيقدّمه في مقطوعةٍ.

وقد وظّف الشاعر لبيد بن ربيعة تِقْنية الحذف وهو يحكي لنا قصّة الحمار الوحشيّ وأتانه، في قوله:

أو مُلْمِـعٍ وَسَـقَتْ لأَحْقَـبَ لاحَـهُ

طَرْدُ الفُحولِ وضَرْبُها وكِدامُها

يَعْلُـو بهـا حُـدْبَ الأكام مُسَحَّجٌ

قـدْ رابَـهُ عِصيانُها وَوِحامُها

بأحِزَّةِ الثَّلبـوتِ يَرْبـاً فَوْقهـا

قَفْرَ المَراقِب خَوْفُها آرامُها

حَتَّى إذا سَلَخا جُمـادى سِتَّةً

جَزْءاً فطالَ صِيامُهُ وصِيامُها

رَجَعـا بأمْرِهمـا إلى ذي مِـرَّةٍ

حَصِدٍ، ونُجْحُ صَريمَةٍ إبرامُها

ورَمَى دَوابرها السَّفا وتَهَيَّجتْ

ريحُ المَصايفِ سَوْمُها وسِهامُها

فَتنازَعـا سِـبْطاً يَطيـرُ ظِلالُـهُ

كدُخانِ مُشْعَلةٍ يُشَبُّ ضِرامُها

مَشمولةٍ غُلِثَتْ بنابـتِ عَرْفَـج

كدُخـانِ نـارٍ ساطِـع أسْنامُها

فمَضَى وَقدَّمها وكانـتْ عَـادَةً

مِنْـهُ إذا هِـيَ عَـرَّدَتْ إقدامُها

فتوسَّطا عُرْضَ السَّريِّ وَصَدَّعا

مَسْـجورَةً مُتَجـاوزاً قُلَّامُها

مَحْفوفَةٌ وَسْطَ اليَـراعِ يُظِلُّها
مِنْـهُ مُصَـرَّعُ غابَـةٍ وقيامُها(52)

تنافست الفحول على هذه الأتان، وتزاحمت حولها، واستطاع
أحدها أن يستأثر بها، وقد حلَّ به التعب، والضعف الذي ظهر عليه
(لاحَـهُ)، حيث تعرَّض لأذى الحمر الأخرى وضربها بأرجلها،
وعضِّها إيّاه، ودفاعه عن أتانه التي حملت منه، وملكت الغيرة عليه
قلبه، فآثر حياةَ العزلة، والانفرادَ بأتانه بعيداً عن رفاقه. وممّا زاده
حرصاً على ذلك ما كان يراه من تمنُّع صاحبته، وتجنُّبها له تارةً،
وشهوتها له تارةً أخرى، فزادت ريبته، وقرَّر أن ينطلق بها إلى
المرتفعات، وحملها على أن تمضي مسرعةً للابتعاد عن هذا المكان.
وكان يراقب الأحجار التي يضعها الناس علامات للطريق ظنّاً منه
أنَّها تلحق به الأذى، حتَّى تمَّت لهما العزلة والانفراد، وتوفَّر لهما فيه
العشب والكلأ.

وفي هذا المكان يستخدم الشاعر تقنية الحذف والإسقاط «حتّى إذا
سَلَخا جُمادَى سِتّةً جَزْءاً»، إذ قَضَيَا أشهر الشتاء والربيع السِّتّة، وبعد
أن اشتدَّ عليهما حَرُّ الصَّيف جفَّ النبات، واشتدَّت حاجتهما إلى الكلأ
والماء، فصاما عن الماء مكتفيين بالرَّطِبِ فترةً، ثمَّ عزما على البحث
عن الماء معتمدين على رأي صارم اتّخذاه قراراً لهما.

ويتوجّه الحمار وأتانه باحثَين عن الماء في تلك الريح الحارَّة، وقد
وخز الشوك دوابرهما، فانطلقا تاركين وراءهما غباراً ممتدّاً كدخان
نارٍ ملتهبةٍ قد أصابتها ريح الشمال، فاشتدَّ دخانها لاختلاط حطبها
رطبه بيابسه، ودفعها الحمار أمامه لئَلَّا تنحرف عن الطريق، وفكَّرا

طويلاً حتى اهتديا أخيراً إلى تذكُّر نبع ماء، وسارا باتجاهه وما زالا يعدوان في طلبه حتّى وصلا إليه مشقّقين النبت والقصب المحيطين بعين الماء، وقد كان قصباً كثيفاً منه القائم ومنه المائل.

استطاع الحمار وأتانه الانتصار في صراعها من أجل البقاء في نهاية هذا المشهد، إذ قاوما كلَّ ما اعترض طريقهما من صعوباتٍ وعقبات، حتّى ظفرا في النهاية بالحياة. وهنا ينتهي هذا المشهد الدراميّ المرتبط بالحمار الوحشيّ وأتانه، ليبدأ مشهدٌ آخر بطله البقرة الوحشية التي تمثّل القسم الثاني من وصف الناقة، وتستمرُّ القصّة الدراميّة بشخوصها الحيوانيّة.

تمتاز قصّة البقرة الوحشيّة بطول الزمن الذي يستغرقه الحدث، وهذا ما دفع الشاعر إلى استخدام تقنية الحذف والإسقاط، حيث تبدأ القصّة بوصف بقرةٍ وحشيّةٍ أكل السَّبُعُ ولدَها، فتأخّرت عن القطيع تبحث عنه، فبعدت المسافة بينها وبين البقرة التي تقود القطيع وتوجّهه، فتضاعفت محنتها وازدادت همومها:

أَفَتِلْـكَ أَمْ وَحشِـيَّةٌ مَسْـبُوعَةٌ
خَذَلَتْ وهادِيَةُ الصِّوارِ قِوامُها

خَنْسـاءَ ضَيَّعتِ الفَريرَ فلَـمْ يَرمْ
عُرضَ الشَّقائِقِ طَوْفُها وبُغامُها

لِمُعَفَّرٍ قَهْدٍ تَنـازَعَ شِـلْوَهُ
عُبْسٌ كواسِبُ لا يُمَنُّ طَعامُها

صادَفْنَ مِنْها غِـرَّةً فَأَصَبْنَها

إنَّ المنايا لا تَطيشُ سِهامُها[53]

واجهت البقرةُ صراعاً مريراً دامياً فرضته عليها الطبيعة القاسية من حولها، فما كادت البقرةُ تمضي في طريقها مع قطيع البقر الوحشيّ لترعى، حتّى اكتشفت أنّها خذلت ولدها فعادت لتبحث عنه، وأخذت تقطع المكان ذهاباً وإياباً تلتمس الطريق إليه، وتلحُّ في البحث عنه، وتصيح بأعلى صوتها مناديةً عليه، ولكنَّ صيحاتها تذهب سدى، وظلَّت تطوف بالمكان وتنادي عليه، وتطلق الصيحات طوال يومها، ولكنَّ القدر كان قد سبقها إلى هذا الولد، فعدت عليه العوادي، ولقي مصرعه، وها هو ذا جثَّة هامدة ملقاة على الأرض مزقاً وبقايا، قد عفَّره التراب فغيَّر لونها الأبيض الجميل إلى اللون الرماديّ القاتم، وكانت الذئاب الضارية قد انتهزت غفلة البقرة عن ولدها فانقضَّت عليه، وفتكت به، وتجاذبت جثَّته مخالبُ الذئاب، فتركته أشلاء، وأصابت النكبة البقرة.

استطاع الشاعر أن يرسم صورة المأساة التي حلَّت بالبقرة، ونجح في تجسيمها عندما ردَّ سببها إلى القدر المحتوم الذي لا يمكن أن يفرَّ منه أحد. ويبرز حالة الصراع والعذاب والحزن الذي ألمَّ بالبقرة بعد أن ضيّعت ولدها، فتنطلق هائمة على وجهها:

باتَـتْ وأَسْـبَلَ واكِـفٌ مِـن دِيْمَةٍ

يَـروي الخَمائِلَ دائماً تَسْجامُها

يَعلـو طَريقَـةَ مَتْنِها مُنَواتِـرٌ

في ليلَةٍ كَفَرَ النُّجومَ غَمامُها

تَجْتَافُ أَصْلاً قالِصاً مُتَنَبِّذاً

بِعُجُوبِ أَنْقَاءٍ يَمِيلُ هِيامُها

وتُضِيءُ في وَجْهِ الظَّلامِ مُنِيرَةً

كجُمانَةِ البَحْرِيِّ سُلَّ نِظامُها

حتَّى إذا انْحَسَرَ الظَّلامُ وأَسْفَرَتْ

بَكَرَتْ تَزِلُّ عَنِ الثَّرى أَزلامُها

عَلِهَتْ تَرَدَّدُ في نِهاءِ صَعائِدٍ

سَبْعاً تُؤاماً كامِلاً أَيَّامُها

حتَّى إذا يَئِسَتْ وأَسْحَقَ حالِقٌ

لم يُبْلِهِ إرضاعُها وفِطامُها[54]

ويواصل الشاعر سرده الأحداثَ التي مرَّت بها البقرة الوحشيّة، فتتعقَّد الحبكة الدراميّة، إذ دنا اللَّيل، وحمل معه الظلام والبرد والمطر الغزير المتواصل، فقضت ليلةً مظلمةً تراكمت فيها السحب التي لم ينقطع مطرها طوال الليل، فغادرت مكانها وسط المطر، وأقبل الليل ومعه البرد والمطر والعاصفة بالإضافة إلى الظلام الحالك إذ غابت النجوم خلف الغمام، فقضت ليلةً تراكمت فيها السحب التي لم ينقطع مطرها طوال الليل، وتساقط ذلك المطر بكلِّ برده على ظهرها في تلك الليلةِ السَّوداء القاتمة، فبدأت تبحث عن طريق الخلاص هنا وهناك علَّها تجد مكاناً تختبئ فيه حتى طلوع الصباح، فلم تجد سوى

جذع شجرةٍ عالية الفروع قد يبست وانكمشت من شدَّة البرد، فدخلت في جوفها. ويصوّر الشاعر شدَّة حزنها وقلقها وخوفها في هذا الظلام المخيِّم على أرجاء المكان الذي كانت كثبانه تنهار وتتناثر فتزداد محنة البقرة. وكانت تضيء بلونها الأبيض كجمانة انفرط عقدها، وتساقطت. حتّى إذا انجلى الظلام، وطلع الصباح، وانقطع المطر، وهدأت العاصفة، عاودت المسير، وقوائمها تزلُّ وسط الأرض الزلقة من المطر الذي أصابها طوال الليل، وكان الجَزَعُ قد أصابها، فظلت تجيء وتروح بين غُدْران (صعائد) لسبعة أيامٍ بلياليها، وهنا لجأ الشاعر إلى تقنية الحذف والإسقاط، فهذه الأيام السبعة أمضتها البقرة في البحث عن ولدها.

لم تتوانَ في البحث عن ابنها، إلى أن أصابها اليأس من العثور عليه، فجفَّ ضرعها الذي كان ممتلئاً باللبن قبل ساعاتٍ، فكان انقطاع ابنها عنها، وانقطاع كلِّ أملٍ في العثور عليه، سبب ذلك الجفاف، وليس الإرضاع والفطام الذي يؤدي إلى جفاف الضرع بصورة طبيعيّة.

تتسارع الأحداث في هذه القصّة الدراميّة، فبعد مرور هذه الأيام السبعة، وما حملته من معاناة شديدة ألمَّت بالبقرة، وبعد يأسها من لقاء ولدها، والتفاتها إلى العودة إلى حياتها الطبيعيّة، يظهر خطرٌ داهمٌ لم يكن متوقَّعاً:

وتَوَجَّسَتْ رِزَّ الأَنيـسِ فراعَها
عَنْ ظَهرِ غَيْبٍ، والأنيسُ سَقامُها

فَغَدَتْ كِلا الفَرْجَيْـنِ تَحْسَبُ أَنَّهُ

مَوْلى المَخافةِ خَلْفُها وأمامُها


حتَّى إذا يَئِـسَ الرُّماةُ وأرْسَـلوا

غُضفاً دواجِنَ قافِلاً أَعْصامُها


فَلَحِقْـنَ واعتَكَـرَتْ لَها مَدَرِيَّـةٌ

كالسَّـمْهَرِيَّةِ خَدُّها وتَمامُها


لِتَذودَهُـنَّ وأيْقَنَـتْ إنْ لَـمْ تَـذُدْ

أَنْ قَدْ أَحَمَّ مِنَ الحُتُوفِ حِمامُها


فَتَقَصَّدَتْ مِنْها كَسَـابِ فَضُرِّجَتْ

بِدَمٍ وغُودِرَ في المَكَرِّ سُخامُها<sup>(55)</sup>


لقد باغت البقرة الوحشيّة عند ظهر الغيب صوتٌ لا تعرف مصدره، وشعرت أنّه يمثّل خطراً كبيراً عليها، وتسمع صوت حركته الخفيّ فيصيبها الذعر، وتخشى كلا الجانبين، ما خلفها وما أمامها، فتقف عاجزةً عن التقدّم أو التراجع، فهي لا تدري من أين يأتيها الخطر، وتتحرّك في داخلها غريزة البقاء، فاستجمعت قواها وأطلقت ساقيها للريح محاولةً النجاة، وإذ ذاك أطلق الرماة وراءها سهامهم، وأطلقوا خلفها كلابهم المدرّبة على الصيد، الضامرة البطون، المسترخية الآذان، ولحقت بها تلك الكلاب، فرجعت البقرة إليها بقرونٍ كالرماح حدّاً وطولاً لتمنع نفسها منه، وأدركت البقرة أنها إن لم تسرع بقتل

الكلاب قَتَلَها الصياد وكلابه، ولهذا أسرعت إلى مهاجمة الكلاب، فأوقعتها قتيلةً واحداً بعد الآخر، فسقطت أولاً الكلبة (كَساب)، ثم تلاها (سُخام). وهنا تصل هذه القصّة الدراميّة إلى نهايتها بانتصار البقرة الوحشيّة على أعدائها، ونجاتِها من ملاقاة مصير ولدها.

هذه البقرة الوحشيّة التي انتصرت عندها إرادة الحياة، هي نفسها الناقة التي اختارها الشاعر وسيلةً لإمضاء الهمِّ وتسلية الحزن، وتبديد المشاعر المؤلمة الحزينة، وجسراً يستطيع استخدامه للوصول إلى غايته.

ويقدِّم الأعشى مشهداً يشبِّه فيه ناقته التي تخلَّصت من وعورة النِّجاد التي خلَّفتها وراءها بمهاةٍ ثكلى فقدت صغيرها الوحيد بعد أن تعرَّضت لمكيدةٍ لم تكن لتخطر ببالها، وتجري أحداث هذه القصّة في وادي الشيِّطين. يقول الأعشى:

كأنَّهـا بعـد مـا أَفْضـى النِّجـادُ بهـا

بالشَّــيِّطَيْنِ مَهـاةٌ تَبْتَغـي ذَرَعـا

أَفْضى لها ضابئٌ في الأرضِ مُفتَحِصٌ

للَّحـمِ قِدْماً خَفِيَّ الشَّـخْصِ قد خَشَعـا

فظـلَّ يخدَعُهـا عَـنْ نَفـسٍ واحِدهـا

فـي أَرْضٍ فَـيْءٍ بِفِعْـل مِثْلُـهُ خَدَعـا

حانَـتْ لِيَفْجَعهـا بابـنٍ وتَطْعَمَـهُ

لَحْمـاً فقَدْ أَطْعَمَتْ لَحْمـاً وقَدْ فَجعا<sup>(56)</sup>

كانت المهاة تعيش مع ولدها وتحنو عليه، وتأكل من المرعى الخصيب كي يدرَّ لبنها، فتعود إليه لترضعه، وفي هذه الأثناء كان هناك سَبُعٌ ضارٍ نحيلٌ، أنهكه الجوع فصار يتشهَّى اللحم، فوجد ضالَّته في ذلك الذَّرَعِ الذي تركته أمُّه وحيداً، فألصق السَّبُع جسمه بالأرض كي لا تبصره المهاة، فتأخذ حذرها منه، وتحول بينه وبين الفريسة المنتظرة، فالسبع يمتلك القدرة على خداعها، كما كان قادراً على فجع أخواتها قبل ذلك.

وخُدعت تلك المهاة، ولم يظهر حولها ما يريبها، فتركته وراءها، ومضت إلى مرعاها كعادتها مع صواحب لها، وقضت معهنَّ النهار بأكمله وهي تشعر بالرضا والاطمئنان على ولدها، وغفلت عن وحيدها دون أن تعرف أنَّه أصبح طعاماً سائغاً للسَّبُع الجائع، إذ أمكنته الفرصة بعد أن كان يترقب بلهفة وشوق، فافترس الصغير الوحيد، ومضى بعيداً. ثمَّ أحسَّت الأم أن وقت إرضاع ولدها قد حان بعد أن امتلأ ضرعها باللبن، فعادت إلى المكان الذي تركته فيه فلم تعثر عليه، فقد فرغ السَّبُع منه، ولم يترك منه سوى مزقٍ وأشلاء متفرِّقة، ودفع دفقة من دمه، فأقبلت ذاهلةً قد لفتها الفجيعة، تشمُّ تلك الأشلاء وذلك الدم:

**فَظَلَّ يَـأْكُلُ مِنْها وَهْيَ راتِعـةٌ**

**حَـدَّ النَّهــارِ تُراعِـي ثِيـرةً رُتَّعـا**

**حَتَّى إذا فَيْقَةٌ في ضَرعِهـا اجتَمَعَتْ**

**جاءَتْ لِتُرْضِعَ شِقَّ النَّفسِ لو رَضَعا**

عَجِلاً إلى المَعْهَدِ الأَدْنـى فَفاجَأَها

أَقْطاعُ مَسْكٍ وسـافَتْ مِنْ دَمٍ دُفَعا<sup>(57)</sup>

لم يعد لوجود المهاة في هذا المكان أية فائدة، فوجب عليها أن تتركه إلى مكان آخر، لكنَّ الزمن يتدخل في سير الأحداث، إذ حلَّ الليل، وهذا يفرض عليها البقاء حتى ينجلي الليل، ويطلع الصباح.

عانت المهاة فجيعة الفراق متحسِّرةً على غفلتها عن وحيدها، لكنَّ الأحداث اللاحقة لم ترأف بها ولم تتركها على ما هي فيه، فمع طلوع نور الصباح ظهرت شخصيّة الصيّاد كذئبٍ مفترسٍ متعطّشٍ لدمها تعطّش السبع لولدها، فعرض لها يريد أن يتّخذها طعاماً يمتّع به أصحاباً له، وقد رافقته كلابه الضارية، ذات الأطواق حول أعناقها، سريعة العدو، كأنّها السهام الخارجة من نبالها، فظهرت المهاة لا حول لها ولا قوّة أمام شراسة المهاجمين، فأوقعت بها، وأمكنت الصائد منها، فأقبل عليها مع أصحابه يتلذّذون بأكلها، ولم يتركوا منها سوى الأظلاف وما يتبعها ممّا لا يُؤكل:

فانصرَفَتْ فاقِداً ثَكْلى على حَزَنٍ

كُلُّ دهاهـا وكُلٌّ عِنْدها اجتَمَعـا

وذاكَ أن غَفَلَتْ عَنْه ومـا شَـعَرَتْ

أنَّ المنِيَّـة يومـاً أرْسَـلَتْ سَـبُعا

حَتّى إذا ذَرَّ قَـرْنُ الشَّـمس صَبَّحَها

ذُوَالُ نَبْهـانَ يَبْغِـي صَحْبَهُ المُتَعـا

318

بِأَكْلُبٍ كَسِراعِ النَّبْلِ ضارِيَةٍ

تَـرَى مِـنَ القِـدِّ فـي أَعْناقِهـا قِطَعا

فَتِلْكَ لَـمْ تَتَّـركْ مِـنْ خَلْفِهـا شَبَهاً

إلّا الدَّوابِـرَ والأَظْـلافَ والزَّمَعـا(58)

قدَّم الأعشى لقصته عارضاً الصفات الخارجيّة والداخليّة لمجمل
الشخصيّات التي ظهرت في هذا المشهد، وتطوّرت الأحداث لتصل
إلى ذروتها بظهور الصيّاد الذي كان يترصّد بالمهاة المفجوعة أصلاً
بفقدها لولدها.

لم يتغيّر المكان الذي جرت فيه أحداث القصّة مع مرور الزمن،
فاقتضب حيناً، وحذف حيناً آخر، لكنّه ترك علاماتٍ موحيةً وإشاراتٍ
دالّةً على ما حذفه من أحداث، فلا يسع القارئ إلّا أن يتأمل في النصّ
ليعرف ما حذف، ويطّلع على ما غاب، فيجد لذّة الاكتشاف.

وصف الشاعر السَّبُع في تخفّيه وترصّده بالفريسة، وفي مكره
وخديعته، ووفَّى المشهد حقَّه من البيان والتوضيح، ولكنَّه في المقابل
غيَّب الصراع الذي دار بين المهاة وكلاب الصياد حين باغتتها، فلم
يعرض لموقفها لحظة المواجهة، وغابت أحداث اشتداد الكلاب في
طلبها، كما أنّه لم يصوّرها حين أوقعت بها، وغابت شخصيّة الصياد
ومشاعره بعد الانتصار الذي حقَّقه، فأسعد به أصحابه، وترك للقارئ
وخياله تصوُّر الأحداث المحذوفة. بينما ذكر أنّ الصيّاد وأصحابه أتوا
على المهاة أكلاً لَمّاً، ولم يتركوا منها إلا ما لا قبل لهم بأكله كالأظلاف

والشعر. ويستطيع القارئ أن يتخيّل حالة البهجة والسرور التي ألمَّت بالصيّاد وأصحابه، بعد أن وقعت لهم المهاة غنيمةً شهيّةً، بعد أن كان يصعب عليهم اصطيادها.

ويلجأ الشاعر الصعلوك قيس بن الحدَّادية إلى تقنية الحذف لتسريع الأحداث الدراميّة في قصّة الحبّ التي لم تدم طويلاً، وانتهت بفراق محبوبته (نُعم) له، وحزنه الشديد على ذلك:

أَجَـدُّكَ إنْ نُعْـمٌ نَـأَتْ أَنـتَ جازِعُ

قَـدْ اقـتَـرَبَـتْ لَـو أنَّ ذلِـكَ نافِعُ

قَـدِ اقـتَرَبَت لَـو أنَّ في قُربِ دارِها

نَـوالاً ولكنْ كلُّ مَـنْ ضَـلَّ مانِعُ

وقَـدْ جاوَرَتْنـا في شُـهورٍ كَثيرةٍ

فمـا نَوَّلَتْ واللهُ راءٍ وسـامعُ<sup>(59)</sup>

يتساءل بطل هذا المشهد عن حالته إذا أزمعت المحبوبة (نُعم) على الرحيل، فالبطل يعيش صراعاً داخل نفسه بين جمال اللقاء بالمحبوبة، وبين أسى الفراق المحتمل، وراح يتذكَّر تلك الأيّام التي كانا يلتقيان فيها دون أن ينال مبتغاه منها، وقد اختزل الشاعر شهوراً كثيرةً من العلاقة واللقاء في بضع كلمات؛ لأنّ الأحداث التي وقعت خلال هذه الشهور لم تكن مهمّة في هذه العلاقة، حيث صرّح بذلك عنما قال: (فما نوَّلت والله راءٍ وسامعُ)، ولذلك لم يكن ثمّة حاجةٌ لذكر التفاصيل طالما أنّ الأحداث المؤثّرة فيها كانت غائبة.

320

وفي لحظات الفراق يدور حوارٌ دراميٌّ بين العاشقين، يظهر ألم الفراق، ويبرز البُعد النفسيّ لكلٍّ منهما، ويصوّر عواطف الشخصيّات:

وقُلْتُ لهـا فـي السِّـرِّ بَيْنـي وبَيْنها

عَلـى عَجَلٍ أَيَّـانَ مَـنْ سـارَ راجعُ

فقَالَـتْ لقـاءٌ بَعْدَ حَوْلٍ وحِجَّةٍ

وشَحْطِ النَّـوى إلّا لِذي العَهْدِ قاطعُ

وقَـدْ يَلْتَقي بَعْدَ الشَّـتاتِ أُولي النَّوى

ويَسْـتَرْجِعُ الحَيَّ السَّحابُ اللَّوامِعُ[60]

إن هذا الحوار الذي دار بين بطلي هذه القصّة يؤكّد الزمن المرتقب للقاء مرةً ثانية (بعد حولٍ وحجّةٍ) وهو زمنٌ طويلٌ، وخلال هذه الفترة سيستمر الصراع الدراميّ داخل الشاعر بين ألم الفراق وبين الشوق للقاء، وقد حاول في حواره الطويل معها أن يؤثّر وجدانيّاً في محبوبته من خلال تأكيد أمل العودة إليه من جديد، إذ بثّها شكواه، مقرّاً بإمكانيّة حدوث اللقاء، ويتواصل الحوار بين البطل ومحبوبته:

فقُلْتُ لَها يـا نُعمُ حُلِّي مَحَلَّنا

فـإنَّ الهـوى يا نُعمُ والعيشُ جامعُ

فقالَـتْ وعيناها تَفيضانِ عَبْرةً

بأَهْلـي بَيِّـن لـي مَتى أَنتَ راجعُ

321

فقُلْتُ لهـا تـاللهِ يَـدْري مُسـافرٌ

إذا أضْمَرَتْـهُ الأرضُ مـا اللهُ صانِـعُ

فشَـدَّت عَلى فيهـا اللثـامَ وأَعْرَضَتْ

وأَمْعَـنَ بالكُحْـلِ السَّـحيقِ المَدامِـعُ

وإنّـي لعَهْـدِ الـودِّ راعٍ وإنَّنـي

بوَصْلِكِ ما لَمْ يَطْوِني المَوْتُ طامِعُ [61]

وصل الزمن بالقصَّة إلى اللحظة المأساويّة من خلال هذا الحوار الذي يعكس الصراع في نفسيهما، وطلب الشاعر من محبوبته تبادل الأدوار كي تتخيّل نفسها مكانه، وقد لفّه الحزن والألم، وانعكس الصراع الداخليّ في نفسها من خلال الدموع التي فاضت على خديها، ليقرّر الشاعر أن أحداث المستقبل خفيّةٌ ولا يعلمها إلّا الله، فتزداد عند ذلك حدَّة الدراميّة في هذا المشهد، وتنساب دموع المحبوبة بغزارةٍ، ويؤكّد لها الشاعر بشكلٍ صريح أنّه سيرعى عهد الحبّ بينهما ويحفظه إلا إذا وقف الموت حائلاً دون ذلك، فهنا تنامى الحدث الدراميّ إلى أن وصل إلى هذه اللحظة الشعوريّة المؤثرة في كلٍّ من الشاعر – البطل ومحبوبته في تصوير موقف الوداع.

**هوامش الفصل الثالث:**

1 – إبراهيــم، د. نبيلـة (د. ت)، فنّ القصّ بين النظريــة والتطبيق، مكتبة غريب، القاهرة: ص 160. وانظر: معجم النقد الأدبي الحديث: ص 161.

2 – لفتة، د. ضياء غني (2010م)، البنية السرديَّة في شعر الصعاليك، دار الحامد، عمان، الأردن، الطبعة الأولى، ص 85.

3 – لحمداني، د. حميد: بنية السرد الشعري. ص 73.

4 – أبـو ديـب، د. كمــال (1986م)، الرؤى المقنَّعة؛ نحو منهج بنيوي في دراسـة الشعر الجاهلي، الهيئة المصرية العامة للكتاب، ص 606.

5 – ويليك ووارين: نظرية الأدب، ص 229.

6 – لحمداني، د. حميد: بنية السرد الشعري: ص 74.

7 – النصري، فتحي: السردي في الشعر العربي الحديث: ص 123.

8 – ديوان امرئ القيس: ص 18 – 19.

سدوله: ستوره.

بجوزه: بوسطه.

ناء بكلكلٍ: نهض بصدره.

انجلى: انكشف.

المغار: الشديد الفتل.

يذبل: اسم جبل.

المصام: مكانها الذي لا تبرح منه.

الأمراس: جمع مرس، وهو الحبل.

الوُكُنات: المواضع التي تأوي إليها الطيور.

المنجرد: الفرس القصير الشعر.

الأوابد: الوحش.

الهيكل: الفرس الضخم.

9 – محمد، د. إبراهيم عبد الرحمن (1981م)، قضايا الشعر في النقد العربي، دار العودة، بيروت، الطبعة الثانية، ص 71.

10 – ديوان النابغة الذبياني: ص 40 – 41.

وقولــه: أراح الليـل عــازب همه: أي كان همــه عازباً بالنهار، لأنــه يتعلل نهاره بالنظر والشغل، فيقلّ همّه، فإذا هو أمسى انفرد بحاله، ولم ير شيئاً يتعلل به، فيردّ الليل عليه همه.

11 – انظـر: عثمـان، د. عبد الفتاح (1982م)، بناء الروايـة، دار التقدّم، القاهرة، ص 54.

12 – شرح شعر زهير بن أبي سلمى: ص 49 – 53.

نبتغي الصيد: نريده.

المستأسد: ما طال من النبت وقوي.

القريان: مجاري الماء من الرياض، واحدها قريّ.

الحو: ذات النبات الشديد الخضرة.

المسائل: حيث يسيل الماء إلى الرياض.

المسحل: الحمار الوحشي.

السراء: شجر تتخذ منه القسي.

اللس: الأخذ بمقدم الفم.

الغمير: نبتٌ أخضر قد غمره نبتٌ آخر أطول منه.

الجحافل: جمع جحفلة، وهي الشفة.

الطراد: الصيادون.

الحلائل: جمع حليلة، وهي زوج الرجل.

نختله: نخادعه.

نصاوله: نجاهره.

الشياه: بقر الوحش.

الوليد: الغلام.

الشؤبوب: الدفعة من المطر.

يحفش الأكم: يكثر سيل الأكم حتى يستخرج ما فيها.

13 – شرح شعر زهير بن أبي سلمى: ص 54 – 55.

سراعٌ تواليه: يعني رجليه وعجزه.

صياب: جمع صائب، قاصد.

أوائله: يداه وصدره.

إلفه: أتانه.

النَّسا والفائل: عِرْقان في الفخذ.

ينضو الجياد: أي ينسلخ منها ويتقدّمها.

عوامله: قوائمه.

14 – وحدة الموضوع في القصيدة الجاهلية: ص 41.

15 – لمحات من الشعر القصصي في الأدب العربي: ص 14.

16 – انظر: لمحات من الشعر القصصي في الأدب العربي: ص 41 – 51.

17 – جمعــة، حســين (1990م)، مشــهد الحيوان في القصيدة الجاهليَّة، دار دانية للطباعة والنشر، دمشق، الطبعة الأولى، ص 67.

18 – ديوان النابغة الذبياني: ص 17 – 18.

الجليل: شجر، وهو الثُّمام.

المستأنس: ثورٌ يخاف الأنيس، وقيل: هو الذي يرفع رأسه هل يرى شخصاً؟

زال النهار: انتصف.

من وحش وجرة: أي هذا الثور من وحش هذه الفلاة.

ووجرة: طرف السيّ، وهو مجتمع الوحوش.

موشيّ أكارعه: في قوائمه نقطٌ سود وخطوط.

الفرد: المنقطع القرين المنفرد بالجودة.

طاوي المصير: ضامر البطن.

السارية: سحابة تسير ليلاً وتمطر.

الجوزاء: نوء الجوزاء، وإنما خصَّ نَوْءَ الجوزاء لأن نَوْأها يكون في البرد الشديد.

19 – المصدر السابق: ص 18.

كلَّاب: صائد ذو كلاب.

الثوامت: القوائم.

استمرَّ به: أي نهض بالثور قوائمه.

صمع الكعوب: أي لسن برهلات المفاصل.

الحرد: استرخاء البعير من شدَّة العقال.

20 – المصدر السابق: ص 19.

يوزعه: يغريه بالثور.

المُعارِك: المقاتل.

المحجر: الملجأ المدرَك.

النجد: الشجاع.

الفريصة: بضعة في مرجع الكتف.

المِذْرَى: القَرْن.

المُبَيْطِر: البيطار.

العَضَد: داء ووجع في العضد.

السَّفُّود: سيخ شواء اللحم.

شَرْب: قومٌ يشربون.

مفتأد: موضع اشتوائهم اللحم.

يعجم: يمضغ.

حالك اللون: القَرْن.

الصدق: الصلب.

الأود: الاعوجاج.

21 ـ المصدر السابق: ص 20.

واشق: اسم الكلب الآخر.

العَقْل: غرم الدِّيَّة.

القَوَد: قتل النفس بالنفس.

مولاك: الكلب المقتول.

22 ـ المصدر السابق: ص 20.

23 ـ ديوان امرئ القيس: ص 101 ـ 102.

الأحقب: حمار الوحش، وهو أبيض موضع الحقيبة.

القارح: المُسِنُّ.

الطاوي: ثور وحشي خميص البطن.

الموجس: المتسمِّع.

تعشَّى: دخل في العشاء.

أنحى ظلوفه: اعتمد بأظلافه يحفر له بيتاً.

المكنس: الموضع الذي يُكتَنُّ فيه من الحرِّ والبرد.

نبات الهواجر: الذي يزيل التراب الظاهر وقت الهاجرة حتى يصل إلى بارده.

المخمس: الذي ترد إبله في اليوم الخامس من شربها الأول.

الأحم: الأسود.

المكردس: المطروح على جنبه المتقبِّض.

الحقف: ما اعوجَّ من الرمل.

ألثقتها: بلَّتها وندَّتها.

الغبية: المطرة.

المعرس: الباني بأهله.

24 ـ المصدر السابق: ص 103 ـ 104.

مغرَّثة: مجوَّعة.

الذَّمر: الإغراء والتسليط.

الإيحاء: الإشارة لها إلى الشيء.

العِضْرِس: شجرٌ أحمر النَّور.

الرَّغام: التراب.

الصمد: ما غلظ من الأرض وصلب.

الآكام: التلال.

المقبس: الذي عنده من النار ما يقتبس منه.

النَّسا: عرق في الساق.

شبرق: مزق.

المقدِّس: الراهب الذي يأتي بيت المقدس.

غوَّرن: استرحن وقت القائلة في الأماكن الغائرة الظليلة.

الغضى: شجر.

القرم: الفحل الكريم الذي لا يركب.

الفادر: الذي انقطع عن الضراب.

المتشمِّس: النفور نشاطاً وحدَّةً.

25 – وحدة الموضوع في القصيدة الجاهلية: ص 52.

26 – مشهد الحيوان في القصيدة الجاهليَّة: ص 52.

27 – انظر: النجار، د. أحمد محمد (1990م)، تطور الشـعر القصصي في وصف الأوابـد مـن العصر الجاهلي إلـى العصر الأموي، الدار الفنية للنشـر والتوزيع، القاهرة، ص 7.

28 – ديوان أوس بن حجر: ص 63.

صائف، بِرْك، تَولب، المَخالف: كلّها مواضع.

29 – المصدر السابق: ص 64.

العَنْس: الناقة القويَّة شبهت بالصخرة لصلابتها.

أمون: وثيقة الخلق.

30 ـ المصدر السابق: ص: 67 ـ 69.

الأحقب: الحمار الوحشي الذي في بطنه بياض.

القارب: هو من يعجل ليلة الورد.

الشَّيطَيْن: موضع.

مساوف: حيث شمَّ أبوال الحمير.

القيدود: الأتان الطويلة.

سراتها: ظهرها.

صفا مُدْهُنٍ: حجارة نقرةٍ في الجبل، حيث يستنقع فيها الماء.

الزحالف: أماكن منحدرة سلسة.

حقباء العجيزة: بموضع الحقيبة منها بياض.

السَّمْحج: الطويلة على وجه الأرض.

الندب: أثر الجرح.

الزر: العض.

النسف والمنسف: العض.

الوقط: حفرة في الجبل يجتمع فيها الماء. والمدهن مثلها.

النطاف: المياه الصافية.

اليباب: الحوض لا ماء فيه ولا أرض.

حلَّأَها: طردها، وأصله المنع من الماء.

أحْنَقَتْ: ضمرت.

الثراسف: أطراف الضلوع.

خبَّ: طال.

القريان: مسايل الماء من الربوة إلى الروضة.

الأحالف: الأمكنة الصلبة فيها حجارة.

القارات: جمع قارة، وهي جبلٌ مستدقٌ ملمومٌ في السماء.

السِّتار: علم على جبالٍ كثيرة، منها جبلٌ بأجأ.

الربيئة: الطليعة التي تتقدم الجيش لتراقب العدو من مكان عالٍ.

يؤبِّن شخصاً: يقتفي أثره.

نـار المهـوِّل: نار مقدَّسـة كانوا يحلفون بهـا لينقطع تفاقم الأمـر بينهم، كانت في اليمن، وينكل المريب عن الحلف بها.

غُمازة: بئرٌ بين البصرة والبحرين أو هي دون هجر.

تستنُّ: تضطرب.

الزخارفُ: طريق الماء.

الثأد: الثرى والندى نفسه. والتراب الجعد هو النديُّ المبلل.

القراطف: جمع قرطفة، وهي القطيفة المخملة.

قطـاه معيد كـرةَ الـورد: أي إنَّه منهلٌ لا يخلو من المـاء، والقطا يهتدي إليه دائماً، ويعود إلى وردِهِ.

31 – المصدر السابق: ص 70.

الناموس: قترة الصياد وبيته الذي يستكنُّ فيه مخاتلاً لصيده.

الصفيح: حجارة رقاق.

صدٍ: عطشان.

شاسف: يابس الجلد من شدة حرارة القيظ.

أزب ظهور الساعدين: كثير الشعر عليهما.

الجنادف: القصير الغليظ.

32 – المصدر السابق: ص 70.

خاسف: مهزول جائع.

الهاديات: السابقات من الأتن، ومن الوحش عامَّة.

القُصرى: ما يلي الكثح أسفل الأضلاع ولحمها ليِّن.

الطفاطف: جمع طفطفة، وهي اللَّحم اللَّيِّن من الخاصرة أو أطراف الجنب.

33 – المصدر السابق: ص 71.

قصيُّ مبيت الليل: لا يبيت مع أهله.

لأسهمه غار: يطليها بالغراء.

راصف: يشدُّ الريش على صدر السهام.

راشه بمناكبٍ: أي ألصقَ به ريشاً مقصوصاً من أعلى الريش.

الظهار: ما اتخذ من ظهر الريشة.

اللؤام: ما التأم من قذذ الريش، بحيث يكون بطن قذة إلى ظهر أخرى،

والقذة: الريشة بعد تسويتها.

شارف: بعيد العهد بالصيانة، أو الذي انتكث ريشه، أو هو الدقيق الطويل.

34 – المصدر السابق: ص 71.

على ضالةٍ فرعٍ: أي قوس من فرع شجر الضال، وهو السدر.

النذير: الصوت.

معاطي يدٍ: المتناول بيـده، والمراد حتى اطمأنَّ وصار بمنزلـة من يتناول الماء بيده ليبلغه فاه.

الشراسف: أطراف الأضلاع.

النضيّ: السهم لم يُرش، ولم يجعل له نصل، وهو أيضاً ما بين الريش والنصل.

35 – المصدر السابق: ص 72 – 73.

وجال: أي الحمار.

لم يعكم: لم ينتظر، بل هربَ ولم يكرَّ.

شيَّع إلفه: أعانه على الجري.

الغضراء: الأرض الطيبة الخضراء.

يفري الجري: يعمل الجري السريع.

الجنابان: الصفان.

متضايف: متزايد.

نواهق: تباري.

القتب: رحلٌ صغير بثدر السنام.

يصرف هادياً: الهادي: العنق، أي يلتفت لاستماع الصوت.

تميم النضي: المراد ما بين الرأس والكاهل من العنق.

كدَّحته المناسف: عضَّته الأفواه.

رأساً كدنِّ التجر: شبه رأسه كالدنّش في الكبر، وهو وعاء ضخمٌ للخمر ونحوها.

والتجر: تجار الخمر.

الجأب: الغليظ.

سائفاً: يشم أبوالها.

معشراً: يوالي النهيق عشر نهقات.

راعف: سائل.

36 – الرحلة في القصيدة الجاهليَّة: ص 250.

37 – جينيت، جيـرار (1997م)، خطـاب الحكاية، ترجمة محمـد معتصم وعبد الجليل الأزدي وعمر حلي، المجلس الأعلى للثقافة، الطبعة الثانية، ص 60.

38 – الخشروم، د. عبد الرزاق: الغربة في الشعر الجاهلي: ص 267.

39 – ديوان عبيد بن الأبرص (1957م)، تحقيق وشـرح: د. حسين نصار، مطبعة مصطفى البابي الحلبي وأولاده بمصر، الطبعة الأولى، ص 106 – 108.

عرسي: زوجي.

الزيال: المفارقة.

البين: الفراق.

الدلال: التحاشي والتمنع على المحبّ.

الطب: العادة.

الخوالي: جمع خالية، الماضية.

المهاة: البقرة الوحشيَّة.

النشوان: السكران.

ضنَّ: بخل.

الموالي: جمع مولى، وهو الصديق والجار والقريب.

المفرق: موضع افتراق الشعر، أي وسط الرأس.

القذال: ما بين الأذنين إلى مؤخر الرأس.

40 ــ المصدر السابق: ص 110.

الخباء: الخيمة.

المهضومة: اللطيفة الضامرة.

الكشح: الخصر.

الطَّفلة: الرخصة الناعمة.

تعاطيت: تناولت.

الجِيْد: العنق.

41 ــ الغربة في الشعر الجاهلي: ص 241.

42 ــ ديوان عبيد بن الأبرص: ص 132 ــ 135.

أخلفت حيناً بعد حين: أي مضت له سنون بعد سنين.

آية: علامة.

الفظَّة: سيئة الخلق.

مطَّت حاجبيها: أي ثنتهما.

قروني: شعري.

تزدهيني: تستخفين بي.

ألجُ: أدخل.

الخباء: الخيمة.

الأقراب: الخواصر.

الأجياد: جمع جيد، العنق.

43 ــ المفضليات: ص 158 ــ 159. وقد تقدّم شــرح مفردات الأبيات في ص 118 من هذه الرّسالة.

44 ــ يُنظر: المفضليات: ص 155.

45 ــ ديوان الأعشى: ص 227.

أثْوى: أقام، كـ(ثَوَى).

قصَّر: توانى.

خلقاً: بالياً.

نكده حاجته: منعه إياها.

الأمرد: الذي لم ينبت شعر لحيته.

البرقة: الأرض الغليظة.

أنقد: موضع.

الظل: الراحة.

الدَّد: اللَّهْو.

قعود غواية: أي قاعداً في الغواية والضلال.

يلوي: يمطل.

أجتزي: أتقاضى.

وقذ: صرع.

46 – ديوان امرئ القيس: ص 28 – 31.

أصبي: أذهب بفؤادها. يُزَنّ: يتهم.

الخالي: الذي لا زوج له.

الذبال: الصانعون للفتائل.

الأجذال: أصول الشجر.

كُفَّ بأجذال: حُلّق حول الجمر بأصول الشجر.

الصوى: الأكم الصغار.

القفال: الراجعون من السفر.

الطفلة: الناعمة الرخصة لليدين.

السربال: القميص. الحقف والنقا: ما استدار من الرمل.

لطيفة طيِّ الكشح: ليست بمنتفخة الجنبين والخاصرتين.

المفاضة: العظيمة البطن.

المرتجَّة: المهتزة لنعمتها.

المتفال: التاركة للطيب حتى تقبح رائحتها.

ابتزها: خلع عنها ثيابها.

الهونة: السهلة اللطيفة.

المجبال: العظيمة الخلق.

47 – ديوان امرئ القيس: ص 34 – 35.

الدَّجْن: إلباس الغيم السماء.

ولجته: دخلته.

الجماء: الغائبة عظم المرفق لكثرة لحمها.

سباط البنان: الأصابع.

العرانين: الأنوف.

الردى: الهلاك.

الخلال: المصادقة.

أتبطن: جعلت بطني عليها.

الإجفال: الانهزام والانقلاع من الموضع بسرعة.

الجزارة: القوائم.

الجوّال: النشيط السريع في إقباله وإدباره.

سليم الشظى: عظم صغير في يد الفرس.

الشَّوَى: القوائم.

النَّسا: عِرْق.

الحجبات: رؤوس الأوراك.

الرأل: فرخ النعامة.

48 – لحمداني: د. حميد: بنية السرد الروائي، ص 79.

49 – انظر: جينيت، جيرار: خطاب الحكاية، ص 117 – 119.

50 – يوسـف، آمنة (1989م)، تقنيات السـرد في النظريــة والتطبيق، دار الحوار
للنشر والتوزيع، اللاذقية، ص 84.

51 – جينيت، جيرار: خطاب الحكاية، ص 62.

52 – شرح ديوان لبيد بن ربيعة العامريِّ، ص 304 – 307.

الملمع: الأتان التي استبان حملها.

وسقت: حملت.

الأحقب: البعير الذي في موضع الحقب منه بياض.

لاحه: غيَّره.

كدامها: عضها.

الحدب: ما ارتفع من الأرض.

المسحَّج: المعضَّض.

عصيانها: امتناعها عليه.

وحامها: شهوتها إليه.

أحزَّة: جمع حزيز، وهو المكان الغليظ.

الثلبوت: وادٍ.

يربأ: يقف طليعة ويشرف ويعلو.

المراقب: المواضع المشرفة.

الآرام: أعلام الطريق.

جزءاً: اكتفاءً بالرطب عن الماء.

سلخا جُمادى ستة: أكملا الشهر السادس من شهور الشتاء.

المِرَّة: القوة.

حصد: محكم.

الصريمة: العزيمة.

الدوابر: مآخير الحوافر.

السفا: شوك النبات المسمَّى بالبهمى.

سومها: حرها أو اختلاف هبوبها.

سهامها: ريحها الحارة.

سبطاً: غباراً ممتداً.

مشعلة: نار.

الضِرام: الحطب الدقيق.

مشمولة: أصابتها الشمال، يعني النار.

غُلِثت: خلط حطبها.

بنابت عرفجٍ بطريٍّ منه، فهو كثير الدخان.

أسنامها: أعاليها.

عرَّدت: حادت عن الطريق.

عرض: ناحية.

السرى: نهر صغير.

مسجورة: مملوءة يعني عيناً.

القلام: نبتٌ وقيل هو القصب.

اليراع: القصب.

المصرَّع: المائل من القصب.

53 ـ المصدر السابق: ص 307 ـ 308.

الوحشيَّة: البقرة.

مسبوعة: أكل السَّبُعُ ولَدَها.

خذلت: تأخرت عن القطيع.

هادية الصوار: طليعة القطيع من البقر، وقيل: هو الثور وحده.

قوامها: أي قوام أمرها.

خنساء: فيها خَنَس، وهو تأخُّر الأنف وقِصَرُهُ.

الفرير: ولد البقرة.

لم يرم: لم يبرح.

الشقائق: الأرض الغليظة بين رملتين.

بُغامها: صوتها.

المعفر: ابنها الذي قد سحب في التراب.

قهد: أبيض.

الغبس: الذئاب.

كواسب: تتعيَّش من الصيد.

لا يمنّ: لا ينقص.

54 ــ المصدر السابق: ص 309 ــ 310.

الواكف: القطر.

الديمة: المطر الدائم.

الطريقة: خطة مخالفة في لونها.

متواتر: مطر متتابع.

كفر: ستر.

تجتاف: تدخل في جوفه.

قالص: مرتفع.

المتنبذ: المتفرق.

العجوب: جمع عجب، وهو أصل الذنب، ويعني به هنا أطراف الرمال.

الأنقاء: الكثبان.

الهيام: الرمل اللين الذي يتناثر بسهولة.

وجه الظلام: أوله.

الجمانة: اللؤلؤة الصغيرة.

البحري: الغوّاص.

نظامها: خيطها.

أزلامها: قوائمها.

علهت: جزعت وقلقت.

نهاء: جمع نهى، وهو مجتمع الماء.

صعائد: اسم مكان.

338

أسحق: أخلق وذهب ما فيه من اللبن.

حالق: الضرع الذي كان يمتلئ.

لم يبله: لم يذهب بكل ما فيه من لبن، أي إنها أرضعت ابنها وفطمته.

55 ـ المصدر السابق: ص 311 ـ 312.

رزّ الأنيس: الصوت الخفي.

عن ظهر غيب: من وراء حجاب.

الأنيس سقامها: لأنهم يصيدونها فهم داؤها.

الفرجين: الواسع من الأرض والثغر.

الغضف: المسترخية الآذان.

الدواجن: المعوَّدة للصيد.

قافل: يابس.

أعصامها: قلائدها.

اعتكرت: كرت.

المدرية: الحربة، وهي هنا القرون.

السمهريَّة: الرماح.

تقصَّدت: قصدت.

كساب: اسم الكلبة.

سخام: اسم الكلب.

56 ـ ديوان الأعشى: ص 105.

الشَّيْطَيْن: قاعين بالصمان.

الذرع: ولد البقرة الوحشية.

ضابئ: ملتصق.

57 ـ المصدر السابق: ص 105.

الفَيْقة: اللبن يجتمع في الضرع بين حَلْبتين.

المسك: الجلد.

339

سافت: شمَّت.

58 – المصدر السابق: ص 105 – 107.

ذوال: ذنب.

الدوابر: جمع دابرة، ما يحاذي مؤخر الرسغ إلى الحافر.

الزمع: الشعرات المدلاة في مؤخر رجل الظبي.

59 – الضامـن، د. حاتـم صالح (1990م)، عشـرة شـعراء مقلـون، دار الحكمة للطباعة والنشر، بغداد، ص 37.

60 – الضامن، د. حاتم صالح: عشرة شعراء مقلون، ص 37.

61 – المصدر السابق: ص 37.

الخـاتـمة

وصل البحث إلى نهايته، ولا بدّ لنا أن نوجز أهمّ النتائج التي توصّل إليها. لكنّنا نودّ الإشارة قبل ذلك إلى أنّ القصور الذي شاب هذا البحث مردُّه من جانبٍ إلى أنّه عملٌ إنسانيّ لا يمكن أن يبلغ درجة الكمال، ومن جانبٍ آخر يرجع إلى قلّة الدراسات التي تناولت موضوع القصّة في القصيدة الجاهليّة.

ويمكن أن نجمل النتائج بما يأتي:

– عرضنا في التمهيد أنّ إلصاق سمة الغنائيّة الخالصة بالشعر الجاهليّ فيه تجوّز ومغالاةٌ بحقّه، فالقصيدة الجاهليّة – بالإضافة إلى شعريّتها – تشتمل على عناصر أخرى وثائقيّة وسرديّة، وتتشكّل بناءً قصصيّاً توافرت فيه العناصر الدراميّة، والامتداد القصصيّ واضحٌ في النماذج الشعريّة التي درسناها، وهذا ما توصّلنا إليه.

– أبدى الشعراء الجاهليّون اهتماماً كبيراً بالشخصيّات في القصيدة، وقدّموها ببعديها الجسديّ (الخارجيّ) والنفسيّ (الداخليّ)، وتوصّلنا إلى أن شخصيّة البطل ملازمة لأبسط الأحداث. وقد أسهم الحوار بين الشخصيّات في تطوير هذه الأحداث، واتّخذ أشكالاً عدّةً، من أبرزها ذلك الحوار الذي يأتي إجابة لموقفٍ واقعيّ أو تخيّل لزوجةٍ أو حبيبةٍ يشكّل اللوم والعذر محوره. وقد أكسب الحوار القصيدة بعداً

واقعيّاً ودراميّاً، وظهر ذلك في شخصيّة العاشق والمحبوبة، وظهرت العناصر الدراميّة في قصص الفروسيّة، إذ سُردت الأحداث بأسلوبٍ قصصيٍّ للمعارك والوقائع التي خاضها البطل، وقد استطاع الشاعر رسم التفاصيل الدقيقة لها، حتى يُخيّل للقارئ أن الواقعة الحربيّة تجري أمام عينيه. وكان لشخصيّة الملك المتسلطة دورٌ في رسم الشخصيّات في القصّة الدراميّة، وتفاعلها مع العناصر الأخرى، وقد كانت لهذه الشخصيّة رهبةٌ بما تحمله من سلطات كبيرة، وقدرة على توجيه أحداث القصّة الوجهة التي تريدها.

– لمسنا في هذا البحث تشابهاً كبيراً في قصص الصيد عند أغلب الشعراء، بشخصيّاتها وأحداثها وزمانها ومكانها، مع بعض الاختلاف في الحبكة القصصيّة، وكان الشعراء حريصين على إكمال قصصهم وسرد أحداثها، ولهذا كان أظهرَ أنواع القصّة في القصيدة الجاهليّة قصّةُ سرد الحادثة التي وقفنا عند تفصيلاتها.

– يظهر الصراع بوضوح في المشاهد الدراميّة، فالدراما أساساً تعني الصراع في أي شكلٍ من أشكاله، ويحدّد الصراع نهاية القصة بالنسبة إلى البطل، فقد تكون مفرحةً عندما ينتصر البطل، وقد تكون محزنة عندما يخرج البطل مهزوماً، كما في نموذج الشخصيّة المتمرّدة التي اختارت مواجهة الجماعة، وكانت المواقف الدراميّة تنتهي نهايةً مأساويّة.

– معظم العناصر الدراميّة المكونة للقصّة في ضوء المفهوم النقديّ المعاصر وجدناها في القصيدة الجاهليّة، فالشخصيّات والمكان

والزمان والحوار والأحداث والصراع هي نفسها العناصر المكوّنة للقصّة الشعريّة الجاهليّة، كما هو الحال في القصّة الحديثة.

‐ أبدى الشعراء الجاهليّون اهتماماً كبيراً بالفضاء المكانيّ الذي تجري فيه الأحداث، فلكلّ قصةٍ مكانٌ محدّد. وتنوّعت الأماكن تبعاً لمضمون القصّة، فميّزوا بين أماكن الإقامة الاختياريّة المتمثّلة بفضاء الطلل وفضاء الرّبع، وبين أماكن الإقامة الإجباريّة المتمثّلة في فضاء الأسْر وفضاء الاغتراب. وفصّلوا القول في أماكن الانتقال العموميّة في مشهد الرحلة، سواءً كانت رحلة الجماعة أم رحلة الفرد، وكان لأماكن الانتقال الخصوصيّة المتمثّلة في فضاء الحانة حضورٌ كبيرٌ في قصص الشعراء، إذ يختاره الشعراء ميداناً للهو وهم وعبثهم، ويبذلون الغالي والنفيس كي يحقّقوا أمانيهم في الراحة والمتعة.

‐ شكّل الزمن عنصراً درامياً مهمّاً، وفي القصّة الدراميّة تجري أحداثٌ كثيرةٌ في وقتٍ واحدٍ، لكنّ الشاعر كان ملزماً أن يقدمها مرتبةً ترتيباً متتالياً، ويمثّل زمن القصة الفترة الزمنية التي تستغرقها أحداثها، وقد تراوح الزمان بين تقنيات الإبطاء والتسريع حسب الموقف الدراميّ الذي يقدّمه الشاعر، ويتساوى هذا الزمن في بعض القصص الدراميّة عند الشعراء كقصّة الثور الوحشيّ، وليس بالضرورة تحديد زمن القصّة، إذ يمكن تحديده بطريقةٍ استدلاليّة من قرائن أخرى في القصيدة.

‐ استخدم الشعراء تَقْنِيَة السرد الاسترجاعيّ في قصصهم، خصوصاً عندما كانوا يقدّمونها في مرحلة الشيخوخة، فيسترجعون

أيام الشباب في حيويته وتدفقه. والشاعر هنا يقدِّم زمنين مختلفين: أوّلهما هو زمن الحكاية الأصليّة، وثانيهما زمنٌ سابقٌ له، ولكنّ البطل في الحكايتين هو الشاعر نفسه.

– أسهم الحذف أو الفجوة في تسريع حركة السرد، إذ يلجأ الشاعر إلى حذف الأحداث غير المهمَّة في بنية القصّة الدراميّة، وحرص الشاعر على استخدام عباراتٍ زمنيّةٍ تدلّ على موضع الحذف أو الفجوة، وبذلك يكون الحذف حركةً سرديّةً سريعةً تحيل إلى مدّةٍ زمنيّةٍ لا يوافقها حدثٌ مهمٌّ في النصّ الأدبيّ.

تلك كانت أهمّ النتائج التي توصّلت إليها في هذا البحث بعد رحلةٍ طويلةٍ من القراءة في دواوين الشعر الجاهليّ ومصادره ومراجعه، وهي – بلا شكّ – كانت صعبةً ومتعبةً أحياناً، وسهلةً وشائقةً في أحيان أخرى، وكلّ ذلك استحال سعادةً غامرةً وأنا أكتب خاتمة هذا البحث في ميدان الشعر الجاهليّ، فإن كان ذا نفعٍ وفائدةٍ فذلك أقصى ما أرجوه، وإن كان به قصورٌ فمردّه إليَّ، فهو عملٌ إنسانيٌّ في النهاية، والكمالُ للهِ وحدَه.

وبعد هذا كلّه، حسبي أنّني اجتهدت ما استطعت، وحاولت أن أضيف إلى المكتبة العربيّة بحثاً جديداً في الشعر الجاهليّ.

وآخر دعوانا أن الحمد لله ربّ العالمين.

<h1 style="text-align:center">المصادر والمراجع</h1>

**أ) الكتب والدّواوين**


- إبراهيـم، د. نبيلة (د. ت)، فنّ القصّ بيـن النظرية والتطبيق، مكتبة غريب، القاهرة.

- ابن أبي سلمى، زهير (1996م)، شرح شعر زهير بن أبي سلمى، صنعة أبي العباس ثعلب، تحقيق: د. فخر الدين قباوة، دار الفكر المعاصر، بيروت، دار الفكر، دمشق، إعادة الطبعة الأولى.

- ابـن الأبرص، عبيد (1957م)، ديوان عبيد بن الأبرص، تحقيق وشرح: د. حسين نصار، مطبعة مصطفى البابي الحلبي وأولاده بمصر، الطبعة الأولى.

- ابـن الأنباري، أبو بكر (د. ت) شـرح القصائد السّبع الطـوال الجاهليات، تحقيق: عبد السلام هارون، دار المعارف بمصر، القاهرة، الطبعة الخامسة.

- ابن الثـيخ، جمال الدين (1996م)، الشعريَّة العربية، ترجمة: مبارك حنون، محمد الولي، محمد أوراغ، دار توبقال للنشر، المغرب.

- ابن العبد، طرفة (1975م)، ديوان طرفة بن العبد، شـرح الأعلم الشـنتمري، تحقيـق: دريـة الخطيـب ولطفي الصقـال، مطبوعات مجمع اللغـة العربية بدمشق.

- ابـن الورد، عـروة (1995م)، ديوان عروة بن الورد، صنعة ابن السـكيت، تحقيق: د. محمد فؤاد نعناع، مكتبة الخانجي بالقاهرة، الطبعة الأولى.

- ابن تميم، علي (2003م)، السـرد والظاهرة الدراميَّة، المركز الثقافي العربي بالمغرب، الطبعة الأولى.

- ابـن حجـر، أوس (1979م)، ديوان أوس بن حجر، تحقيق: د. محمد يوسـف نجم، دار صادر، بيروت، الطبعة الثالثة.

- ابن ربيعة، لبيد (1962م)، شـرح ديوان لبيد بـن ربيعة العامريِّ، تحقيق: د. إحسان عبَّاس، وزارة الإرشاد والأنباء، الكويت.

- ابن رشـيق القيرواني (2000م)، العمدة في صناعة الشِّـعر ونقده، تحقيق: د. النَّبوي عبد الواحد شعلان، مكتبة الخانجي، القاهرة، الطبعة الأولى.

- ابن زيد العبادي، عدي (1965م)، ديوان عدي بن زيد العبادي، حققه وجمعه: محمـد عبد الجبـار المعيبد، دار الجمهورية للنشـر والطبـع، وزارة الثقافة والإرشاد، بغداد.

- ابـن شـداد، عنتـرة (1970م)، ديوان عنترة بن شـداد، تحقيق: محمد سـعيد مولوي، المكتب الإسلامي، دمشق، الطبعة الأولى.

- ابن طباطبا، محمد بن أحمد العلوي (2005م)، عيار الشـعر، تحقيق: د. عبد العزيز ناصر المانع، اتّحاد الكتّاب العرب، دمشق.

- ابـن قتيبـة: الشـعر والشـعراء (2005م)، تحقيـق: أحمد محمد شـاكر، دار الحديث، القاهرة، الجزء الأول.

- ابن كلثوم، عمرو (1991م)، ديوان عمرو بن كلثوم، صنعة: الدكتور علي أبو زيد، دار سعد الدين، الطبعة الأولى.

- ابـن معدي كرب الزبيـدي، عمرو (1985م)، شـعر عمرو بـن معد يكرب الزبيدي، جمعه ونسّـقه: مطاع الطرابيشـي، مطبوعات مجمع اللغة العربيّة بدمشق، الطبعة الثانية.

- ابن منظور (د. ت)، لسان العرب، دار المعارف بمصر.

- أبو الفرج الأصفهاني، علي بن الحسين (1952م)، كتاب الأغاني، مطبعة دار الكتب المصريّة، القاهرة، الطبعة الثانية.

- أبـو ديب، د. كمـال (1986م)، الرؤى المقنَّعة؛ نحو منهج بنيوي في دراسـة الشّعر الجاهلي، الهيئة المصريّة العامّة للكتاب، القاهرة.

- أبـو زيـد، د. علي إبراهيـم (1996م)، طرفة بـن العبد شـاعر البحرين في الجاهليَّة، مؤسسة عز الدين للطباعة والنشر، بيروت، الطبعة الأولى.

- أبو سـويلم، د. أنور عليان (1983م)، الإبل في الشـعر الجاهلي ــ دراسة في ضوء علم الميثولوجيا والنقد الحديث. دار العلوم. الرياض. القسم الأول.

- أدونيـس، علي أحمد سـعيد (1979م)، مقدمة الشـعر العربـي، دار العودة، بيروت، الطبعة الثالثة.

- أرسـطوطاليس (1959م)، فن الشـعر، ترجمة: د. عبد الرحمن بدوي، مكتبة النهضة المصريّة، القاهرة.

- اسـليم، د. فاروق (1998م)، الانتماء في الشـعر الجاهلي، منشـورات اتحاد الكتاب العرب، دمشق.

- إسـماعيل، عز الدين (د. ت)، الشـعر العربي المعاصر؛ قضاياه وظواهره الفنّيّة والمعنويّة، دار الفكر العربي، الطبعة الثالثة.

- الأصمعي، عبد الملك بن قريب (1993م)، الأصمعيّات، تحقيق: أحمد محمد شاكر وعبد السلام هارون، دار المعارف بمصر، الطبعة السابعة.

- الأعشـى الكبير (1950م)، ديوان الأعشـى الكبير، شـرح وتعليق: د. محمد محمد حسين، المطبعة النموذجيّة، القاهرة، الطبعة الأولى.

- امرؤ القيس (1990م)، ديوان امرئ القيس، تحقيق: محمد أبو الفضل إبراهيم، دار المعارف بمصر، الطبعة الخامسة.

- باشـلار، غاسـتون (1980م)، جماليّـات المكان، ترجمة: غالب هلسـا، دار الجاحظ للنشر، وزارة الثقافة والإعلام، بغداد.

- البدرانـي، محمد جواد حبيـب. عمر، عبد الغفار عبد المجيد (2016م)، وهج الدراما الشـعريّة: مقاربة نقديّة في شـعر علي جعفر العلاق، دار مجدلاوي للنشر والتوزيع، عمّان، الأردن، الطبعة الأولى.

- البغـدادي، عبـد القـادر بن عمـر (2000م)، خزانة الأدب ولبُّ لباب لسـان العرب، تحقيق: عبد السلام هارون، الناشر مكتبة الخانجي بالقاهرة، الطبعة الرابعة، الجزء الثامن.

- بوتور، ميشـال (1982م)، بحوث في الرواية الجديدة، ت: فريد أنطونيوس، دار عويدات، بيروت، الطبعة الثانية.

- الجاحـظ، أبو عثمان عمرو بن بحـر (1998م)، البيان والتبيين، تحقيق: عبد السلام هارون، مطبعة المدني، جدة، الناشر مكتبة الخانجي بالقاهرة، الطبعة السابعة.

- جمعة، حسـين (1990م)، مشـهد الحيوان في القصيدة الجاهليّة، دار دانية للطباعة والنشر، دمشق، الطبعة الأولى.

- جينيـت، جيـرار (1997م)، خطـاب الحكـاية، ترجمة: محمـد معتصم وعبد الجليل الأزدي وعمر حلي، المجلس الأعلى للثقافة، الطبعة الثانية.

- حسن البنا، د. عز الدين (1989م)، الكلمات والأشياء: التحليل البنيوي لقصيدة الأطلال في الشعر الجاهلي، دار المناهل، بيروت، الطبعة الأولى.

- حسن، د. عزة (1986م)، شعر الوقوف على الأطلال من الجاهليَّة إلى نهاية القرن الثالث، مطبعة الترقي، دمشق.

- حسيب، د. عماد (2011م)، البناء الدرامي في الشـعر العربي القديم، شمس للنشر والإعلام، القاهرة، الطبعة الأولى.

- الحطيئـة، (1987م)، ديوان الحطيئة، برواية وشـرح ابن السـكِّيت، تحقيق: د. محمد نعمان أمين طه، الناشر: مكتبة الخانجي بالقاهرة، الطبعة الأولى.

- حمـادة، د. إبراهيم (د. ت)، معجم المصطلحات الدراميّة والمسـرحيّة، دار المعارف بمصر.

- حنفي، د. عبد الحليم (1987م)، شـعر الصعاليك؛ منهجه وخصائصه، الهيئة المصرية العامة للكتاب، القاهرة.

- حنفي، سـيد (1960م)، الفروسيّة العربيّة في العصر الجاهلي، دار المعارف بمصر.

- الحوفـي، أحمد محمـد (1958م)، أغاني الطبيعة في الشـعر الجاهلي، مكتبة نهضة مصر بالفجالة.

- الخشـروم، د. عبد الرزاق، واسليم، د. فاروق (2008م)، دراسات في الشعر الجاهلي، منشـورات جامعـة حلب، المديريـة العامة للمطبوعـات والكتب الجامعيَّة.

- الخطيب التّبريزي (1992م)، شـرح ديوان عنتـرة، عناية: مجيد طرّاد، دار الكتاب العربي، بيروت، الطبعة الأولى.

- الخطيب التبريزي (1997م)، شـرح المعلقات العشـر، تحقيق: د. فخر الدين قباوة، دار الفكر، دمشق، الطبعة الأولى.

- خليـف، د. مـي يوسـف (1989م)، القصيـدة الجاهليَّة فـي المفضليات، دار غريب للطباعة والنشر، القاهرة.

- خليف، د. يوسـف (1978م)، الشـعراء الصعاليك فـي العصر الجاهلي، دار المعارف بمصر، القاهرة، الطبعة الثالثة.

- خليف، د. يوسف (2001م)، دراسات في الشعر الجاهليِّ، دار غريب للطباعة والنشر، القاهرة.

- الخليل، أحمد (1989م)، ظاهرة القلق في الشعر الجاهلي، دار طلاس للدراسات والترجمة والنشر، دمشق، الطبعة الأولى.

- الخياط، د. جلال (1982م)، الأصول الدراميّة للشعر العربي، دار الرشيد، بغداد، الطبعة الأولى.

- الدسوقي، عمر (1959م)، الفتوة عند العرب، مكتبة نهضة مصر، القاهرة، الطبعة الثالثة.

- رشدي، د. رشاد (د. ت)، نظرية الدراما من أرسطو إلى الآن، مكتبة الأنجلو المصرية.

- روميَّة، د. وهب أحمد (1976م)، الرحلة في القصيدة الجاهليَّة، اتحاد الكتاب والأدباء الفلسطينيين، مطبعة المتوسط، الطبعة الأولى.

- رينيه ويليك، وأوستن وارين (1985م)، نظرية الأدب، ترجمة: محيي الدين صبحي، مراجعة د. حسام الخطيب، المؤسسة العربية للدراسات والنشر، الطبعة الثالثة.

- سرسك، د. فريد شوقي (2015م)، الملاحم الدراميَّة في شعر أيام العرب، دار المستشارون للنشر والتوزيع، عمَّان، الأردن.

- الضامن، د. حاتم صالح (1990م)، عشرة شعراء مقلون، دار الحكمة للطباعة والنشر، بغداد.

- الضبعي، المتلمِّس (1970م)، ديوان شعر المتلمِّس الضُّبعي، تحقيق: حسن كامل الصيرفي، معهد المخطوطات بجامعة الدول العربية.

- الضبّيّ، المفضَّل (1964م)، المفضَّليّات، تحقيق: عبد السلام هارون وأحمد محمد شاكر، دار المعارف بمصر، الطبعة الثالثة.

- ضيف، د. شوقي (1961م)، الأدب العربي المعاصر، دار المعارف بمصر، الطبعة الثانية.

- الطاهر، جواد علي (1963م)، مقدمة في النقد الأدبي، المؤسسة العربية للدراسات والنشر، بيروت، الطبعة الثانية.

- الطائي، حاتم (1990م)، ديوان شعر حاتم بن عبد الله الطائي وأخباره، صنعة:

يحيى بن مدرك الطائي، تحقيق: عادل سليمان جمال، مطبعة المدني، الناشر مكتبة الخانجي بالقاهرة، الطبعة الثانية.

- عبـد الرحمـن، د. نصرت (1982م)، الصورة الفنية في الشـعر الجاهلي في ضوء النقد الحديث، مكتبة الأقصى، عمان، الطبعة الثانية.

- عثمان، د. عبد الفتاح (1982م)، بناء الرواية، دار التقدّم، القاهرة.

- عطوان، د. حسـين (1970م)، مقدمة القصيـدة العربية في العصـر الجاهلي، دار المعارف بمصر.

- علي، د. جواد (1954م)، تاريخ العرب قبل الإسلام، المجمع العلمي العراقي، بغداد، الجزء الرابع.

- الغنوي، طفيل (1997م)، ديوان طفيل الغنوي، تحقيق: حسّـان فلاح أوغلي. دار صادر، بيروت، الطبعة الأولى.

- غيـث، محمد عمر صديق (1994م)، البناء الدرامي في شـعر لبيد بن ربيعة العامري، المكتبة الإفريقية.

- فوغالـي، د. باديـس (2008م)، الزمان والمكان في الشـعر الجاهلي، جدار للكتاب العالمي، عمان، الأردن، وعالم الكتب الحديث، إربد، الأردن، الطبعة الأولى.

- القيسي، د. نوري حمودي (1974م)، وحدة الموضوع في القصيدة الجاهلية، دار الكتب بالموصل، العراق.

- القيسي، د. نوري حمودي (1980م)، لمحات من الشعر القصصيِّ في الأدب العربيّ، دار الجاحظ للنشر، وزارة الثقافة والإعلام، بغداد.

- كليب، د. سـعد الدين (1997م)، وعي الحداثة: دراسـات جماليَّة في الحداثة الشعريَّة، منشورات اتحاد الكتاب العرب، دمشق.

- لحمدانـي، د. حميـد (1993م)، بنية النص السـردي، المركز الثقافي العربي للطباعة والنشر، بيروت، الطبعة الثانية.

- لفتة، ضياء غني (2009م)، البنية السـردية في شعر الصعاليك، دار الحامد، عمان، الأردن، الطبعة الأولى.

- محمد، د. إبراهيم عبد الرحمن (1981م)، قضايا الشعر في النقد العربي، دار العودة، بيروت، الطبعة الثانية.

- المرزوقي (1967م)، شــرح ديوان الحماسة، نشــره أحمد أمين وعبد السلام هارون، مطبعة لجنة التأليف والترجمة والنشر، القاهرة، القسم الأول.

- المرعـي، د. فـؤاد (1989م)، الوعي الجمالي عند العرب قبل الإســلام، دار الأبجدية للنشر، دمشق، الطبعة الأولى.

- مريدن، د. عزيزة (1984)، القصة الشــعريَّة في العصر الحديث، دار الفكـر، دمشق، الطبعة الأولى.

- مينــو، محمد محيي الدين (2012م)، معجم النقــد الأدبي الحديث، إصدارات دائرة الثقافة، حكومة الشارقة.

- النابغــة الذبياني (1985م)، ديوان النابغــة الذبياني، تحقيق: محمد أبو الفضل إبراهيم، دار المعارف بمصر، الطبعة الثانية.

- النجار، د. أحمد محمد (1990م)، تطور الشــعر القصصي في وصف الأوابد مــن العصــر الجاهلي إلــى العصر الأموي، الــدار الفنية للنشــر والتوزيع، القاهرة.

- نصار، محمد – وكوفي، قاســم (2007م)، تذوق الفنون الدراميَّة، عالم الكتب الحديث للنشر والتوزيع، إربد، الأردن، الطبعة الأولى.

- النص، د. إحســان (1973م)، العصبيَّة القبليَّة وأثرها في الشعر الأمويّ، دار الفكر، دمشق، الطبعة الثانية.

- النصري، فتحي (2006م)، الســرديَّ في الشــعر العربي الحديث؛ في شعرية القصيدة السرديَّة، الشركة التونسيَّة للنشر، الطبعة الأولى.

- نعناع، محمد فؤاد (1994م)، الجود والبخل في الشعر الجاهليّ، دار طلاس، دمشق، الطبعة الأولى.

- الهذليّون (1965م)، ديوان الهذليين. الناشــر: الدار القوميَّة للطباعة والنشــر، القاهرة، نسخة مصوَّرة عن طبعة دار الكتب، القسم الثالث.

- هوتمن، فريدرك (1961م)، القصة الحديثة في أمريكا، ت: حكيم عباس، دار الثقافة، بيروت.

- يوسف، آمنة (1989م)، تقنيات الســرد في النظريــة والتطبيق، دار الحوار للنشر والتوزيع، اللاذقية.

- اليوسف، يوسف (1983م)، مقالات في الشعر الجاهلي، دار الحقائق بالتعاون مع مديرية المطبوعات الجامعيَّة بالجزائر، الطبعة الثالثة.

**ب) المقالات والبحوث:**

- الخشـروم، د. عبد الرزاق (1993م)، القاع في معلّقة الأعشــى. مجلة بحوث جامعة حلب، سلسلة الآداب والعلوم الإنسانيَّة، العدد 24.

- شـرارة، حياة (1979م)، بيلنسـكي والأجناس الأدبية، مجلـة الثقافة، بغداد، العدد 11 – 12.


**ج) الرسائل الجامعيّة:**

- الحاج حسـن، رائـد (2005م)، الناقة: الواقع والرمز – دراسـة في الشـعر العربي حتى نهاية القرن الأول الهجري، رسـالة ماجسـتير أجازتها جامعة حلب.

- السيد، السيد محمد علـي (1993م)، النزعـة الدراميَّة في الشـعر العربي المعاصر، رسالة ماجستير أجازتها كلية دار العلوم، القاهرة.

- العجـان، أمجد لطفي (2012م)،البناء الدرامي في الشـعر الجاهلي – شـعر امرئ القيس نموذجاً، رسالة ماجستير أجازتها جامعة عين شمس، القاهرة.

- عيسـى، محمود محمد (1958م)، التوظيف الدرامي في الشعر الحر، رسالة دكتوراه أجازتها جامعة عين شمس، القاهرة.

- ناصيـف، مهية عبـد الرحيم (2006م)، الملك في الشـعر الجاهلي، رسـالة ماجستير أجازتها جامعة النجاح الوطنية، نابلس، فلسطين.


**د) مواقع الإنترنت:**

- – العجان، أمجد لطفي (2012م)، البناء الدراميّ في الشـعر الجاهليّ – شعر امرئ القيس نموذجاً، رسالة ماجستير أجازتها جامعة عين شمس، القاهرة.

- https://bit.ly/3uF43FL

# الفهرس